人物叢書

新装版

真木和泉

まき　いずみ

山口宗之

日本歴史学会編集

吉川弘文館

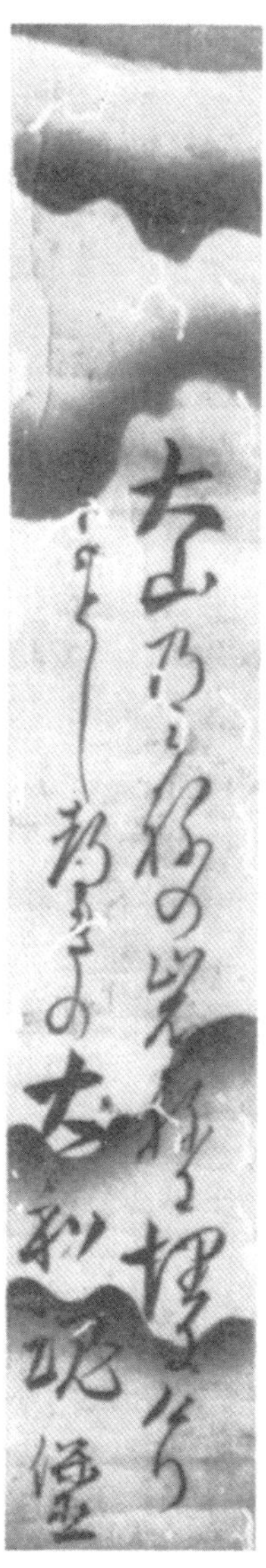

辞世の短冊
（208頁参照）

真木和泉肖像（上）沢宣嘉筆
（下）矢田一嘯筆

王山訣飲図　悟庵筆（213頁参照）

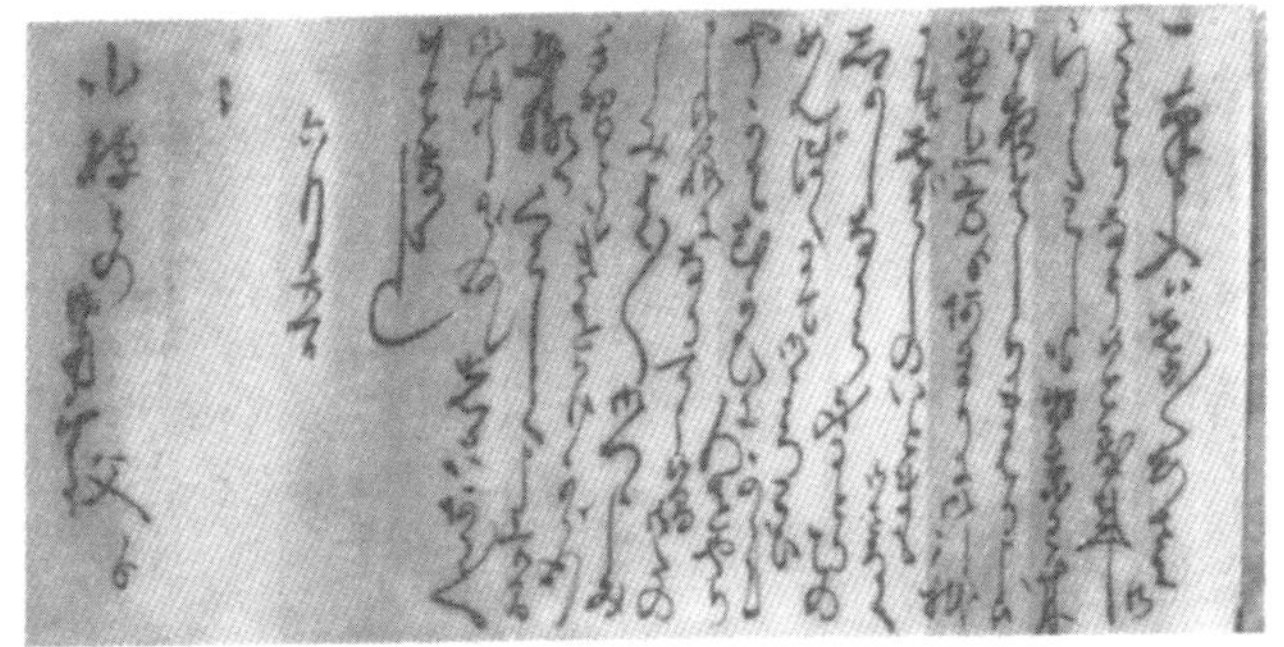

文久3年6月21日小棹宛真木和泉書翰（166〜7頁参照）

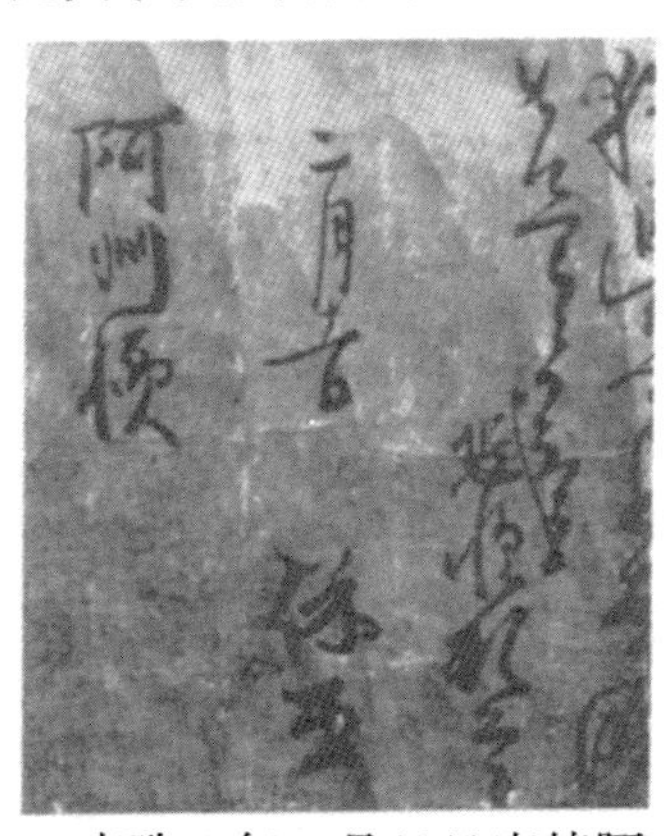

安政2年2月11日宮崎阿波守信敦宛真木和泉書翰
（三島神社蔵）

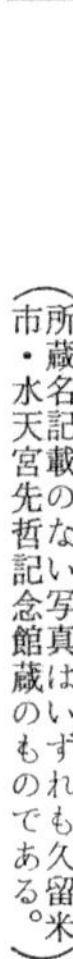

（所蔵名記載のない写真はいずれも久留米市・水天宮先哲記念館蔵のものである。）

はしがき

九州筑後の生んだ幕末維新の志士といえばまず真木和泉守保臣があげられるであろう。禁門の変にやぶれ山崎天王山に自刃したのは元治元年（一八六四）七月二十一日であり、没後一〇〇年の昭和三十九年には久留米水天宮内真木神社で盛大な式典がいとなまれ、ついで甲冑姿の銅像も再建せられた。

真木和泉に関する根本史料集としては大正二年（一九一三）伯爵有馬家修史所から発行された『真木和泉守遺文』がある（小著でとくに記さない史料はすべて本書収載）。ついでこれをもとに昭和九年（一九三四）宇高浩氏の伝記研究『真木和泉守』が世に問われた（小著中『真木和泉守』と略称）。また東大国史科入学の年和泉研究を志し、卒業論文の題目にもこれを選ばれた小川常人氏は昭和四十五年、三〇年間の成果を『真木和泉守の研究』にまとめられた。「明治維新の精神思想を世に明らかにし真木和泉守の遺徳を弘布する素材」（はしがき）にされようとする著者の思いが本書のすみずみまでにじみ出ており、今日の和泉研究の水準を示したものといえよう。しかし和泉を正面からとりあげた著書・論文は戦前・戦後を通じてそれほど多くはない。

和泉に関する今日の学界の評価を要約するに、尊攘激派の理論的指導者として全国的に重きをなす志士であったとすることには、とくに異論はないようである。その討幕論は尖鋭であり、「仁と暴との差別なく、幕府を去りて天朝に御就き遊ばされ候儀は当り前之御事」（文久二・七、藩公に上りし書、『真木和泉守遺文』）というように天皇を中心とする国家樹立への志向があきらかに看取される。しかしその反面「速に奈良已前の盛代に挽回」（文久三・九、以後、坂木六郎・藤次郎宛書簡、同）することを目標としたことから封建制にかわる近代国民国家創設の方向を正しく見通していたとは必ずしもいえない点に、不可避的限界があったといわざるを得ないであろう。

すでに先学のすぐれた業績が公刊せられている以上、小著執筆の意味をどこに求めるべきか、菲才の著者の苦慮するところであるが、第一に『真木和泉守遺文』の史料博捜が必ずしも十分でなく、脱漏ないし未収の存在を聞くだけに、あらたな史料の発掘によって基礎事実の究明をいくらかでも深めること、第二に従来の研究に欠落していた人間和泉――幕末維新の志士としては異例ともいうべき五十二歳の生涯を生きた彼の兄として父として、子として夫としての苦悩の人間像に光をあてること、そして第三にこれらを足場として幕末維新史上に巨歩を印したその歴史的意義をあきらかにすることをもって念願とした。

小著執筆について小西四郎教授からおすすめをいただいたのは、ずい分前のことであった。しかし不敏にして遅筆の著者はずるずる歳月を空費し、教授や吉川弘文館のかたがたに非常な御迷惑をお掛けしてきた。ところが久留米に住んでいることが幸いして真木保典水天宮現宮司の知遇を得、未公刊の自筆史料閲覧を許されるようになり、また小川常人氏の御教示を仰ぐ機会を持てるようなったことで、構想しだいに熟するに至った。また王丸勇氏・川口茂光氏・鶴久二郎氏・右田乙次郎氏・宮崎初子氏・宮原昌勝氏には史料蒐集の上で非常な御配慮をいただき、そのほか多数のかたがたからも有形無形の御厚意とはげましとを受けたことは忘れ難い。小稿を結ぶにあたり心からなる感謝の意を表するしだいである。しかし小著の貧しい内容がこれらのかたがたの御期待を裏切る結果になってしまったことを恥じ入るのみである。

昨年は著者の旧制七高時代の恩師岡潤吉先生、また慶応義塾において福翁直門たることを終生誇りとしていた外祖父の、ともに一七回の忌であった。おくればせながらこれを記念して小著を霊前に捧げることをお許しいただきたいと思う。

昭和四十八年七月

山口宗之

目次

口絵

挿図

第一　生誕とその時代

一　概観

生涯の四つの時期

和泉五十二歳の生涯を通観するとき、これを四つの時期に分けて考えるのが便利である。すなわち天保十四年（一八四三）三十一歳までを第一期、弘化元年（一八四四）から嘉永五年（一八五二）四十歳までを第二期、同年五月より文久二年（一八六二）五十歳の二月までを第三期、ついで元治元年（一八六四）五十二歳の七月自刃に至る二年余りを第四期とすることができる。

第一期

先祖代々久留米水天宮の神職をつとめた家の長男に生まれ、十一歳のときはやくも父を失って二二代神官となり、家職の伝統の中に身を置きつつ学問・教養を深め、他日の雄飛の基盤となるべきものを培っていた時代が第一期である。この時期、彼は十九歳にしてはや妻を迎え、二男一女の父となり、久留米藩校明善堂の考課において「格別出精上達」の部に入るというようなすぐれた業績をあげた。

第二期

第二期、三十歳をこえた彼

ははじめて久留米の小天地をはなれて水戸に遊び、会沢正志斎に面接して尊王攘夷思想の影響を受け、帰国するや同志とはかって久留米水戸学派たる天保学連を結成し、英明の青年藩主頼永を擁して藩政改革の推進にあたった。ところが頼永の死後守旧派のまき返しと天保学連の分裂という悲観的状況の中で藩政改革の気運は挫折し、藩に罪を得る

第三期

に至って第三期の蟄居生活一〇年の期間がつづく。この間中央政治の舞台ではペリー来航を迎え、鎖国制度の終末と開国方針への急激な転換、将軍継嗣運動、安政の大獄、桜田門外の変といった重大事件が相ついで起こり、幕末維新史が大きなカーブを切って動いていく時期であったが、彼は空しく久留米の郊外水田の地に在ってこれを見守るのみ

第四期

であった。そして第四期は藩の許しを得ずに蟄居先を脱出して鹿児島に走り、島津久光の上京に同行せんとして果たさず抑留月余、ようやく着京して討幕運動を起こさんとしてたちまち寺田屋の変に遭い、拘置の身となり、久留米に送還せられるや一時は生命の危機にさえ見舞われたが、在京尊攘派および長州藩の挺入れで解囚され、久留米を「出国」し藩の束縛をはなれた天下の真木として長州藩に拠りつつ討幕運動を指導したが、挙兵上京の企図空しく禁門の変に敗れ、天王山に自刃するに至る。

以上、四期にわたる和泉五十二歳の生涯は、文字通り〝尊攘〟のため燃焼されつくしたといってよく、幕末維新史上に一光彩を放っているといってよかろう。彼に対する今日の学界の評価は典型的な尊攘派の志士であり、理論的指導者として全国的に重きをなす人物であったとすることに、ほとんど異論はない。しかし尊攘派志士といっても東照宮家康の権威には柔順に、将軍家・幕府に対する服属意識は一般にかなり根強いものがあったが、和泉はたとえば寺田屋の変後大坂藩邸に拘禁中藩主有馬頼咸に宛て「固より外様大諸侯之御身柄に候へば、仁と暴との差別なく、幕府を去りて天朝に御就遊ばされ候儀は当り前之御事」とのべているのにあきらかなごとく（文久二・七・七、「藩公に上りし書」）いわゆる〝朝廷びいき幕府ぎらい〟の傾向を明白に示し、将軍でなく天皇を中心とした統一国家体制樹立への志向が確然と存していることは、彼の重大な一特色ということができる。

志士群像の分類

芳賀登氏によると幕末維新の志士群像はつぎのように分類できるという。まず組織内の位置・機能から⑴中央指導者型（頂点に立つ型である。西郷隆盛・木戸孝允・吉田松陰・梅田雲浜・藤田東湖ら）⑵中央志向型（地方より上京し参加した型。武市瑞山・吉村寅太郎ら著名人から無名の志士までを含む）⑶地方オルグ型（脱藩流浪し組織・根拠地づくりの工作活動。清河八郎・加藤桜老など）⑷後方守備型（各地方における土着埋没的活動にしたがい、志士的行動の社会的基盤を与える）⑸保護（支援）者型（資金ルートをつくり献金なども行なう。白石正一郎ら義商といわれた人々）⑹隠遁文人型（政治顧問的存在。橘曙覧ら）に六区分する。つぎに志士的活動状況を基礎として⑴志士的義挙型（天誅組から一揆便乗・暴動まで）⑵王室家（中央工作）型（宮廷内部との交渉を通じて工作するもの）⑶組織者型（志士教育にあたるものから坂本竜馬的な活動あるいは高杉晋作による奇兵隊の組織のごときもの）⑷後方攪乱（幕府工作）型（対幕諜報活動、幕府の拠点攪乱。桃井可堂ら）以上四区分。つぎにイデオロギーから佐幕型・尊攘型・公武合体型・雄藩連合型・倒幕開国型の五区分となる。このほか少年型・青年型・壮年型・老年型といった区分。一流の志士・二流の志士・三流の志士という区分。真勤王・偽勤王という区分。佐幕派志士・尊王の志士という区分もありうるとし、最後に運動方法から武装激派型・刺客壮士型・平和的説得（処士横議）型に分けることも考えられるとしている（『幕末志士の生活』第九章、志士群像）。

もちろん激動の時代を生き抜いた志士たちをそのままこの分類区分の中にはめ込んで類型化することには問題があり、かえって志士の果たした役割や意義をゆがめ、一面化することになってしまうであろう。たとえばひとりの志士が刻々と変化していく状況の中にあって地方オルグにしたがい、中央へ志向し、中央指導型へ上昇したり、あるときは藩、あるときは幕府、さらに朝廷にはたらきかけることもあり得るとし、またある時期は攘夷をいい、一転して開国を主張することもしばしばあり、時に平和説得を主張し、武装決起を力説するという事例は多々あった。そうした生きた現実の中で動く志士像を追求しない限り、われわれは幕末の実相を理解できないし、苦悩する志士の姿をつかむこともできないであろう。したがって以下われわれが考察せんとする和泉についてしいてこの分類区分にはめ込もうとするのは無意味であり、また危険を伴うともいえるが、あえてなぞらえてみれば、はじめ「中央志向型」であったが、長州藩の勢力を背景に尊攘激派の代表として京都政局に登場してのちはあきらかに「中央指導者型」となり、「中央工作（王室家）型」ないし「組織者型」の活動にしたがい、イデオロギーは「尊攘型」に属し、さらに「老年型」の「一流の志士」で「真勤王」を主張し、「武装激派型」行動の中にその生涯を終ったといってよいであろう。

和泉のタイプ

以下、和泉の生涯と思想を考察するにあたりもっとも重大な視点となるものは、水天宮神官の家に生まれ、久留米藩の世界に育った彼がその徳川体制に対決せんとする戦闘的エネルギーをいかにして芽生えさせ、どのようにはぐくんでいったかということ、そしてその討幕論はいかなる内容と論理を有し、近代国家形成への動きの中でどのような歴史的意義を果したかという点であろう。このことを留意しつつ以下、和泉五二年の生涯の歩みをふりかえっていきたい。

二　出　生

生誕とその時代

文化十年（一八一三）三月七日、筑後国久留米城下瀬下町にある水天宮神官真木左門旋臣（としおみ）の家では待望の男の子が呱々の声をあげた。真木家ではすでに長女駒子・次女成子（なる）をもうけていたが、家職をつぐべき長男を挙げるに至らぬため、性豪放の左門も遺憾としていたが、三度目にして宿望を達成したのである。

この年、光格天皇の在位三五年目、第一一代将軍家斉の就任後二七年目であり、久留米では第九代藩主有馬頼徳の治世二年目であった。同じ年五月には前年ロシア軍艦に拉致された高田屋嘉兵衛が送還されており、七月になると寛政三奇人のひとり蒲生君平が

水　天　宮（春の大祭）

没し、遠くヨーロッパではナポレオンがライプチッヒの戦いで決定的な敗北を喫するという事件が起こっている。しかしときまさに文化・文政の爛熟期を迎えんとするころ、明治維新に先立つこといまだ五五年以前であって新時代への胎動がまだ現実にそれほど感じられぬ時代であった。したがって後年の幕末維新の志士たちの多くがまだこの世に生まれ出ていなかった。横井小楠四歳、佐久間象山二歳の年長を除けば、西郷隆盛十四歳、平野国臣十五歳、吉田松陰・大久保利通は十七歳、木戸孝允二十三歳、高杉晋作に至っては二十六歳の年少であった。

和泉守の由来

幼名湊、やや長じて久寿・鶴臣（たづおみ）といい、のち保臣。字は興公・定民と称し、紫灘（したん）と号

水天宮の創始

水天宮と筑後川

したが、いっぱんには真木和泉という場合が多い。天保三年二十歳のとき上京し、神祇管領吉田家より大宮司の状を受ける際、父左門の神道裁許状にしるされた真木和泉平旋臣の通称和泉を襲って従五位下和泉守の官位を受けたことにもとづく。

「真木家略系譜」によるとその始祖は大和国石上神社神官某の娘伊勢に発するという。伊勢は平知盛および清盛の妻時子(二位の尼)につかえ、建礼門院(徳子)の入内とともに宮中に入り、按察局と称した。壇の浦における平氏滅亡の際、遺命により安徳天皇以下一門の跡を弔うべく筑紫国に流れ来り、筑後川のほとり鷺野原の地すなわち現在の所に住みついたという。ところが知盛の子に従四位少将知時なるものあり、壇の浦より肥後五家荘に逃れたが、その四男右忠はある日伊勢をたずねて筑後の地に来り、ついにその養子となって平氏の血脈をつたえることになったという。伊勢が鷺野原に平氏一門を祀ったのは文治・建久期であったが、これがすなわち水天宮の創始であるといわれる。

江戸時代に入り、右忠一六代の孫忠左衛門重臣は慶安三年（一六五〇）久留米第二代藩主有馬忠頼に水天宮社殿の改築を願い出で、忠頼の意志により今日の瀬下町の地に壮大な社殿をきずかせ、社地として三潴郡京隈村（現久留米市京町）のなかに七畝二八歩を与え、物成免とした。この忠左衛門重臣は肥後真木村（現熊本県菊池郡大津町真木）の出身で先代竜臣の養子となったが、出身地の名をとってこれより真木姓を称するに至ったといわれる。以後、一七代与平次・一八代忠左衛門是臣・一九代右門三臣・二〇代右門重臣とつづき、和泉の父左門旋臣に至っている。

父、左門

左門は右忠から数えて二一代目である。文政元年（一八一八）十一月藩主有馬頼徳の命により江戸芝赤羽の久留米藩邸内に水天宮を分祀した功によって中小性格に列し、年額米六〇俵を扶持されることとなり、以後真木家に伝えられた。左門は豪放・淡白の気性であり、体格偉大であったという。客をこのんでよく酒食を供し、町に火事が起これば竜吐水をしたがえて火事場へかけつけ消火にあたるのを好み、火事の起こるを報じた者へは銭二〇〇文を与えるのをつねとした。また水天宮の背後を流れる筑後川の護岸工事のため私財をなげうってかえりみず、ために家計ゆたかではなかった（『真木和泉守』）。しかし十五歳のときはやくも父を失って神職をついだ左門は家事にまぎれ、学問を深くたしなむに至らなかった。ただ『絵本楠公記』一部を蔵して愛読し和泉に庭訓を垂れたことは、和泉の尊王心形成の上に大きな意義を与えたものとして注目される。

母、柳子

　母柳子は筑後三潴郡下田村（現福岡県三潴郡城島町下田）の中村茂平次の娘であり、左門に長ずること一歳であった。久留米地方では一つ年上の妻を〝金の草鞋〟と称し好配偶とするいいつたえがあったが、年若くして水天宮神官を相続した左門には家事をとりしまるに十分な妻であることが要求されたためでもあろう。このことはのちに和泉もまた年長の妻を迎えていることと軌を一にする。柳子はなみの女性よりも身長高く骨格すぐれ肥満し、また仁心に富み布施を好んだといわれる。

二人の姉と三人の弟

　この両親の間に和泉は二人の姉と三人の弟をもった。長姉駒子は藩の家老岸氏の臣で和泉幼時の漢学の師となった宮原桑州の嫡男半左衛門（得、字は多助）に嫁し、次姉成子は瀬下町の商家、住吉屋川口喜太郎の妻となった。直弟亘（信臣）は水田天満宮大鳥居信宜の養子となり、次弟登（加賀）は太宰府天満宮社家小野氏倫の養子となり、のち馬場蒼心と改めた。三弟摩須男（外記）は真木家にとどまり、後年和泉とともに国事にたずさわって京摂の間を往来することになる。

容貌

和泉は両親から五尺八寸の身長、しばしば力士に間違われたところの肥満した体軀、角張った赤銅色の顔、広く秀でたひたい、はねあがった薄い眉、威力のある目、大きな耳と口、太くみじかい首、そしてやや猫背の容姿を受けつぎ、加うるに討幕唱始者として久留米一藩を驚倒させ、天下の耳目を聳動させたあのはげしい気性を受けついだのである。つたえるところによれば和泉の出生時には額のまん中に肉骨が突起し、骨相尋常ではなかった。間もなく医師によってこの肉骨は切りとられたが、その痕跡はのちのちまでのこっていたという。

天保九年（一八三八）二十六歳のとき妻睦子と島原小浜温泉に遊んだおりに村人から力士が芸妓を連れてきたといわれたこと（『真木和泉守』）、天保十五年水口城下を通りかかった際、相撲の会がひらかれており、参加した力士と間違われたという事実がある（『天保甲辰日記』九月三日の条）。

三　島　神　社

ところが幼年時代の和泉は、長男のゆえか起居動作に老成人の風あり、同年輩の子供らと遊びたわむれることがなく、豪放濶達というよりむしろ小心翼々たるものがあったといわれる。ある日父左門は子供らの胆をねるためにと三人の男児を久留米城外三潴郡二ツ橋の刑場（現久留米市津福、享保六年（一七二一）十一月定められた。『久留米小史』巻四）につれて行き、囚人処刑のさまをみせた。このとき亘・登の二弟は斬首の行なわれるさまを正視したが、和泉は終始うつむいて正視し得なかったといわれる。しかし読書にはよくはげみ、母柳子のいうところでは読み書きせよと命じられることなく、むしろ勉学に過ぎて病気にかかるのを心配したほどであったとされている（『真木和泉守』）。

手習いの師匠たち

幼時、同じ瀬下町に住む竹下惣右衛門について手習いをはじめた（王丸勇『真木和泉守と久留米藩医学』）。ついで折衷学の流れを汲む国友与左衛門（耳山）について素読を、崎門学派宮原桑州（国倫）に漢学を学んだ。また父左門と親交のあった三潴郡大石神社の神官船曳伊勢守（大枝）の兄である同郡蛭池村（現三潴郡大木町蛭池）三島神社神官宮崎阿波守信敦について国学を学んだ。

宮崎阿波守信敦

阿波守は久留米藩校明善堂の講師をつとめ、隣藩佐賀の草場佩川も師弟の礼をとり、鍋島直正（閑叟）も講義を聴いたほどであり、筑後地方に著名の国学者であった。和泉は伊勢守の子大滋・巌主とともに久留米から三里の道程を月に数回往復したという。しかもまた「読二大学或問一」と題する和泉の漢文によれば、世の治道を論ずる書が政教ともに空論にして世道に益ないもの多い中にあって『大学或問』のみが経済民生の問題に至るまでのこるところなく論じているとして熊沢蕃山を高く評価している。

学統

けれども和泉がとくに折衷学や崎門学ないしは熊沢蕃山の影響下にあったということはできないであろう。むしろ和泉にあっては「意気人を圧し師承なくして能く国典及び漢籍に通じ翰札を善くし兼ねて又武技に長ぜり」とあるように(『贈正四位真木保臣略伝』)、著名の学者を師とすることなくしてみずからの教養と思想とをかたちづくっていったというべきである。いったい人間の思想形成の過程には三つのコースが考えられるであろう。第一は彼がいかなる人物を学問の師とし、その影響のもとどのようにその精神生活をかたちづくっていったかということである。第二はどのような政治グループに属し、いかなる党派・階層と交渉・接触をもち、また対立したかということによってその影像が浮かび上ってくる。第三には思想形成のもっとも主体的な糧ともなる読書生活の具体相——いつごろ、どんな書物をどのていど読んでいるかということによって思想の主体は形成されていくと思われる。第一および第二の視角からの究明については、これまですでに若干論じ、これからも詳論するところであるが、ここでは第三の方法による調査結果を展望的にかかげてみる。この方法による調査とは関係史料の中に読書関係の直接記事をはじめ、書店より購入したもの、友人からの貸借、公用書籍のとりあつかい、等々の記事があれば細大もらさずとりあげ、年次順に配列し、部門別に整理することである。かくして彼の読書生活の具体相が、たとえ大幅な限定付きのものであるにせよ鮮明に浮かび上ってくるのである。

こうして和泉の場合について『真木和泉守遺文』その他の史料・文献によって検索したところ総計一九三部の書籍名が知られた。

読書目録

和書（国書。本邦史書・伝記・論策・時評・写本類も含む）

絵本楠公記（三編三〇冊、山田得翁斎作、速水春暁斎画） 大日本史（二四六巻） 続日本紀（四〇巻） 日本後紀（四〇巻） 続日本後紀（二〇巻） 三代実録（五〇巻） 大祓詞後釈（二巻） 令義解（一〇巻） 熊沢蕃山の伝（表記不十分） 寛永小説（一巻、林鳳岡） 草偃和言（一巻、会沢正志斎） 建官考（一冊、渋井孝徳） 西山（公）随筆（一巻、徳川光圀） 水戸義公行実（写本一巻、安積覚） 水藩見聞録（写本二巻、小島洪祚） 丙丁炯戒録（二巻二冊、塩谷宕陰） 宇佐問答（三巻、熊沢蕃山） 水戸公文詞（表記不十分） 廸彝篇（一冊、会沢正志斎） 水戸天保検地式（一冊、筆写） 回天詩史（二巻、藤田東湖） 葉隠集（写本一一巻、山本常朝） 新論（二巻、会沢正志斎） 本朝史（表記不十分） 国史略（五巻五冊、巌垣松苗） 筑前之旧記（表記不十分） 日本書紀（三〇巻） 保建大記（二巻、栗山潜鋒） 皇朝史略（正編一二巻続篇五巻、青山延于） 誠忠武鑑（写本三巻） 古事記（三巻三冊） 不恤緯（一巻、蒲生君平） 江家次第（二一巻、大江匡房） 勧農或問（二巻二冊、藤田幽谷） 二連異称（一巻、藤田幽谷） 水府公献策（写本二巻、徳川斉昭） 隣疝臆議（大橋訥菴） 及門遺範（一冊、会沢正志斎） 日本政記（一六巻、頼山陽） 弘道館記述義（二巻二冊、藤田東湖） 訂正古訓古事記（三冊、本居宣長訓、長瀬真幸校） 出雲国造神寿後釈（二巻、本居宣長） 古今和歌集打聴（二〇巻、賀茂真淵） 国朝諫諍録（二巻二冊、藤井懶斎） 古今和歌集（二〇巻、紀貫之） 加茂翁家集（五巻五冊、賀茂真淵著、村田春海編） 鈴之屋集（五巻、本居宣長） 玉霰（一巻、本居宣長） 万葉集竹取歌解（一巻、賀茂真淵） 校刻日本外史（二二巻、頼山陽） 祝詞考（三巻、賀茂真淵） 常陸帯（二巻、藤田東湖） 保建大記打聞（三巻、谷重遠） 文徳実録（一〇巻、藤原基経等） 和名類聚抄（二〇巻、源順） 延喜式（五〇巻、藤原時平） 雲上明覧大全（二巻） 近世畸人伝（五巻、伴蒿蹊） 続近世畸人伝（五巻、三熊思考） 公事根源集釈（三巻、松下見林） 漢字三音考（一巻、本居宣長） 冠辞考（一〇巻、賀茂真淵） 海国兵談（一六巻、林子平） 古事記伝（四八巻、本居宣長） 群書一覧（六巻、尾崎雅嘉） 鼇頭旧事紀（度会延佳） 三代実録（五〇巻、藤原時平等） 世説新語補考（二巻、桃井源蔵） 神代紀葦牙（三巻、栗田土満） 神代紀髻華山陰（一巻、本居宣長） 職官志（六巻、蒲生秀実） 中古正統砕玉話続武将感状記（五巻、栗原信允） 通語（一〇巻、頼山陽） 土佐日記抄（二巻、北村季吟） 万葉集考（賀茂真淵） 万葉集（二〇巻） 万葉集略解（三〇巻、橘千蔭） 和訓栞（八六巻、谷川士清） 古事記略伝（一巻、奈良松荘） 歌合部類（二〇冊） 三大考（服部中庸） 冠辞考続紹（七巻、上田秋成） 桂園一枝（二巻、香川景樹） 伊布伎於呂志（二巻、平田篤胤） 古史伝（二九巻、平田篤胤） 古史本辞経（四巻四冊、平田篤胤） 皇国度判考（写本三巻、平田篤胤） 皇朝歴代君臣名功録（三巻一冊、大槻磐渓） 皇朝靖献遺言（三冊、横尾謙） 箏曲大意抄（六巻、山田松黒） 出定笑語（六巻、平田篤胤） 静岩屋（五巻、平田篤胤） 三代朝和歌類題（六巻、岩上登波子） 玉勝間（一五巻、本居宣長） 和歌言葉の千種（六巻、石川蓮和） 三玉和歌類題―春夏恋―（七巻、松井幸隆） 増補和歌題林抄 六百番歌合（一〇巻） 霊能真柱（二巻、平田篤胤） 標注令義解校本（六巻、近藤芳樹） 水藩雑記（大橋訥菴）上書 与林長孺書 菅家遺誡 新撰（姓？）氏録（三〇巻） 文語粋（ママ） 皇国忠臣諌諍録 顕事幽事弁 皇朝文文字（ママ） 神典採要 万葉考明記 万葉集奥書 拾野集―春夏秋冬―

漢書（漢籍ないし儒学・漢学に関係あるもの、およびわが国儒者の著作・漢詩文類）

文献通考（三四八巻、元・馬端臨） 大明会典（正徳会典一八〇巻、万暦重修会典二二八巻） 学制略説（一冊、会沢正志斎） 史記（一三〇巻） 孝経（一巻） 春秋（左氏伝） 菅家文草（一二巻） 明史（三三六巻、清・張廷玉等） 論語 楽記（一巻） 中庸（一巻） 大学（一巻） 孟子 小学（内外篇六巻、朱熹） 資治通鑑（二九四巻、司馬光） 磐若波羅密多心経 春秋（公羊伝） 靖献遺言（二巻、浅見絅斎） 周礼 中庸釈義（一冊、会沢正志斎） 責難解（一冊、会沢正志斎） 下学邇言（七巻、会沢正志斎） 孝経考（一冊、会沢正志斎） 大学或問（二巻、熊沢蕃山） 儀礼経伝通解（三七巻、朱熹） 風俗通義（一〇巻、漢・応劭） 朱子語類（一四〇巻、朱熹） 国語韋注補正（二一巻、河野恕斎） 易（二巻） 儀礼（一七巻） 礼記 荘子（一〇巻） 大学考（一巻、僧大我） 書経（二〇巻） 国語（二一巻） 玉篇（三〇巻、梁・顧野王） 十八史略（二巻、元・曽先之） 康熙辞典（四二巻） 経義大意（一巻、八田知紀） 戦国策正解（一〇巻、横田推考） 十八史略便蒙（三巻、村山隆） 大明律（三〇巻、明・劉維謙等） 論語徴集覧（二〇巻、源頼寛） 大平策（写本一巻、荻生徂徠） 論語集注（朱熹） 後漢書（一二〇巻、南朝宋・范曄） 懐古集（一冊、久坂玄瑞） 近思録（一四巻、朱熹・呂祖謙） 三礼陳数求義（三〇巻、清・林喬蔭） 唐詩選国字解（七巻、服部南郭）
中庸考 爾雅釈義？（王安石）万言書 孟輯論 漢律歴書 魏武注孫子 新刻頭書詩経集註 大学章句 四書正解 詩経説鈎 箋注蒙求 李忠定公奏議選 中庸章句孟子集註 鼇頭音註論語 漢書評林 詩法算要 精註唐宋八大家文 唐詩選講義

洋書（原書・翻訳書のほか広義の西洋学および洋学批判書をもひろく包含する）

西洋紀聞（三巻、新井白石）　闢邪小言（四巻、大橋訥菴）

部門別不明

忠孝書（表記不十分）　三代経界通考　古家（画？）縮図　字典（表記不十分）　代笠亭記　徳潤遺事　丁巳叢書　杜工部集　助辞訳通

以上一九三部の内訳は和書一一三部、漢書六九部、洋書二部、部門別不明九部となった。つぎに和・漢・洋のみの百分率をしらべてみると和六一・四パーセント、漢三七・五パーセント、洋一・一パーセントとなり、和書の占める割合いが異常に高いことがあきらかとなった。

和漢洋の百分率

同じ方法で調査した橋本左内の場合の四四三部の内訳は和二〇・四パーセント、漢四八・八パーセント、洋三〇・八パーセントとなり、洋学の教養ゆたかであったその歴史的性格を反映している。また横井小楠の場合は史料的制約が大きく一三六部しか判明しなかったが、和二九・四パーセント、漢六六・七パーセント、洋三・九パーセントとなり、儒学ことに朱子学の教養を基盤とした思想傾向をよく表明している（山口宗之「幕末志士関係書目の研究―橋本左内の場合―」、同「幕末志士関係書目の研究―横井小楠の場合―」（『久留米工業短期大学研究報告』三・五)。これらにくらべて和泉の場合皇典・国学関係の書籍が六〇パーセントを越えていることは和泉の知識・教養の一特徴ということができる。和書の内容は国学関係一九、歌学関係一五、有職故実関係四、神道関係三、国史関係四一、論策時評二五、その他六となっており、和泉の国史に対する志向の深さをうかがうことができる。

以上のように国書関係が漢籍・儒学の類より断然多いということは、和泉の思想の中核にあるものが日本的な学問・理念にあったことを明確に示すとともに、儒学的世界観にうらうちされた幕藩体制社会の意識構造からも比較的自由でありえたといえよう。そしてやがては〝討幕唱始者〟として尖鋭の行動へと発展していく必然性をもつに至るのである。

武術のたしなみ

つぎに武術方面であるが、柔術は倉の中に畳を敷いて同志と練磨したというほどで目録の腕前を持ち、弓術は日置流道雪派で目録以上であった。ことに得意としたのは薙刀であり、もし戦陣にのぞむことあれば自分は薙刀を携えるというほど熟達していたといわれる。このほか趣味として刀剣の鑑定、墨絵・音楽などを愛し、琴と琵琶にはとくに長じて音律にもくわしかったとされている(王丸勇『真木和泉守と久留米藩医学』)。

三　父の死、結婚

父の死

神葬

文政六年（一八二三）六月和泉十一歳のとき父左門は風土病〝七日病み〟にかかり、同月二十日急死した。前年冬左門は十歳の和泉に対し水天宮神符調成にあたっての伝来の秘法――寒明け節分前の七日間潔斎を行ない、深夜丑の刻（午前二時）筑後川の流れにひたって神水祈禱を行なう法を授けたが、虫の知らせでもあったろうか、まだ三十四歳の若さであった。真木家累代の墓は久留米城下寺町千栄寺にあり、これまで仏式によって葬儀を行なってきた。関係者がこのたびもそのようにとり行なおうとしたところ和泉はあえて神葬を行なうことを提言し、亡父に対し珠数に代わるに烏帽子・直衣を着せ、諡るに旋臣天神の号をもってした。さらに天保四年（一八三三）先祖の仏式の法号をすべて廃し、霊神号に改めたのである。このことは十余歳の少年の魂にすでにあるひとつの志向が生まれてきたことを物語るものである。

家督相続

父の死後和泉は名を久寿と改め、和泉正と称することになった。同年八月十二日家督相続、第二二代水天宮神官となり、翌文政七年二月十五日久留米城にのぼり、藩主有馬頼徳に謁見した。亡父左門が家事にうとかったため当時の真木家は窮乏ひどくして晴衣の新調ができず、父の古着を仕立なおし、ほころびをつくろって藩主の前に出たほどであったが、和泉はかえって母をなぐさめたという。またこの年六月九日、京都吉田家より神道裁許状を得、名を鶴臣と改めた。

結婚

年長の妻、睦子

天保二年の春、瀬下庄屋町浪人石原与左衛門の娘で久留米藩馬廻組粟生一左衛門の養女となった睦子を妻に迎えた。睦子は和泉に長ずること九歳、この年十九歳の和泉に対し睦子二十八歳であった。当時の夫婦の年齢差は、夫が妻に長ずること五〜十歳ていどがふつうであったのにくらべ、これはいささか奇異の

父母の墓（久留米市，千栄寺）
中央左門，左柳子，なお右は長男麟太の墓

感なしとしないであろう。当然何らかの事情の介在が考えられる。

吉田松陰の父母三歳、横井小楠の父母五歳、橋本左内の父母九歳、梅田雲浜は先妻とが十二歳、後妻とが九歳、高杉晋作夫妻六歳、坂本竜馬夫妻六歳、久坂玄瑞夫妻三歳それぞれ差がある。

睦子の実家

まず睦子の実家石原家は屋号を木屋といって材木・酒造業をいとなみ、藩の米穀の販売を委託された御用商人で郷士身分をもち、累代豪富をもって鳴る家である。また養家栗生家も世禄二〇〇石の上士であり、この両家とも御原郡井上村（現福岡県小郡市井上）の大地主樋口家と縁戚関係をもっている。樋口家はもと上妻郡酒井田村（現八女市酒井田）から移住しきたり、延享四年（一七四七）生まれの樋口甚蔵は藩校明善堂建設にあたり黄金三〇〇〇両を拠出し、このほか歴代にわたり財を納めてきたため士籍に列せられた（『有馬義源公』）という豪家であった。睦子との結婚は旋臣と親しかった大石神社神官船曳伊勢守の媒酌によるといわれるが、家計楽でなかった当時の真木家に対し、「豪富」石原家からの何らかの経済的後援ともいうべきものが存在したのではなかろうか。後年水田幽囚中のものと推察される和泉の睦子へ宛てた書簡に「石原の母様」へついでの折よろしくつたえるようにとの文言がしばしば目につくのは、このことを推測せしめるのである。なお睦子嫁してのちの真木家の経済状態は大いに立ち直ったとみえ、文久二年（一八六二）二月鹿児島脱出に際して和泉は黄金三〇枚を路銀としているし（『真木和泉守』）、寺田屋事件後大坂森久屋に拘禁中、主人順蔵に金一〇両を借りたが、すみやかに国もとへ連絡し相応の利息をそえ返済する旨の証文をしたためている（久留米市通町、豊田三郎氏所蔵）のは、このことを裏書きしているといってよろしかろう。

睦子の容貌

つぎに睦子が器量すぐれた女性であったことである。天保九年（一八三八）和泉二十六歳の九月、睦子を連れて小浜温泉に遊んだ折、村人が「力士が芸妓を携へて来る」といったということ（『真木和泉守』）、また明治初年久留米桜馬場へ馬術見物に出掛けた睦子に対し「顔は雪すがたは花と見つれどもばゝの桜と人はいふなり」との狂歌がよまれたとつたえられている（同）。三十歳半ばで芸者とみられ、七十歳に近いころなお姥桜にたとえられたということは、前述した豪家の出である睦子の衣裳の豊富さを語るものであろうが、それとともに睦子の容色が衆にすぐれたものであったことを推察するに足るといえよう。その睦子が体格偉大の真木と並んだところでは年齢よりよほど若く見え、九歳の差を感じさせることがそれほどなかったであろうし、このことが若い和泉をしてこの結婚に同意させたところの重大な一因をなしていたのではないかと想像される。

真木家の家族構成

第三に当時の真木家の家族構成も影響するところがあったであろう。父はすでに亡く、二人の姉は相ついで嫁し、三人の弟のうちすぐ下の亘（信臣）は前年水田天満宮留守職大鳥居信宜の養子となったが、なお十三歳の登、十一歳の摩須男が残っている。しかも水難の守護神としての水天宮の占める信仰的位置は高かった。この神社の神官たる十九歳の和泉に配するに年少の妻であっては、一家の中心として家事をとりしきるにいかにも心もとなく、年長の嫁こそ適当であるとするところの周囲のひとびとの配慮がはたらいたゆえであったと想像される。

〝金の草鞋〟

第四に考えられるのは久留米地方では一つ年上か七つ年下の妻を〝金の草鞋〟といって好配とみるいいつたえがあったといわれることである。父左門の場合も母柳子の方が一歳の年長であった。左門の結婚の年はあきらかでないが、十七‐八歳ごろであったといわれ、十五歳で父を、十七歳で母を失った左門が内助を得るため年上の妻を迎えたことはきわめて当を得たものであったとされている（『真木和泉守』）。同じような条件は和泉の結婚のときにも存在していた。いわば年長の妻を迎えるということは、当時の真木家

真木家の墓（久留米市長門石）

にとっては別にこれを奇としない気風めいたものが存在していたのではないかと推察され、このことが和泉をして九歳年長の妻を迎えることを受け入れる条件となったと考えられる。

ただ睦子が当時としては異例ともいうべき二十八歳になるまで、いかにして縁づかなかったかということはいぜん不明のままで残る。豪富の石原家の娘として容色すぐれた睦子に縁談のないことはまず考えられない。ただひとつ想像されることは睦子が安政初年（一八五四）以来喀血の気味があり、和泉の水田蟄居当時健康すぐれなかったこと（『真木和泉守』その他）から、あるいは娘時代病弱であったからなのではあるまいかと思われる。しかしその後睦子は格別病床に伏すということもなく、明治八年（一八七五）七十二歳という当時としては天寿を全うすることができたのである。以上要するに和泉夫婦の九歳の年齢差には、現代人が奇異感を覚えるほどの特殊事情は介在しなかったと断じてよろしかろう。

睦子宛の書簡

というのは「豪富」の出であり、〝姉さん女房〟である睦子に対した和泉は、一家の主人としての堂々たる態度をもっていることである。和泉が別居中睦子に与えた書簡は判明するもの一七通（うち三通は『真木和泉守遺文』所収）ある。このうち四男菊四郎の少年時代の奔放な行状について愚痴めいたかたちで睦子が訴えたであろうことに対する和泉の文面は「そなたゟ夜々申きかせのついでに『此節おとつ殿（父）も色々としんろう被㆑成候よしに付、そなた（菊四郎）も一きわはりこみ申候様になくてはならず。わし（睦子）もおなごおやの事にてなに事もおもう様になり不㆑申、そなたのはりこみしだいにてはのちはそなたの存より通りにいか様にても致しかたあり候間、此節は人にまかれ、一はりこみしてそなたのきしようを人に見せられ候様にとくれ〳〵ぞんじ候。おとつ殿もむかしとちがひ今はむつかしくなり被㆑成候間、おめ〳〵とした返事など致し候てはそなたのためになり間敷く、おとつ殿もよろこび被㆑成候様に一きしよう見せ、をとこといはれ候様』とおはなしおき可レ被レ下候」とあるように(安政五－六カ、水天宮所蔵)、直接話法のかたちをもって菊四郎への訓戒のサンプルを示すというようにまことに懇切である。そこには父が娘をさとすような重みさえ感じさせられ、とても九歳の〝姉さん女房〟に対するものではない。久留米藩を「退国」してのち元治元年(一八六四)正月および五月、娘小棹へ宛てた書簡には、嗣子主馬も幽閉されてしまった今は小棹が一番のたのみであるゆえ一家の中心となって十分はたらいてもらいたい旨こんこんとしたためている(『真木和泉守遺文』)。妻をさしおいて娘をこそ一家の大黒柱とみたてていることの中にも、睦子の年長妻たることを重大視するにあたらないものが存在するといえよう。要するに和泉夫婦の関係は年齢差から連想されるような異常性は決してなく、きわめて正常かつ健康な間柄の夫婦であったと断言してよいと思われる。

四　二男一女

和泉は睦子との間に長男麟太・次男主馬(佐忠)・三男彦三郎・長女小棹・四男菊四郎の五人の子をもうけ、主馬・小棹・菊四郎が成人した。

主馬。天保六年（一八三五）十一月二十七日生、幼名時次郎、通称主馬、名を佐忠・道文・彇・文臣という。和泉が嘉永五年（一八五二）藩譴を蒙り、水田に幽閉せられるや水天宮第二三代目の神官となり、文久二年（一八六二）和泉の鹿児島脱出、ついで京都・長州に奔走する間よく留守を守り、また父の罪に連座して幽閉を命ぜられること再三に及んだ。主馬は父和泉や弟菊四郎のごとく政治行動に自己を燃焼させた型とは、いくらかちがうところの性格の持ち主であったらしい。水天宮元宮司真木保典氏によると主馬は父の国事奔走のかげにあって一家を支えるのに苦労したため、自分は社入をふやし、貯蓄第一に心がけたということをしばしば物語っていた由であり、真木家には主馬宛の明治期官公庁発行の寄附感謝状が多く

主馬の墓（久留米市長門石）

のこっている由である。明治三十四年（一九〇一）五月没、七十一歳。

長女小棹。天保十年（一八三九）十月二日生、「寤寐髣髴不得忘、資性賢貞才少有、云々」と詠じているように（哀哉歌十首）、ただひとりの女子として和泉の愛を一身に集めて成長した。安政四年（一八五七）二月二日、十九歳で母睦子の親戚にあたる久留米の豪商山本伝之進康平（久留米藩の士籍に列し、三三〇石を給せられる）の長男善次郎応平に嫁した。譴責中の身なるゆえ婚礼の席にのぞめぬ和泉は妻の道をさとした「ひとへ艸」を草して贈った。しかし、不幸にして同年十二月十三日破婚となり、ふたたび真木家にもどった。水田蟄居中の和泉は、三潴郡安武本村字上野（現久留米市安武町）に分家していた弟外記よりこのことを聞き、驚いたが「これまでのゐんにて致しかた御ざなく」けっして婚家のことをかれこれいわぬ方がよいとさとし、今後いよいよ身をつつしんで評判をよくすればもっとよいところにゆく機会もあろうとさとしている（安政四・暮カ、母柳子宛書簡、水天宮所蔵）。最愛の娘の破鏡の報に接した孤独の父の心がにじみ出ているというべきである。小棹は父の死後明治三年（一八七〇）閏十月二日母の親戚である御原郡井上村（現福岡県小郡市井上）の大地主樋口敬吉の次男胖四郎に再嫁し、大正十四年（一九二五）八月八日、八十七歳をもって没した。和泉に関する具体的事実は、彼女の談話（『感涙録』）によって今日に伝えられたものが多い。

樋口胖四郎は和泉の同志の一人として行動、文久三年（一八六三）には久留米藩の親兵の一人となったが、和泉らとともに禁錮される。やがて許され上京したが、八月十八日政変後再び禁獄五年、慶応三年（一八六七）十一月ようやく出獄。明治維新後三潴県出仕、戸長・県会議員などつとめた（樋口家所蔵、樋口胖四郎履歴。『西海忠士小伝』）。

次男菊四郎

菊四郎。天保十四年（一八四三）九月十九日生、名は道武、弦。四男であるが、「和泉」は二男と呼んでいる（久留米図書館所蔵、『壬戌癸亥志士口供』）ので以下これにしたがいたい。和泉三十一歳の子であり、主馬より八つ、小棹より四つ若く、末っ子であった。それだけに菊四郎にそそいだ和泉の愛情はこまやかであり、睦子宛の書簡に「わるい子はなほさらむざうか（可愛いい）とむかしより申候て云々」（安政六、水天宮所蔵）、「此ものはわしもつもり御ざ候間、がくもんは十分致させ申度」（安政五・一カ、水天宮所蔵）、「菊四郎事はどうなり申候哉と日々たよりを相待申候。とてもわしの所にてなくてハむつかしく云々」（安政五-六カ、水天宮所蔵）といった文言が頻出するところである。のち文久二年（一八六二）二月和泉が鹿児島に脱出するやこれに随行し、以後ほとんど行動をともにし父の手足となって京都・長州・久留米、また肥前・肥後の間を奔走した。和泉の死後は遺命を体して三条実美らに扈従し、薩長和約をとなえて周旋にあたったが、慶応元年（一八六五）二月十四日下関において反対派のため暗殺さる。年二十三歳、従四位を追贈された。

菊四郎の墓（下関市阿弥陀寺）

　嘉永五年（一八五二）五月和泉が久留米藩疑獄事件に連座し、水田へ蟄居となったとき菊四郎はまだ十歳であった。以後青年期を迎えるまでの一〇年間、家庭にあって古稀近き祖母、五十半ばの母、そして温厚の兄主馬と姉小棹のもとで、したしく父の庭訓を仰ぐこともなく過した。このため菊四郎一〇代の一時期はかなり奔放に流れた頃もあったらしく、安政五年（一八五八）十六歳

菊四郎の女性問題

になってからようやく素読をはじめるという有様であった（安政五・一カ、睦子宛和泉書簡、水天宮所蔵）。翌安政六年のものと思われる睦子宛の和泉書簡にはこの末子の行末を案ずる父の情が行間ににじみ出で、これをひもどくものの胸をうつ。すなわち十七歳の菊四郎が七歳年上の「忠五郎」の娘某女をさらったところ、この女性と同じ町と思われる「新町悪少年」が抗議してきた。そこで睦子の実家石原家の方で応待した結果菊四郎の行状不埒とみて、彼を三畳間におしこめにした（『南僊日録』安政六・五・二三の条）。母睦子はこの菊四郎の行状については「とかく菊をひゝきしてわるい事はわしにかくしおき、此女の事なともしりつゝかくしお」いたが、ついに思いあまって和泉に対しこの女性を「もらひきり」にしたいと相談した。これに対し和泉は、少年のうちに監禁処分にすると一生を駄目にしてしまうゆえ「心を入れかへてしづかになりさへすれば、かくもんともなにとも存じ不ㇾ申」と考え、「一しやうすたりものになり申候はゞ、とてもの事に一はりこみ、おとこらしくはらもきらせ候がよろしと」まで思いつめ「先日からゆめにはかり見申候て、時々むねをきりわらるゝ様の心もち存し、夜前からめしものどに通りかねおもひやり申」す有様であった（安政六、妻睦子宛カ、書簡、水天宮所蔵）。『西海忠士小伝』によると

孫さき・みや

「保臣常ニ其幽居ニ（菊四郎を）招キ、勤王恢復ノ事ヲ以テ磨礪ス、弦（菊四郎）亦以テ己レカ任トス」とあり、和泉がしばしば菊四郎を呼び寄せ、国事を議し聞かせたとなっているが、事実は素行のおさまらない菊四郎少年を訓戒し制御することにその本意があったと想像される。

ところで『真木家略系譜』によると菊四郎はのち妾「はつ」を入れ、「さき」「みや」の両女をあげているが、この「はつ」がすなわち安政六年（一八五九）当時十七歳の菊四郎の相手の二十四歳の女性であったと考えられる。すなわち菊四郎の行状の乱れを苦慮した和泉が、「はつ」を菊四郎の妾とすることを許すというかたちで解決したと想像され、その時期は長女「さき」が文久元年（一八六一）の生まれであることから、おそらく安政六年から翌万延元年（一八六〇）にかかる頃、すなわち睦子が和泉にうったえたときからそれほど遠くない時期であったと推察することができる。したがって往時の不良少年菊四郎が国事にたずさわる〝志士〟に一変し、父和泉とともに鹿児島へ走ったのは、この事件のわずか二－三年後であり、菊四郎二十歳のときであった。この菊四郎の人間的成長の背後にあるものは、若くして夫となり父となったという自覚のほかに、身の不行跡を寛容し、とりおさめてくれた父和泉の大きな慈愛に感奮してのゆえではなかったろうか。一〇代の少年のころ日々その庭訓に接することのできなかった父は、二十歳の菊四郎にとってみずからの全生命を燃焼させてそのあとにつき従うに足る父であったのである。かくのごとく睦子にとっては年少の夫であり、そして晩年のほとんどを家族と別居して過した和泉は、その妻、その子にとってまさに信頼するに足る夫であり、偉大なる父であった。

以上の叙述については山口宗之『真木和泉守遺文』未収の家族宛書翰について」(『日本歴史』二五〇)、同「真木和泉守伝研究の一節―未公開の母・妻・娘宛書翰の紹介を通じて―」(『史淵』一〇三)、同「真木和泉守の家族について」(『日本歴史』二八〇)を参照されたい。

第二　藩政へのアプローチ

一　従五位下和泉守

上京、官位授与

天保三年（一八三二）二十歳となった和泉は名を保臣と改めた。この年七月十三日の正午ごろ水天宮神殿の棟が燃上するという事変がおこり、すぐ消しとめたため神体は無事であったが火元はついに分からなかったという小事件があった（筑後史談会『米府年表』）。それから三ヵ月後和泉は神職に対する官位の授与を得んと欲して京都へのぼる。十月七日、あたかも藩主有馬頼徳の参府発駕と同日であり（同）、次姉成子の夫川口喜太郎と同道した。十月二十六日着京、十一月十六日神祇官領吉田家より大宮司の状を得た。ついで閏十一月二十一日勅許を得て従五位下に叙せられ和泉守に任ぜられた。和泉守の官名は父左門の通称であった「和泉」を踏襲したものであろう。また後述するごとく彼の敬愛した楠木正成の所領和泉国に通じようとする意志があったのかも知れない。上京許可を乞うた久留米藩寺社奉行宛七月六日付『奉願上覚』には「水天宮神主真木和泉」とあり、和泉守を許される前からすでに和泉を通称として用いていたが、これ以後は名実ともに彼を象徴する官名となったのである。

朝廷の直臣意識

滞京九〇日余りにして離京、十二月八日久留米帰着。翌天保四年一月十三日藩の許可を得て年始登城その他式日には従五位下和泉守の官位相当の供まわりを用いることになった。小棹の談によると和泉は晩酌の際、

もゝしきや古き軒端のしのぶにもなほあまりある昔なりけり

という順徳上皇の和歌を独吟し、感きわまって落涙することがあったといわれ（『真木和泉守』）、またみずから「わしもそなたのしりての通り、きんり様の事にはいとけなききより身をすてゝ御なげき申候もの」といい（文久元・三、妻睦子宛書簡）、「天朝の事に於て固より臣子だけの分を尽くすこと当り前の事ながら、保臣は猶更幼き時より其志専一なり」とのべているが（万延元・五・一〇、『密書草案』）。そのような彼の朝廷の直臣意識ないし王室慷慨家的気質は、藩主や将軍からでなく朝廷手づからに官位を与えられたということから強められていったものであろう。

天保十五年（弘化元年、一八四四）三十二歳の和泉は水戸遊学を志して久留米を出発した。『大日本史』を生んだ水戸は藩主斉昭のもと会沢正志斎・藤田東湖の名がその著『新論』『弘道館記述義』とともに全国に喧伝され、青年有志の目をひきつけていた。久留米藩においては木村三郎（重任）が天保十二年（一八四一）に、また村上守太郎（量弘）が同十三年に相ついで会沢の門に学び、やがて前後して帰国、久留米に水戸風の学問をもたらした。これがいわゆる天保学である。すでに『新論』を読み、少なからぬ影響を受けていた和泉は、水戸をたずねて会沢に面会し、したしく教えを受けんものと、江戸藩邸の水天宮参拝に事寄せて四月十四日久留米を出発した。

すでに一家をなし、三人の子をもうけ、三十歳をこえた和泉が、今はじめて久留米の小天地からぬけ出し、ひろく天下の空気にふれようとしたのである。はやく父を失い経済的困窮をつぶさになめた和泉も、家職をつぎ妻を迎えて一〇余年、漸次生活の基盤がととのってきたことからくる余裕もあったろう。しかしそれよりも国内的には天保の改革、国外的には阿片戦争に端を発した外警への関心の増大という時世の動きに触発された彼のみずみずしい行動精神を考えるべきであろう。オランダ使節コープスによる開国

会沢正志斎肖像

勧告がなされたのは、この年七月のことであった。

水戸への第一歩

旅の途中、路傍に行き違う諸大名の行列をみて、これは質素あれは華美、これは整然あれは冗多といったするどい評言を書きとめた。佐賀・長州藩などに対しては好意的文辞がしるされたが、唐津・越前福井・伊予大洲・久留島の諸藩は「皆不レ足レ見」と批判された（『天保甲辰日記』）。五月十日江戸到着、あたかも藩主頼徳が四月二十三日赤羽邸で死去した直後であった。七月十七日江戸を発して水戸へ向かい、土浦を経て二十日未明水戸領内に第一歩を印した。『天保甲辰日記』に、

廿日。鶏鳴乃発。漸入二水戸之部一。途潤而樹茂。亦足レ見二政之美一。（中略）得二農家一請レ茶。有二老農一。説二政之美一。

としるしているが、彼がいかに水戸の藩風・学風に心酔していたかを察するに足ろう。

和泉は水戸にとどまること七日、会沢には前後四回面会して教えを仰ぐことができた。会沢このとき六十三歳。三十二歳の和泉にとってはちょうど父に匹敵する年齢である。会沢もまた和泉の志気と学問を愛したものとみえ、後年賦した長詩の前書に、

　真木生、（中略）其人志気俊爽。有㆓器識㆒。善談㆓古今情勢㆒。

としるしている（『真木和泉守』）。両者の議論がよく合致したことをうかがうに足ろう。その後も会沢と和泉との間では何回か書簡の往復があり、弘化二年（一八四五）『廸彝篇』の出版にあたって会沢は一本を和泉に頒っている。かくして和泉は八月二十二日江戸を離れ、九月二十三日久留米に帰着、六ヵ月にのぼる遊歴を終った。はじめてふれた中央の空気は和泉にとって得るところ大であったにちがいない。

二　久留米藩の弘化改革

頼永の襲封

頼徳死去のあとをうけ、有馬頼永（よりとお）は弘化元年（一八四四）六月襲封した。第一〇代久留米藩主、ときに二十三歳。江戸赤羽邸に家庭教師として通ってきた佐藤一斎より陽明学の教養を授けられ、また近臣の友人を通し梁川星巌の影響をも受けたといわれる青年藩主で

有馬頼永・同夫人肖像

ある（『有馬義源公』）。これまで久留米藩にあっては年頭に際し床の間に上杉謙信の画像、越後流秘伝の兵書、真の字の三軸をかかげ拝するのを恒例の儀式としていたが、頼永はこれを改めてまず伊勢神宮を拝し、ついで祖宗を拝することにした。かねてから楠木正成を景慕し、弘化二年（一八四五）初入部に際しては病苦をおして湊川の墓にぬかずき、翌年五月筑後川に遊んでは「憶昔日傾正平際。武光精忠独赫然」と賦して南朝の忠臣菊池武光をしのぶほど尊王の志あつかった頼永は（同）、世子時代月三回宛政庁に出て政務をきいたが、襲封後は毎日早朝から出勤して百事の裁決にあたり、藩政に対しても積極的な熱意を示した（同）。

頼永の結婚

十六歳のとき島津斉宣の娘晴姫を迎えて夫人としたが嗣子に恵まれなかったため、十八歳のとき父頼徳は側室をすすめ、絶世の美女をさがしてこれを納れようとしたが、頼永は「少年ノ身問安視膳ノ職ニテ已ニ一妻サヘアルニ更ニ美色ヲ近ケ娯楽スヘキノ時ニアラストノ御心ニテ」これを辞退した（野崎教景『感旧涙余』）。また在藩中はぜひ側仕えの婦人を置くよう夫人がすすめたにもかかわらず、頼永は在府の家臣がみな妻子と別居して不自由をしのんでいる以上「士臣ト苦ヲ同フスルノ志ナレバ僅カ在国一年ノ間側ニ婦女ナシトテ何カ苦シカルヘキ」といってこれを許さず、久留米城に没するまでついに「婦女一人モ侍ラ」なかった（同）。侍臣野崎平八（教景）が「公ノ如キノ君ハ澆季ノ王公大人ニ求メハ恐クハ類ヒ少ナカルヘシ」と感激をこめてのべるごとく（同）、頼永は当時の

旧篠山城図

頼永と有志大名

現在の篠山城址

将軍・大名にはめずらしく生涯正夫人一人を守った清潔な人物であった。

頼永襲封の翌七月は折しもオランダ国王の使節コープスが長崎に来航し、幕府に対して開国勧告を行なわんとするときである。「学ハ実用ヲ勧メ浮花ヲ事トセス」といい（『久留米小史』巻五）、「大名ノ職分ハ天下ノ藩屏ナレハ国政ヲ修メ武備ヲ固クシテ将軍家ノ指揮ヲ奉シ皇室ノ守護タル事ヲ寸刻モ忘ルヘカラス」と考える頼永は（『感旧涙余』）、大名間にあっては徳川斉昭に私淑し、また佐賀藩主鍋島直正・高知藩主山内豊信・薩州藩主島津斉彬らいわゆる雄藩明君グループとの交渉を持っていた。斉昭とは門閥がちがい父頼徳の許しもなかったため、にわかに接近できなかったが、一日頼徳に従い小石川水戸邸に赴いて斉昭に接見する機会に恵まれた折、斉昭は頼永の好学を賞し、藩政は誠の心をもって行なうべきであるとさとしたといわれる（『久留米小史』巻一八）。これらのところから綜合するに頼永は停滞・閉鎖的な藩世界の枠をこえ、天下的課題への展望をもつ有為の大名であり、久留米歴代藩主中屈指の英明の人物であったということができよう。

久留米藩の財政

九州の中央部、櫨の紅葉に映える肥沃な筑後平野を領する二一万石の大藩久留米も、商品経済発展の波には抗しがたく、すでに第四代頼元の時代から藩財政の困窮は始まっており、収支相つぐなわず外債をもって藩用を弁ずるに至っていた。第九代頼徳の治世、文化十二年（一八一五）を例にとると歳入（正租収入平均額）三八万俵、歳出（総給米額）三〇万九七九八俵、差引残高七万二〇二俵となる。これを一俵の代銀一五匁で換算し、小物成の運上銀などを加えると一四二三貫三〇匁となる。しかるに支出額は四〇七二貫七五二匁であり、二六五〇貫余りの不足となる。これから上米・歩当・直納銀、大坂における米麦などの産物をもって交換する切手代の分を差引き、逆に調達銀の利息分を加えると総差引で七三三三貫四二五匁の銀が毎年不足するという結果になっていた。したがって藩財政は不足分を京都・大坂および藩内豪商ないしは豪農からの借入れによってまかなうという赤字運用がなされていたのであり、累積負債は容易ならぬものとなっていたのである(『有馬義源公』)。「先ツ近キヨリ始ムヘキ事理ノ当然ナレハ米府ヘノ令ハ姑ク舍キ我今江戸ニアル事ナレハ先ツ此ヨリ始ムヘシ」とて頼永は(『感旧涙余』)、七月二十三日五ツ時(午前八時)、在府中の藩士をすべて赤羽邸へ集め、大倹令を発した。すなわち外国艦船長崎来航(コープスの長崎来航は事前に報知された)の報に接する現在、海防の備えに心を致さねばならぬが「只今勝手方の模様にては其入用如何致候而可相整哉実に国家心遣ひの時節」であるため「是非共国家万民の為め大倹約を取行上下安気に至」ることを不可欠の眼目とする大綱をしるした親筆書を野崎平八に朗読せしめた(『米府年表』)。積年の藩財政の疲弊を勤倹という封建的経済倫理の振起によって一気に回復せんとしたのである。こえて八月晦日、赤羽・二本榎・高輪の三邸に大倹令を布告した。令文によると藩主みずから平日は一切木綿物を使用し、上下・肩衣・袴なども麻・木綿のほかは用いない、藩主夫人もまた綿服とし、髪飾なども銀・べっ甲などは使わない、奥向女中二四人のところを一五人に減員、家屋などの破損は風雨にかかわるところ以外一切補修普請をせぬ、正月三日の祝膳をやめ、五節句も祝いの挨拶を受けるのみとする、等々の徹底したものであり、頼永みずから率先範を示したのである（同）。しかし七十歳以上の老人は軽輩であっても絹物着用苦しからずとし、また生母松濤院に限っては七十歳未満であったが「身ハ賤シケレトモ予カ母ナレハ是レハ予ニ対シテ許シクレヨ」として例外とした（『感旧涙余』）。

領民の献納願い出

しかもかくのごとき勤倹の励行は、領内における収奪強化と併行して行なわれるのが通例であったが、頼永の場合、たとえば弘化二年（一八四五）二月、前年夏火災にあった江戸城本丸の造営のための一万五〇〇〇両の六年割をもってする献金（『米府年表』）にあたり、諸官の冗費をはぶき、みずからの衣食を節してこれを行ない、「此上少にても下乃及二難儀一候儀ハ不レ被二仰付一御趣意に付、此度格別之思召を以掛銀等ハ一切不レ被二仰付一」ることとした（『久留米小史』巻一〇）。しかして領民のものも自分のこの心を体するならば富者は貧者を救い、貧者は人の助力を煩わさぬように心掛けよと命じたが（同、巻五。『感旧涙余』）、領民も頼永の〝仁政〟に感じ、藩内郡村有志より米・麦・粟二万三七〇八俵半二斗三升、金四二両三歩二朱、銀一貫三四五匁、銭三貫文を三年間に献納したいとの願い出があり、三潴郡夜明村（現久留米市大善寺町夜明）大庄屋川原孫兵衛よりは米一〇〇〇俵献納の申し出があったが、頼永は「余力アラハ貧者ヲ救助スヘシトテ受納」しなかったため、つぎの頼咸の末年に至っては八万俵の貯穀となったといわれる(『久留米小史』巻五、『有馬義源公』)。

〃殿様祭り〃

このような頼永の〃仁政〃に感じて頼永の初入部の弘化二年(一八四五)秋冬の頃より民間の各所で「殿様祭り」といい、民家相会して尊位をもうけ酒食を献じて万歳を祝うことがはじまったといわれる(『感旧涙余』)。

弘化二年六月久留米に初入部、十月十五日五ツ時(午前八時)曲水の間に藩士を集め、趣意書を野崎平八に朗読させて向こう五ヵ年間の大倹令を命じた(『米府年表』)。すなわちこれまで「国家連年ノ用度浩繁ニテ租賦ノ入一歳ヲ支フルニ足ラス」領内の富民、大坂の豪商に借財して急場をしのいだが「是迄ノ国債ノ多キ事ハ一歳ノ租入ヲ以テ為ルモ之ニ当リ難」い有様となった(『久留米小史』巻五)ため、大倹令発布期間中は一切新しい借財をせず、旧債は全部すえ置きとし、藩庫充実の上はじめて返済するという趣旨のものであった。「唯今ハ国ノ為メ不レ得レ已トハイヒナカラ領主ノ身トシテコレヲ借リ居ル事左コソ彼輩難義スヘシト察玉ヒ寝食ヲモ安ンシ玉ハス、然リトイヘトモ此儘ニシテ因循苟且セラルレハ一国数十万ノ難義ニ及フ事ナレハ万民ノ難儀ヨリハ寧ロ千人ニ難義セシメ、千人ノ難義ハ寧ロ百人ニ難義セシメントノ意ニ思召定メ」、家老有馬播磨（泰賢）をして領内の富商をさとさせ、不破孫市をして大坂商人を説かしめたところ「公（頼永）ノ心ヲ苦シメ玉フト其辞ノ不レ得レ已トニ服シテ尽ク命ヲ奉シ」（『感旧涙余』）、「是ヨリ国計ノ基堅ク定リ万事緒ニ就ク事ヲ得」るに至った（『久留米小史』巻五）。こうして藩財政の基礎もようやくととのい、嘉永四年（一八五一）十二月ともなれば「封内借居金九万七百両余ノ内九千四百両余ヲ返弁」することができ（同）、多少の見込みがつくようになったといわれる。

藩財政の基礎ととのう

こうして久留米藩が英主頼永を得て財政改革の実をあげつつある一方、鎖国日本の外にあっては世界史の進展の波がうねりつつあった。弘化元年（一八四四）六月オランダ使節コープスが長崎に来り、開国勧告を行なったが、明敏な頼永はよく時世を察し「長崎聞役」を新設して外国関係情報の収集につとめるとともに（道永洋子「幕末・明治初期における久留米藩農兵問題に関する一考察(上)」『九州史学』四九）、従来藩に採用してきた越後流兵学の廃止を志し、藩士吉見七次郎・吉村多門の二人を江戸の砲術師下曾根金三郎に入門させた。しかして久留米入国ののち業成れるこの二人およびすでに西洋火器の術に通じていた淡河次郎左衛門について砲術を学ぶべきを藩士に命じた。また江戸で鍛工をやとってホウイッス

軍制改革

ル・モルチイルなどの大砲を鋳造させ、国元へ下し、鍛工などをつれ帰って久留米城東の柳原で鋳立てを行なわせた（『感旧涙余』）。このほか藩士の子弟中から強壮にして武技にすぐれた者一〇〇人をえらび、近衛槍組五〇騎、同射手二〇騎、同鋭手三〇騎をあらたにたて、これを親軍に加えるといったように、諸隊の編成に意を用いるとともに（同）、小松原調練場を開設するなどして（道永洋子、前掲論文）兵制改革上大きな成果をあげた。

"三名臣"

これら頼永の改革事業の推進は福井藩松平慶永・薩州藩島津斉彬らの場合と同じく英主による率先指導の感が深いようである。しかし同時に「義源公ノ中興ノ業ヲ起サル、ヤ（中略）三名臣」村上守太郎・野崎平八・今井栄ら天保学連の指導的人物が頼永のかたわらにあり、信任を受けて改革の推進にあたったことを留意せねばならない（『久留米小史』巻一七）。

天保学連

すでにのべたごとく水戸学の影響のもと村上や木村三郎らを先駆者として久留米藩にもたらされた天保学は、経書の記誦・解釈や詩文の習作にのみふけっていた従来の学問のあり方を迂遠としてしりぞけ、実事実行を重んじて国内政治・海外情勢に対する識見を高めることを真の学問とする立場を標榜し、頼永のめざす新政の方向に相応ずるものを持っていた。もちろん藩内学識者層の中にあっても藩校明善堂助教本庄一郎のごときは「殊更気節慷慨を尚び、急功をいそぎ、諸事奇激に過ぎ、やゝもすれば俠気功名に流れ候弊」ありとして天保学の撲滅を進言したが、頼永は腹心に命じて天保学を調査させ、学連関係者の上書をよろこんだといわれる（『真木和泉守』）。

しかも天保学連ないし頼永のめざす改革の方向は、いたずらに憤激慨歎をこととする水戸風の精神主義のみではなかった。たとえば頼永のブレーンのひとり今井栄のごときは「算理ニ通暁」し「最モ富国ニ意ヲ注キ」慶応年間上海に渡り西洋人と交渉して大いに見聞を広め、商人や娼妓から税を取り、若津港で米相場を行ない、長崎に物産輸出の支局を設けることを説き「若夫治国平天下の作用に至りては豈唯欧羅巴の善を並せ取る而已ならんや、一大地球の善なる物皆取て我が有とすへし、今徒に漢土の糟粕を固守して西洋の所為を誹る者ハ是井蛙の見にして時を知らすと云へし」というような（『久留米小史』巻一七）開明的知見を包蔵するものであったことを留意しておくべきである。

さてこのような頼永の藩政刷新——大倹令と兵制改革は、和泉にとっても大いに期待を寄せるところのものであったことはいうまでもない。天保学の同志村上守太郎・野崎平八らは頼永の侍側にあり、事業の推進に当たっていたのである。弘化三年（一八四六）三月、和泉は敢言・総論・四部個条からなる改革意見を草し、頼永に捧げた。いうところは「一国の事、天下の雛形と相心得候て施行仕候はゞ易々と出来可ㇾ申事」にはじまり、諸大名は幕府より封国を得ているため君臣の体をなしているが実は国土はすべて朝廷の所有するところであるため、大名たるものまず朝廷に対し道をつくすことが本義であるとし、「今日の幕朝、善事を被ㇾ忌候様にて（中略）何共致方無ㇾ之様に相成云々」とのべて幕府批判の姿勢をのぞかせている。そうして以下「急務」「推行」「大計」「永制」の四部五六条からなる改革意見を具陳する。注目すべき個条を列挙すれば、

開二言路一の令を出して民の鬱結を霽す事

官位の等級を正す事

博徒を罰し、造言乱民を厳禁する事

家中並国中借貸の大数を知り賑済之程を勘ふる事

（以上「急務」）

勧農して利を田畝に帰せしむる事

商売之利を定め、末を抑へ、本に帰せしむる事

士民の衣服並冠婚・喪祭の制を立つる事

（以上「推計」）

検地して田地之不平を改むる事

蚕桑を興す事

兼併を破る事

土着を行ふ事

（以上「大計」）

古代令の如きものを作りて遵守の法則を定むる事

（以上「永制」）

それぞれ綱文のままであるため、真意のほどがわかりにくいものもあるが、明君頼永を通してみずからの意志の貫徹を求めてのものであったことはまぎれもない。注意すべきはそれがたんに藩における財政改革の次元からの発想でなく、わが国の歴史にかんがみて天下全体の問題への展望をもっていたこと、そして『敢言草稿』の文中に「方今幕朝の大なりは、摂政とも申様の勢にて、凡天下の事、全く引受にて御座候上、御大名方

徳川幕府への批判的姿勢

の国も、幕朝よりの配分に御座候故、何事も専らに被㆓執行㆒候。是則君臣の様の見掛に相成り候訳に御座候。固より尺土一民も王朝の有に有㆑之儀は何歟の訳無㆓御座㆒儀に付、御大名方は猶更、王朝に心を可㆑被㆑尽道理云々」とのべるように、すでにこのころより徳川幕府の全国支配に対して批判的姿勢の芽生えともいうべきものをみせていること、しかもその改革意見は比較的現実性に乏しく、「四民処を異にする事」という一条から推察せられるように封建支配者としての階級意識を表明した部分がみられること、などの諸点である。つたえるところによると頼永は和泉を大いに用いようとする意志があったが、神官の身分がわざわいしてついにそのことは果たされなかったという。和泉がこの若い藩主の施政に対し大いに期待を寄せていたことは、頼永の病気平癒を祈ってわざわざ筑前の名医熊本幼汁を呼んだこと、葬送に際し「私儀以前より格別御懇命を以、御発駕之節に御殿に而御通掛、御目通にも罷出候間云々」といい、許可を得て霊柩を拝したこと（『真木和泉守』）、死後の正忌日に祭祀をかかさなかったこと（『南僊日録』）、などがそれを物語るといえよう。

かくのごとく弘化期にあって久留米藩は英主頼永のもと封建社会の矛盾の激化に対応

有　馬　頼　咸

し、また外圧の接近という世界史の新段階に敏感に反応しつつ、大倹令と兵制改革という施策を通して幕末維新史の上に新しい歩みを印しつつあった。

頼永の死

ところがかんじんの頼永が弘化元年(一八四四)八－九月のころ槍の稽古中腰を打ったのが原因で尿血症を病むようになり、翌年久留米帰国の途中京都の名医百々陸奥守・小石拙翁・日野鼎哉らの診察を受け、みずからも専心療養につとめたが、弘化三年七月いまだ二十五歳の若さで他界してしまった。遺命により次弟孝五郎があとをつぎ、一一代藩主有馬頼咸(慶頼)となるとともに久留米藩はひとつの転機を迎えることになる。

三　弘化改革以後

再度の上京

弘化三年（一八四六）仁孝天皇崩御、翌年孝明天皇が即位式をあげることになった。和泉は吉田家より神道皆伝を受けるという名目で藩庁の許可を得、八月七日路を山陰にとり上京の途につく。途中浜田城下を通って絃歌の声にぎやかなるを聞き、これをすでに通過した長州・津和野両藩の「一新の治」を行なって民間富有につとめ質素であったのとくらべている（『弘化丁未日記』）のをみると、後年の彼の長州藩接近の下地がこのころからすでにあったことがうかがわれる。

孝明天皇の即位式典

九月九日着京、船曳巌主の紹介で野宮定功の随身ということになり、二十三日式典拝観、「儀容厳整、粛然改容、此間不レ可レ説」ほどの感動を受けた（同）。この間野宮・三条・東坊城その他在京の公卿・縉紳と「懇到之語」を聞き「談甚熟、還将三更」というほど面識を深めることができ（同）、後年の彼の活動に大きなプラスとなる素地ができた。十月三日京都発、同月十九日無事久留米に帰着。

外連と内連

さて、頼永の新政の推進時、侍側にあってこれを補佐したのは村上守太郎である。彼ははやく会沢正志斎に学び、勇気をもって鳴る木村三郎、徳望をもってきこえる和泉とともに才智の村上の名高く（『真木和泉守』）、天保学三尊の一人といわれた。守旧的な家老層にはさまれながら頼永の信任を得、天保学連の与望をになってことにあたったのである。しかるに村上は野にあって議論する場合と朝において事を処するときとはおのずから異なる、水戸風の行き方ではよろしからず、むしろ権謀術数こそ必要であるというようになり、和泉らとの間にしだいに疎隔を生ずるようになったといわれる。また頼永の死去直前、一日村上が木村三郎・今井栄・野崎平八・不破孫市および和泉を招き、酔余の談として頼永死去ののちはすぐ下の弟たる孝五郎をいったんたてるが、末弟富之丞十五歳となればこれにかえるべきであるとの議をもらしたことから、長幼の序をみだるものとしてこれをにくみ、「私共トハ一体見識違ひ気ニ不レ合事も有レ之ニ付（中略）絶交同様ニ成」るに至ったという（『嘉永五年断獄書』伍「真木和泉御僉議問口答」久留米図書館所蔵）。このため久留米藩革新派としての意義を担い藩政の推進にあたってきた天保学連は、和泉・木村三郎・水野丹後・稲次因幡・池尻茂左衛門らいわゆる外連＝外同志と、村上・不破孫市・野崎平八ら内連＝内同志とに分裂してしまうのである。弘化四年（一八四七）十月六日孝明天皇の即位大礼拝観の帰途大坂の藩邸に不破をたずねた和泉は、酒をくみかわして往昔を談じたが、日記に「予曾有レ所レ憾。参政亦恨レ予。意齟齬者多」としたため（『弘化丁未日記』）、このことを独白している。もとより分裂の原因はささいなことばの行き違いにあったのではあるまい。ひとつは村上がいうように体制の外にあって自由な論議をたたかわせる者の立場と、体制の中にくみこまれながらしかも改革の姿勢をとって事にあたる者のありかたとでは、その間におのずから差が生じ、必ずしも体制外にあるものの希望に沿うような方策・行動がとりにくかったこと、また守旧的な家老層との間にあって頼永の絶大な信頼を受けるとともに、執政有馬河内（監物）の知遇も得ていたというような村上の立場は、かなりやりずらいものがあったにちがいない。頼永在世の頃はしかし明君の英知に支えられて軋轢も表面化しなかったが、頼永の死後外同志の不満が一気に表面化し、他方村上の立場も微妙となり、どうにもならない破局を迎えるに至ったと思われる。要するに村上は守旧派家老層のペースを抜くことができず、けっきょくそれにひっぱられてしまったのではなかろうか。このことを裏書きするのが嘉永三年（一八五〇）の村上の刃傷事件である。

村上守太郎の刃傷事件

この年六月十四日朝、江戸赤羽にある久留米藩邸国老詰所において参政馬淵貢がまさに着座せんとするとき、追跡してきた村上が隠し持った短刀で突きかかり馬淵を傷つけ、居合わせた家老有馬主膳・有馬飛驒のため刺殺されてしまった。久留米藩において学才をうたわれた村上が、宿怨があるわけでもなくむしろ〝学問は乏しいけれども有為の材である〟と称揚していたほどの馬淵を、なぜ殿中でおそったかということについては明確な理由づけに苦しむところであるが、古来次の三説がとり沙汰されている。

刃傷事件の背景

発狂説

第一はのちに断罪書にしるされた発狂説である。刃傷の前日十三日の朝村上が野崎平八を訪ねたとき〝進退に窮した、身をひくよりほかない〟ともらし顔色つねでなかった。午後今井栄・野崎の両人が村上の部屋をたずねたところ〝懇談するところがある〟というので聞こうとしたところ〝然らば……〟と口を切ったきり絶句して語らない。また村上の下僕をとりしらべたところ、もともと寝酒をたしなまねば眠れない習癖のあった村上が、この夜一升五合の酒を飲み、大酔して寝についたという。かくのごとく親交のあつかった今井・野崎両人は、もっぱら発狂説を主張する。

忠義心の発露

第二は忠義心の発露によるものとする。すなわち刃傷の前年嘉永二年五月今井栄が藩主頼咸の不在中、書斎の用たんすをふとのぞいたところ馬淵の上書一通をみとめた。かたわらの内同志の一人衣笠弥八郎とこれをみたところ前藩主頼永の出した大倹令をゆるめ奢侈をすすめる八ヵ条が記してあるのでおどろき、筆写して村上・野崎らに示し互いに相いましめた。これにより村上はもともと頼永股肱の臣としてその遺業継述を期し、頼咸にその実現を希求して寝食を安んじないほどであった。しかるに学識なき馬淵は頼永在世の頃は大倹令の主旨を遵奉したが、頼咸の世となり将軍家慶の養女精姫（有栖川宮韶仁親王女、韶子）を迎えんとするや時世も変わったとして大倹令をゆるめるのが時宜にかなった処置であるとの上書を呈したのである。これは先君頼永を思う村上の怒りを招き、両人の大倹令に対する「熱心ト不熱心ト」が村上の「一死以テ国ニ報シ君相ヲ醒覚セシめんとする情にかられたこの挙をもたらすに至ったという説である（『久留米小史』巻一七）。なお横井小楠も嘉永四年（一八五一）二月十五日藤田東湖へ宛てた書簡でこの事件にふれ「捨レ身刺レ姦、或は過たりといへ共必竟是赤心報国可レ敬可レ仰」とし、久留米藩の者は村上の志をついで頼永の遺志をあきらかにすべきであるのに、これをそしるのは心外至極との意見をのべ「志士一人之喪亡は実に天下之義鋒かけ候様之心地仕、可レ惜之至に御座候」と激賞している（『横井小楠遺稿』）。しかしその後上国遊歴に際し久留米において和泉と会ったときには（嘉永四年八月十七日和泉宅に一泊している。『横井小楠伝』上）陰険の性格をもつ村上が頼永の死後同志の忠言をうけつけず、剛直の馬淵をはばかって刃傷に及んだとの解釈をきき、そのまま『遊歴聞見書』にしるしている（『横井小楠遺稿』）。しかし『久留米小史』によれば反対党の私論にすぎないとしてしりぞけ、村上の行動を「士精（村上）決死ノ功与リテ力アリト称スベ」く「晴天白日其ノ報国ノ志一国ノ為メノミナラズ天下ヲ聳動スルニ足レリ」と評価するのである（巻一七）。

第三は人違い説である。村上は家老有馬飛驒を刺すつもりであったのをあやまったのであるとする。頼咸襲封後幕府より将軍の養女との婚姻のすすめがあるのをおそれた飛驒と馬淵は、これよりはやく細川興建の娘嵯峨姫との結婚の約束をととのえたところ、幕府側からの強要もだしがたくついにこれに従わざるを得なくなった。しかし、馬淵・村上は協力して頼永の令した大倹令の期間中であるからとて総額七万七四五五両中の七二・八パーセントにあたる五万六三七八両余りに支出を抑え（道永洋子、前掲論文）、無事婚姻の儀を終えることができた。したがって村上は決して馬淵を刺すつもりはなかった。ところが刃傷事件の一ヵ月ほど前、頼咸の秘密書類を収めた御用箱の鍵紛失の責任を問われた内同志衣笠弥八郎を庇護した村上に対する飛騨の追及きびしく、ついに憤激して事を起こすに至ったというのである。

しかしこの三説は、いずれも決定的な説得力に欠けており、英才村上がこの唐突ともいうべき所業をひき起こした原因を解明するに足るものではない。波多野晥三氏はこの事件を理解するためには村上の同志と馬淵とがたえず対立する立場に立つものでなければならないとし、馬淵が江戸藩邸参政として藩主擁護の大任を負っているのに対し、村上は天保学連の同志として頼永の遺業を継ぎ、現状に即した藩政改革を行なわねばならなかったとみる。しかるに頼咸と将軍養女との結婚によって久留米藩が幕府の側に立たされるに至るであろう傾向は、村上としては不安を感じないではすまされぬことであり、これを中心になって執行した馬淵に対し禍根を絶つ意味で刃をふるうに至ったのではないか、と解釈する(「幕末の有馬藩覚書―村上量弘の死―」福岡学芸大学久留米分校教育研究所『研究紀要』一三巻、一九六三)。また頼永の弘化改革が非現実的道学性を根本理念とし、封建支配者が本来もつ搾取の論理と矛盾したがゆえ、わずかの齟齬によっても土台からぐらつくもろさをもち、頼永の死にあって事実上挫折したが、さらに八万両近い費用のうち五一パーセントは借金からなるというようなあらたな負担を背負い込んだ頼咸の将軍養女との縁組みによって決定的に崩壊したとみる道永洋子氏は、藩政をかえりみぬ頼咸を諫めようとせぬ在江戸重臣層に対する村上ら旧改革派（内同志＝内連）の不信・不満が御用箱の鍵紛失事件を契機に、重臣の一人たる馬淵への刃傷というかたちで一挙に表面化したものと解釈している（前掲論文）。

また病跡学について造詣深く、歴史上の英雄・偉人に対する精神病理・体質医学的研究に多くの業績をあげている王丸勇氏は村上の性格について「偏屈、強情、非妥協的な変り者であったらしい」が、事件の四ヵ月前に書いた海防論の著『防海治標』には行論に何の異状もなかった。しかるに鍵の紛失事件を契機として不眠症が起こり、これを誘因として抑うつ妄想状態となり、被害妄想の反動として刃傷に及んだもので妄想型分裂病の初期であった疑いが濃厚であるとされ、「乱心即ち精神障害説（中略）が最も妥当と思われる」と推論する（「村上刃傷事件の真相」筑後地区郷土研究会『郷土研究』二）。

以上、謎の事件といわれる村上守太郎刃傷事件に関するいくつかの解釈を紹介した。関係史料が限られ（もしくは出尽し）ていて、もはやそれらに追加するものも持たないが、従来の諸説をふまえてあえて想像をめぐらせば次のようである。

村上は頼永の寵臣としてその改革事業を推進した。その限りでは和泉ら外同志の支持も当然あったのである。しかし藩政中枢の座につけば門閥守旧派との軋轢もまた大きい。しだいに本来の理想からほど遠い方向に流れざるを得ず、このため和泉らとの確執も生ずるに至った。加えて支柱たる頼永を失い、執行部内改革派たる村上の立場はいよいよ苦しい。和泉らとの約束を違えるつもりはなくとも、門閥守旧派との対抗関係の中にあって頼永の遺志の継承を頼咸に求め、〝改革派〟の姿勢と理想をつらぬくにあたって、天才肌の変り者で偏狭の村上には非常な心労が伴ったのではなかろうか。その悶々の情がつもり、折しも炎暑の候それが暴発してこの所行となったと思われる。なぜなら正常の精神状態にあって殿中で刃傷に及ぶはずがなく、また馬淵に肩をすくめられて不覚を喫するような腕では所詮目的を達すること自体無理であろう。たとえ馬淵もしくは飛驒を倒すことを考えていたにせよ、これを第三者に依頼するとか、別に方法があったであろう。したがって第二の忠義説に第一の発狂説を折衷したところが真相に近いのではないかと推察される。

四　嘉永の大獄

村上事件の処分

この事件はかくして真相不明のままとなった。しかし嘉永四年（一八五一）二月二十七日関係者すなわち村上の一派・内同志の面々に対しつぎのごとき処分がなされた。不破孫市は遠慮、野崎平八は奥詰の役差放ち、今井栄は逼塞、衣笠弥八郎は小性召放ち・慎、村上は家禄没収、家族は構なしとなる。しかして不破らは刃傷事件そのものには無関係であるとし、前年の馬淵上書筆写の責任を問われたのみで終った。こうして久留米一藩のみならず他藩のひとびとをまで震駭させた村上守太郎の刃傷事件も大火となるには至らなかったのである。

外連の立場

もともと天保学連の同志として久留米藩改革派をかたちづくった和泉ら外連（外同志）たちは、この村上の刃傷事件については、藩主側近にふさわしからず「忠義トハ心得不申」る村上の邪心に発したものとみた（『嘉永五年断獄書』伍「真木和泉御僉議問口答」久留米図書館所蔵）。しかして村上が現藩主頼咸を廃し、その弟富之丞を擁立しようとの陰謀を抱き、これを感知した馬淵を倒さんとしたものと理解した（『真木和泉守』）。したがって和泉らにとって村上の行為は決して乱心から発したものでなく、むしろみずからの陰謀をおおうためにほかならず、藩主の廃立をうんぬんするごとき不遜きわまりないものとしてにくんだのである。かつて水戸学に結ばれた天保学連の同志にも、いまや越えがたい溝ができた。主義を異にするものの対立はそれだけに後くされがない。しかしもともとは同じ目標のもとに行動した同志間にきざした反目は、ともに天をいただかぬ血みどろのものになりやすいという。後年、安政の大地震で不破が圧死したことについて和泉が「本月（安政二年十月）二日、江東地大震倒レ家、（中略）不孫圧死云」（『南僊日録』巻二）、「抑又天威は恐敷、心術不ニ相済一の人一梁木の下に斃れ候事、是も国家の隆政に可ニ相成一験に可レ有レ之候」（安政二・一一・一九、永田文里宛書簡）としるしているによっても、このことが察せられるであろう。

　ところが野崎・不破ら内同志の一派は処分を受け、いったん藩政からしりぞけられたが、事件後半年にしてはやくも許され、不破は執政有馬河内（監物）・有馬豊前ら門閥保守派クラスの信任を得て再び中枢の座に復帰したのである。和泉・木村三郎・稲次因幡・水野丹後ら外同志一派は焦慮した。かつて内同志が頼咸に代わる人物として推そうとしたという「公子性俊敏」の富之丞は十三歳となり、のち（文久元年）川越藩主松平直侯のあとをつぐや「藩士等其ノ才ヲ愛惜シ人心騒然タリ」といわれたような片鱗をみせはじめている（『久留米小史』巻五）。しかし頼永の遺業の継承を頼咸に期している外同志一派は、この内同志の藩主廃立の陰謀を容易ならぬ罪悪とみたのである。

大獄の発端

かくして嘉永四年（一八五一）初入部した頼咸に対し、彼らは相ついで改革意見を上書した。水野丹後は頼永のときとくらべ文武の業のふるわないのは主として重役に罪あり、すみやかに君側の奸をはらって有用の人物にかえるべきであるといい、木村三郎は馬淵貢・水野丹後を挙用すべく藩士に総登城を命じ、多数決によるならば実現可能であるとし、西原湊は罪なき馬淵が村上一件に累せられ二番組番頭へ左遷せられたことの不当を痛論した。外同志一同のいうところは、要するに守旧派家老有馬河内・有馬豊前およびこれと結託する不破孫市ら内同志一派をしりぞけ、代わって外同志のおす馬淵貢・水野丹後・木村三郎らを挙用するよう勧説するものであった。和泉もまた頼咸に対し、藩政改革を

和泉の意見

要求する意見書を提出した。すなわち(1)初入部の施政は重大であるから参府を一年延期して藩政改革にあたり、(2)智仁勇により所信を断行し、(3)学問は読書のみならず政事そ

稲次因幡の直訴

の他にわたらなければならず、(4)万事所志断行につとめるべきである、などであった。ことに稲次因幡はふつうの上書では辛抱できぬとして十二月十四日の夜、士分以上の者には投書権がないのを知りながらあえて匿名をもって改革意見書を目安箱へ投じ、藩主頼咸への直訴をこころみた。この上書はしかし直接的な効果をもたらすには至らなかったが、翌十五日藩庁が神事祭礼の際の芝居・相撲興行について従来の禁令を緩和する令を発したことをもって、庶民層に対しふたたび奢侈をすすめるものと受け取り、大いに怒った稲次は登城して直接藩主に謁見、河内らに藩主廃立の意図あることを告げた。しかして河内の一党をしりぞけて外同志一派を用うべきことを痛論したのである。これよりのち藩庁の訊問に対した和泉も水野丹後・吉田丹波・木村三郎らが「能き人物」なる故登用されることに同感であると答えるとともに、河内・豊前らが定見なくして人を容れず「六ケ敷人ト」して批判することばをのべていることによっても(『嘉永五年断獄書』伍「真木和泉御僉議問口答」久留米図書館所蔵)このときの外同志一派のいきり立った姿勢が知られるであろう。稲次の訴えを聞いた頼咸は当時二十五歳、襲封して六年目である。激怒して河内をとりしらべたが、かえって河内のまきかえしに会う。翌年二月二十七日河内・稲次・不破の三人は閉居謹慎となり、豊前・水野丹後らも監視・自宅謹慎を命ぜられ、四月九日和泉もまた勤番塾に幽閉されるに至ったのである。ついで関係者一同に対し数回の訊問が行なわれたが、河内らの頼咸廃立の陰謀なるものはついに立証されることなくして終ってしまった。この結果五月十七日関係者に対する処分がなされ、稲次・水野・木村および和泉に対してはほとんど無期禁獄同様の厳罰が下されたのである。すなわち河内らの陰謀なるものが明白でなく、煙いまだ上らぬうちに猛進し過ぎた嫌いがあり、頼咸の藩政指導能力が欠如し、また河内・孫市ら藩政主流派がより強力であったことから失敗に終った(道永洋子、前掲論文)。申渡書によると「御政事筋誹謗せしめ」(稲次)、「党を結び候姿」(水野)、「毎々会集、奥詰之面々をも追々引入れ、御政事を誹謗し、奸徒同腹相互に推挙申上書再三に及び」(木村)等々が理由とされたが、和泉に対しては「忠誠に事寄せ証拠なき妄言をもつて(中略)重役之進退をはかり(中略)御政道を妨げ候段、職分忘却不届之至り」というにあり、水天宮神官の職をとりあげられ、水田天満宮留守職をつとめる実弟大鳥居理兵衛(啓太・信臣)方に蟄居を命ぜられることになった。こうして頼永以来久留米藩改革派の中核となっていた天保学連外同志は藩政から完全に遠ざけられてしまうのである。

弘化改革の失敗

いっぽう内同志ないし河内らは讒言されていたことがあきらかとなったとして、閉居謹慎を解かれ、再び枢要の地位についた。そして彼らから廃立を画策されていたという頼咸は、久留米最後の藩主として無事廃藩置県を迎えるのである。したがって河内らがほんとうに廃立を考えていたかどうかは、疑問とされるところである。こうして久留米藩は、はじめ英主頼永のもと水戸学の流れを汲む天保学連の補佐により、いったんは藩政から国政への展望に立ったところの意欲的な歩みをみせたが、〝明君〟の死とともに守旧派のまき返しに会い、内・外同志への分裂をもたらしてしまった。あたかも彼らが範とした水戸藩のあの惨烈をきわめた朋党——諸生党対天狗党・鎮派対激派——の禍と同じような様相を呈し、いったん芽生えた改革への胎動もけっきょくは挫折してしまうのである。『久留米小史』に「此ノ時ニ当リ在朝人士ノ説ハ温順、在野人士ノ説ハ猛烈ノ二派ニ分レタリ。然レドモ公(頼永)ヲシテ永ク世ニ在ラシメバ二説ヲ混同協和シテ各其処ヲ得セシメラレンニ、惜哉早く捐館セラレシヲ以、党派モ次第ニ分裂シ、嘉永五年ニ至リ政権ノ競争過激粗暴ニ陥レリ」と評したのは至言であるといえよう(巻一八)。この二派の対立は、しかも藩主の廃立の是非といった古い封建意識の枠の中に局限され、しょせんは藩主側近の座をどちらが占めるかという藩内の主導権争いに終ってしまったのである。それゆえ藩政改革の歴史的意義を真に受け止め、これを国政の問題へと展開させていくような積極的エネルギーは生み出されることなくして終った。それはまさに久留米藩の悲劇であった。明治維新への歴史の歩みを大きくすすめる契機となったペリー来航は、皮肉にもこの嘉永大獄のつぎの年であった。

第三　山梔窩（くちなしのや）の日々

一　「三里構ひ」

五月十七日夜、和泉は寺社奉行馬淵貢によって罪状を申し渡され、水天宮神官の職を解かれた。しかして、久留米の南一二キロの地にある弟大鳥居理兵衛（啓太・信臣）の水田天満宮の地に「三里構ひ」となった（「久留米藩一夕譚」『久留米市誌』下）。以来文久二年（一八六二）二月十六日藩の許しをうけることなく鹿児島へ脱出するまで、足掛け一一年の長きにわたり幽閉の日が続くのである。

水田天満宮

水田天満宮は菅原道真を祭神とし、和泉の直弟理兵衛が留守別当職をつとめるところであり、嘉禄二年（一二二六）建立の古い由緒をもつ神社である。この年、筑前太宰府より水田庄（現筑後市水田）へ勧請され、天文〜天正年中（一五三二〜九一）には社地六二三町余りをもち、秀吉時代小早川秀包から一〇〇〇石、慶長六年（一六〇一）田中吉政より一〇〇〇石、田中氏の改易後元和七年（一六二一）幕府上使板倉豊後守よりさらに一〇〇〇石、久留米初代藩主有馬豊氏より二五〇石、柳川藩主立花宗茂より五〇石の寄進を受け、都合三三〇〇石の社領を有した（『稿本八女郡史』）。一八代神官信岩のときまで水田において太宰府の司務職を兼ねたが、久留米二代藩主有馬忠頼の臣梶村覚左衛門の子利兵衛を得て別家大鳥居家として水田の社領二〇〇石を分知し、天満宮の留守別当としたが、これに対し藩庁は馬廻格の待遇を与えている。理兵衛は養子となった。理兵衛は二〇〇石を受けながら無為に過しては申しわけないといい、水田地方の子弟教育にしたがったが、貧家の子弟には書

水田天満宮

物を購うて与え、みずから倹約を守って朝は必ず粥をすするなどして水田の文運をすすめ、この地方のひとびとの信頼をあつめていた（『荘山舎人勤王事蹟』）。

『荘山舎人勤王事蹟』

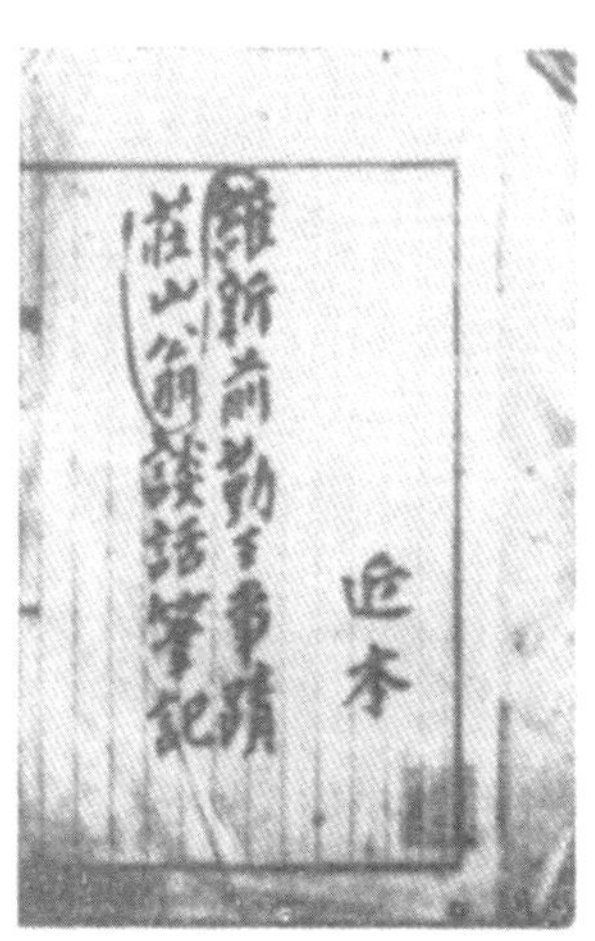

『荘山翁維新前勤王事蹟談話筆記（荘山舎人勤王事蹟）』（水田天満宮所蔵）

『荘山舎人勤王事蹟』は市立久留米図書館内有馬記念文庫に所蔵されるA５判、和装、袋綴、三五丁の写本である。著者荘山は名は敏功、久留米の発明王〝からくり儀右衛門〟の甥にあたり、天保十一年（一八四〇）水田村に生まれ、理兵衛および和泉について国学・漢学をおさめ、和泉の鹿児島脱出に際しては残留し藩吏にとらえられたが、文久三年（一八六三）上京して三条実美の守衛兵となる。八・一八政変後帰国し囚禁され、慶応三年（一八六七）十一月まで在獄、維新後戸長・村長・郡会議員などを歴任し、明治四十年六十八歳をもって没した。本書は晩年教員研究会において荘山の行なった講話を筆記した底本を有馬記念文庫側が複製したものらしく（山口宗之「真木和泉守関係未刊史料研究―『荘山翁維新前勤王事蹟談話筆記』―」『久留米工業高等専門学校研究報告』九）、水田における和泉の動静、鹿児島脱出前後のこと、八・一八政変、七卿落ちなどのことが具体的に語られている。

和泉はじめ大鳥居家の一室に住し、「厳重なる幽囚と云ふ訳でな」かったが（「久留米藩一夕潭」『久留米市誌』下）、健康をまもるため種々の労働をなしたという。五月二十五日ひそかに楠公祭を行ない、尊敬する楠木正成戦死の日をとむらった。和泉の楠公祭祀は嘉永元年（一八四八）から四年までと文久元年（一八六一）の五年分はこれを行なった事実を確認できないが、弘化四年（一八四七）即位式典に上京の際鷹司関白邸において正成の遺甲をみ、敗屑を貰ってきた（『真木和泉守』）ほどの心酔ぶりをみせ、安政五年（一八五八）のごときは喀血を犯

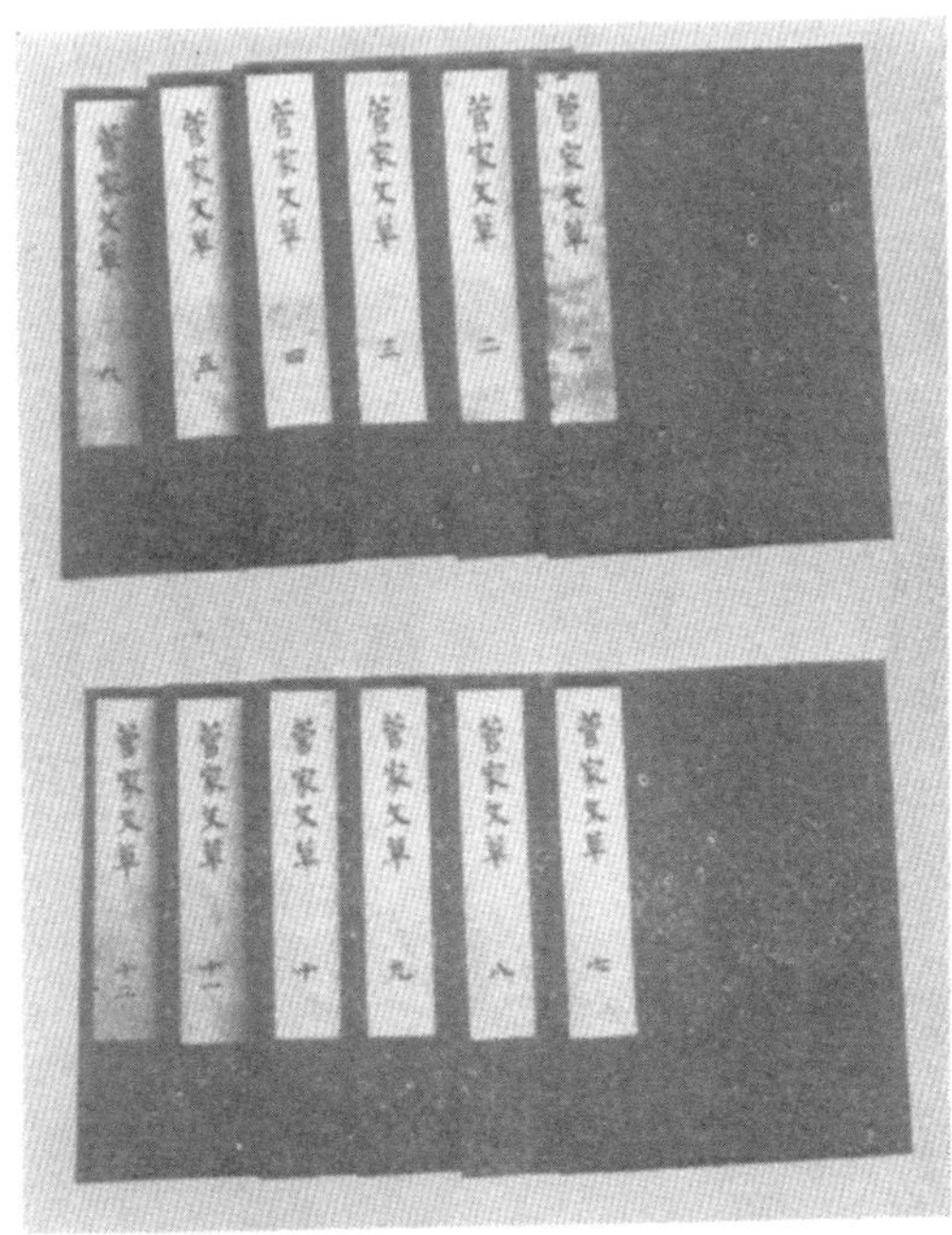

和泉筆写の『菅家文草』（水田天満宮所蔵）

して祭祀を執行しているのを并考するとき、弘化四年の初出以来連年この日に楠公祭を実施してきた事実を疑う余地はないと思われる。またみずからを菅原道真の寃になぞらえて『菅家文草』一三巻を浄写し、八月二十五日水田天満宮に奉納した。この間嗣子主馬が九月二十二日ようやくにして水天宮神官相続の許可を得、和泉も愁眉をひらいた。ついで和泉は大鳥居家の東北隅に四畳半と四畳よりなる一小舎を建てはじめ、翌嘉永六年八月六日完成した。「保臣口さがしきをもて罪を得ければ、今は何事をもいはじ、と書よむ所をも口なしのやと名付け」というように(『口なし物語』)これを山梔窩(くちなしのや)といい、以後ここで自炊し、読書を友とするのである。

『菅家文草』浄写

山梔窩

山　梔　窩

〝大イナル人〟

これよりさき和泉が水田に移ると、水田の村民の間に「大イナル人ガ来ラレタ」との噂が流れた。やがて周囲の青年たちの間で和泉に従学することを望む者多く、この年十月十六日には彼らと師弟の盟約を結ぶに至った。すでに理兵衛が水田地方の子弟の教育に手を染めており、八歳以上十二歳以下の子供に対し『孝経』や四書五経を教えていたが、子供の数しだいに増し、理兵衛ひとりでは手がまわらぬようになっていた。和泉が来るに及び、年長の者で歴史などの独見ができるようになり、不審の個所がみつかると和泉のところにたずねに行くこととされた。和泉はまず『国史略』によってわが国の歴史を教え、ついで『春秋左氏伝』『新論』などを教科書として用い、作詩・作文をすすめたという。その教授法は「文字ノ意義等ハ勿論ノコトナリ、如何ナル心得ニテ読ミタルカ、ナド一々反問」し「解シ方ニ就テモ尋常一般ト異ナ」り親切に教えたため、衆望大いにたかまったという(『荘山舎人勤王事蹟』)。これらはひとつの学統・学派に固まるというのでなく、かつての天保学連のごとく現実に対応しその指標となるべきものを見出すことに最大の目標を見出さんとするものであった。

『山梔窩塾規』

和泉の子弟訓育の方針を示したものとして『山梔窩塾規』がある。漢文でしたためられているが、これを読み下しに改めると次のごとくである。

法

宜シク忠孝ノ大義ヲ念ジ、之ヲ得ルニ随ツテ之ヲ践ムベシ。
宜シク朋友之交ヲ篤クシ、過チ有レバ則チ顔ヲ犯シテ相律スベシ。
宜シク礼譲ヲ崇ビ威儀ヲ正スベシ。
宜シク志ハ分際ニ出デザルベシ。
宜シク午前ノ事業ヲ勤ムベシ。
少々ナリト雖モ醵シテ飲食スルヲ禁ズ。
本坊ノ什器ヲ傷ツクルヲ禁ズ。
炭燭ヲ狼籍スルヲ禁ズ。
鞋履ヲ雑沓スルヲ禁ズ。
高論疾呼ヲ禁ズ。

すなわち君父への忠孝、朋友の交わり、礼節・立志といった徳目のもと、日常の生活態度から塾内の立居振舞に至る戒律が列記され、最後に日課として午後二時より質問・習字、午後四時以後撃剣・角力、日没より肄（習）楽、午後八時より時習（くりかえし習うこと）・習字、午後一〇時帰宅となっており、毎月九・十九・二十九日の三回詩会があり、四・十四・二十四日には試書（習字の会）が行なわれていた。前引の荘山の昔日談とひきあわせてみても和泉の教育が綿密なものであったことがわかるであろう。なお安政六年（一八五九）になると山梔窩が手狭になったので、水田天満宮内の延寿王院の本坊を借りて授業が行なわれた（王丸勇『真木和泉守と久留米藩医学』）。ここに集う青年たち――古賀簡二（文久二年寺田屋の変後拘禁中病死、正五位）・水田謙次（元治元年、水戸において戦死、従五位）・酒井伝次郎（同年、天誅組の変後捕殺、従五位）・鶴田陶司（同）・中垣健太郎（同）・荒巻羊三郎（同）・原道太（同年、禁門の変で戦死、従四位）・淵上郁太郎（慶応三年暗殺、正五位）・淵上謙三（慶応二年自刃、従五位）・吉武助左衛門・荘山舎人らのひとびとはその後和泉と行動をともにし、維新運動の渦中でその手足となって活動するに至るのである。もちろん彼らのほとんどは正規の武士身分でなくせいぜい荘屋・村役人クラスであり（筑後郷土史研究会『淵上兄弟』「山梔窩塾勤王家一覧表」によると和泉の周囲に集まった水田のひとびとの身分は藩士一〈古賀簡二〉、里正三、医師四、神官七となっていた）、はじめて剣術の稽古をする有様であったが（『荘山舎人勤王事蹟』）、しかも彼らは和泉の指導のもとにあって全国的レベルでの運動に参加していくのである。久留米において挫折した天保学は、今や和泉を迎えた水田の地に復活したともいえよう。理兵衛は和泉が日々の生活に人手を借りずみずから処するのをみてしきりに妾僕を置くことをすすめたが、和泉は自分は体格肥満しているため労役を廃すれば必ず病を招くに至るであろうからとて辞して受けなかった。しかし理兵衛の家族をはじめ周囲の村人たちはしばしば食物を差し入れ、和泉の身のまわりの世話につとめたことは十分に想像される。

二 子・夫・父として

『南僊日録』

母・妻・娘宛書簡

水田時代の和泉をつたえる史料としては、まず日記『南僊日録』がある。これは漢文でしるされた日々一行程度の簡潔なものである。またこの時期の書簡で『真木和泉守遺文』に収められたもの二四通あり、うち三通が妻睦子宛のものである。ところが水天宮先哲記念館には母・妻・娘に宛てた二十数通の未公刊書簡が所蔵されており、うち一三通が水田時代のものとなっている。この書簡は同志・交友間における政治向きのものと異なり、家族と別居して謹慎生活を余儀なくされた四十歳から五十歳にかからんとするひとりの男性――子として夫として、また父としての苦しみ悩み、そして怒りが文脈の間にまざまざと読みとられ、これをひもどく者の胸をうつものがある。問題となるべきものを列挙してみると、

小棹の結婚と離婚

安政四年（一八五七）二月山本善次郎応平に嫁した愛娘小棹が同年暮不縁となって実家に帰った。和泉は弟外記からはじめてこのことを聞き、「はつか（わずか）一年にもたらす、私もゆめの様に御座候」と驚いたが、これまでの縁とあきらめ、婚家の悪口などいわぬがよろしく、嫁入道具は痛まぬようしまっておいていよいよ身をつつしむべきである。さすれば「小棹これよりいよ〳〵ひょうばんよろしく候ハヾ、かへりてくらしよき所に参り可ㇾ被ㇾ下とぞんじ参らせ候」となぐさめている（安政四・暮カ、母宛書簡）。蟄居謹慎中のゆえにしたしく婚礼の席にのぞむことも叶わなかった一人娘の破鏡の報に接した孤独の父のかなしみがうかがえる。

睦子の病い

つぎに妻睦子の病いである。睦子は和泉受謫のとき四十九歳、これから六十歳までを夫婦別居で暮すのであるが、和泉の心をかげらせたものは睦子の病いであった。『真木和泉守遺文』所収、嘉永六年夏と推定される（多少の疑問あり）睦子宛書簡に「そなた少しふあんばいのよし、其うへかぜひき被ㇾ成候とか」とあり、安政初年以来睦子が肺疾・喀

血の気味のあった事実（安政元年四月十七日深夜和泉を訪ねた睦子は毎朝肺より出血することを告げた。『南僊日録』巻二）を裏づけているが、未公刊書簡中にも睦子不例の記事は散見する。安政五年一月（カ）睦子宛書簡に「そなたとかく御ふあんばいのよし。どうぞきつくなし不レ申候様存じ参らせ候」とあり、また「そなたにもめあしく又色々申ぶん御座候よし。どうぞ〳〵色々ようしやうしてたつしゃになり可レ被レ成候」とあり、いずれも妻の病状を気遣う心情のあふれた文面である。和泉はなやみ多い妻に対して、あまりいろいろ気づくゆえにくやしい事の多いのはもっともであるが、韓信の股くぐりの故事もあり「きにかゝらぬ様に可レ被レ成候」とさとし（嘉永六・夏カ、書簡『真木和泉守遺文』）、この春はそここで芝居などもあるようであるが、今しばらく万事我慢してほしい、自分が許されて帰宅できたら「いか様にてもよろしく、それまでは御しんぼう」を求める（安政五・一カ、睦子宛書簡）。しかして行状のおさまらない末子菊四郎に対して「おなごおやの事にてなに事もおもう様になり不レ申」る睦子へ訓戒の仕方をこまごま教えさとすなど、夫としてのいかにも細やかな心情をつたえるのである。妻子をなげうって国事にのみ没頭する〝志士〟のすがたでは決してない。妻に対する和泉の心づかいは水田時代のものと推察

「くすりさけ」の用法

される「くすりさけ」服用に関する覚書となって残っている。すなわち虚弱・留飲・寝汗など身体に異状ある者に効果あり、めったに調製できぬものであるから「内かたはかり（だけで）御あがり可レ被レ成候」といい、以下母は不適、菊四郎ものぼせ勝ちであるから不適、睦子は小盃で二杯ずつ三日、主馬も少量なら可、小棹は一杯宛三〜五日も可、などとしるしてあり（年次・宛先とも不明）、健康のすぐれなかった妻睦子との関連が推測される。またひとり住まい、自炊の和泉がみずから「せきたこ貳ツゆで申候て遣し」「皆々うちよりおあがり可レ被レ下」といい、飼っている鶯が大部よくさえずるようになったので二月半ばにはあげるから睦子も世話したらよろしかろうとなぐさめ（安政五・一カ、睦子宛書簡）、また山梔窩の近くに住む八十七の賀寿を迎えた老人の祝餅をわざわざ実家へ送り、「少しつつ御祝ひ可レ被レ成」と申し遣わしているところには、家族に寄せる和泉の心情のあたたかさを思わざるを得ない。

独居生活

また、この時期の和泉の書簡から拾い出されるところの家族より和泉へ送った品物としては「わた入」「たび」「あか茶のぼうしま（あわせ）」「ねまき」などの衣類、「ござ」「けしずみ」「あぶらはかり」「ぞうきん」「ふきん」などの日用品、「米」「わらび」「つくし」「みそ」「かつを」「かます」「竹の子」「はまやき（干鯛）」などの食品、「かみかたさけ」「たばこ」「しやうがとふ」「こうばし」「くしの柿」などの嗜好品や手すさびの「すすむし」に至るまで多岐にわたるが、主馬が送った上方の銘酒について「久しぶりよろしく、いま五合ばかりもらひ申度」と望み（安政五・一カ、睦子宛書簡）、「見事のかます深く辱、これはやき申候てたべ申され候間、一人者にはよろしく御ざ候」といった文面（年次不明、水田時代カ、睦子宛書簡）などによれば水田時代の和泉の日々の生活の有様があざやかにうかがわれる。すなわち水田にうつった直後、弟小野加賀へ宛てた書簡に「只々御老人兄弟妻子に憂目を為レ見候事心外に御座候」というように（嘉永五・六・九、真木和泉守遺文』）不如意な生活の中にあって家庭に対するあたたかな心を失わぬ和泉であった。

赦免への期待

なお安政三年（一八五六）三月朔日睦子宛書簡によると、藩主頼咸の参府出発が明日にせまったにもかかわらず、期待していた赦免の通知至らずしてまたまた期待はずれに終ったが、同じく幽囚中の天保学連の同志水野丹後の話を弟の主馬が聞いたところによれば、頼咸の出発後「めで度かぜ吹さうに見ゆ」る気配あり、もし水天宮の祭りまでに赦免されるなら大慶至極で「なんでもながくはなしと相見候間、御せき不レ被レ成、病気どもつくり出さずして、御たのしみ可レ被レ成候。わしも五年になり候ては、少しくたびれ、朝夕のめしたきもいやにて、時々はむねつまり申候事も御座候へども、今しばらくは是にてこらへ申候とぞんじこみ申居候」としたためている（『真木和泉守遺文』）。ところが安政五年五月の参府出発を前に又も「ちかぐめで度事ありそうに申候」噂が流れ、一月（カ）睦子宛書簡には「わしも大かた是から七十日ばかり致したらば、なみのぬれぎぬかきすてゝかすみの衣にきかへ可レ申、そのうへには母様の御祝めで度致しあげ可レ申とたのしみ申居候」としたためる。この年七十歳となった母柳子の古稀の祝いを、自分の赦免帰宅後に催そうといい、それをたのしみに「口をしくおもはれ候事はもっともと存じ参らせ候へども、しばらくこらへ可レ被レ下候」と妻をなぐさめるのである（安政五・五・中旬カ、睦子宛書簡）。日夜和泉が、そして母も妻も娘もひとしく待ちつづけた藩の赦免の便りは、しかしついに訪れなかった（以上、とくにことわらぬ書簡はすべて水天宮所蔵）。

三　討幕への模索

この間にあって和泉自身の学問もすすんだ。姉駒子の縁づき先であり和泉幼年時代の漢学の師匠であった宮原桑州宅の本や、水田天満宮の社鍛冶城崎某のつてをたどって隣藩柳川伝習館の書籍を借り入れ、大いに読書に励んだといわれる。水田に移って一年の間はほとんど一室に独居して読書にしたしみ謹慎の意を表したが、嘉永六年(一八五三)ペリーの浦賀来航をきいてのちはひそかに山梔窩を出て天満宮の連歌会に出席し、あるいは友人の病気を見舞うなどのことがあった。また知己友人中には和泉のことをききつたえ、山梔窩に来り談ずる者も多かった。和泉若年時の国学の師であった三島神社神官宮崎阿波守信敦が来訪したのは、嘉永六年十一月六日のことである。しかるに幽居中の和泉がかくのごとく来客に会い、他出したことを知った藩庁は不謹慎なりとして嘉永六年五月と安政五年(一八五八)一月の両度にわたり責任者たる理兵衛を譴責している。

こうして和泉はときに水田周辺まで外出することがあったが、大部分の生活は山梔窩の小室の中にあった。はやく藩政改革に関係し、水戸に遊んで全日本的な変革期の空気にいったんふれた彼は、ペリー来航以後の時局の展開に髀肉の嘆を喞ったことであろう。かつて行動をともにした天保学連外同志一派で何人かは許されて藩政に復帰した者もいたが、中心人物たる稲次因幡は嘉永六年二十五歳の若さで憤死し、水野丹後・木村三郎

『異聞漫録』

の両人はなお牢舎にしんぎんしたままである。この間にあって水田の小天地に釘づけされた和泉にかわり、その耳目となり手足となって諸国を歩き、情報蒐集につとめ、これを和泉にもたらしたのは弟外記および和泉の嗣子主馬であり、また山梔窩に従学した彼の弟子たちであった。彼らによってもたらされた事実を記録したものが今日水天宮に所蔵される『異聞漫録』四巻であった。嘉永六年（一八五三）六月三日のペリー来航にはじまり、文久元年（一八六一）五月二十八日の東禅寺事件に至る情報記録である。和泉は居ながらにして国内・外をめぐる諸情勢を把握することができたのである。

『魁殿物語』

こうして和泉は『魁殿物語』を草して宮崎信敦に添削を乞うた。「心にもあらで世をのがれて田舎に住む人」すなわち和泉が、嘉永六年（推定）十一月二十日のある夜、狩衣・水干姿の二人の人物が語り合う話を傍取したものとして書き出されている。すなわちペリーによる開国強要への対処と、プチャーチンによる北辺領土問題の決定が焦眉の急となっていた当時の情勢に対してロシアを仁義の国とみる風潮に反論し、ロシアはシベリア・カムチャツカ経略の都合上わが国によしみを求めてきたのであり、もし万一わが国がその意に従ったならさきざき容易ならぬ危険が見込まれるため、むしろアメリカと親しくし、その要求の一―二は許容するという態度でこちらから大臣を先方へ派遣し、少量の米穀・農具・器皿などを輸出する代わりに兵器・船舶を輸入するよう交渉させるべきである。なぜならアメリカは遠方の国であり、「王とても共和にて、末ながくつよくも」ないであろうし、わが国の態勢がととのったならやがてはかえってわが国に服従することもあろう、として反露親米外交説を開陳するとともに、国内的には政教を正し衣食住の制を定め、冠婚葬祭の礼を正し、虚名でなく実名を名乗り、服の色をきめ、士農の土地を均賦し、工商はその職にはげませ糧食をたくわえさせる、等々の具体策を示した。

『急務三箇条』

また安政五年(一八五八)四月『急務三箇条』を起草し、七月太宰府延寿王院信全に託して京都の三条実万に上書した。このとき和泉は『天命論』『国体策』を草しともに三条へ提出したのであるが、この二篇は伝存していない。そのいうところは当今の急務としてまず第一に天下の人才たる水戸前藩主徳川斉昭を朝廷に召し出し、大納言兼兵部卿として議奏列に加え、かつ侍読を兼務させることで朝廷に人臣があつまることを期待した。第二に朝廷がかんたんに官位を授与することはその権威をかるからしめるものとしてこれを否定し、せいぜい狩衣・直垂などを下賜するに止めるか、もしくは賜姓・寵号を与えるのが適当であるとした。第三に神武天皇の功業が「大志壮心に而、艱難に行当り候而も、少しもひるむ事なく」事にあたったことにあり、「七百年来御隠居同様之訳に而、天下億兆も箇様之者と相心得、只々神明同様思ひなし居」る朝廷が、断然攘夷の決定をなすことによって「士民一心天朝を奉二瞻仰一候様相成可レ申」きことをめざし、志を遠大にもつことを期待する内容であった。すなわち意図するところは神武創業の精神にかえり、暗に討幕・王政復古を論じたものというべきであり、和泉の討幕論がこの幽居の生活の中からしだいに醸成されつつあったことがうかがわれる。こうして和泉は弟外記を太宰府につかわし、信全に託して三条に上書したのである。しかるにこの年九月安政大獄がおこり、実万は連座して辞官落飾したが、この上書を焼却していたため、和泉は大獄で追求されるのを免かれたといわれる。翌安政六年正月実万は信全を通して「為二国家一肝膽之程は感心」であるが嫌疑多いときゆえ「関二係時務一候事柄、一切絶二口筆一」ち、今後一切幕府をはばかる上書のごときはすべきでないとの意を伝えた（年譜）。同じ年五月和泉は野宮定功に宛てた上書と『経緯愚説』一篇を起草した。三条に上った『天命論』『国体策』『急務三箇条』とこの『経緯愚説』との交互閲覧を希望したのである。

ところが野宮への上書が中止となったため、『経緯愚説』の上呈も実現するに至らなかった。野宮への上書は、三条宛『急務三箇条』と似通った部分が多いが、いうところは「僻遠之地に生れ、殊に資惟庸劣にて、学識も無㆑之」い自分であるが「従来尊王攘夷之筋に心を付」けているだけに、現時の幕府の対外処置の仕方には憤ること多かった。しかし朝廷が対外強硬の態度を持しているのは「天下之人気稍以振起仕候様相見え候」ゆえんであり、「天命人心之所㆑帰大切之機会」として注目する。そして目下の急務として徳川斉昭の朝廷登用を論じ、神武天皇の「御志遠大御心」を体して断然「攘夷之一挙にて悚動仕、士民一心天朝を奉㆓瞻仰㆒」「天下之大制被㆑為㆓打替㆒候て、古昔之隆世に御挽回」あることを期待するのである。すなわちこれもまた暗に討幕と王政復古への展望を示したものにほかならなかった。しかしてその具体策を示したものが『経緯愚説』であるが、この中において和泉は、

一、宇内一帝を期する事
一、創業の御心得事
一、徳を修むる事

一、経筵の事
一、紀綱を厳にする事
一、賞罰を明かにする事
一、節倹を行ふ事
一、親征の事
一、百敗一成の事
を経とし、
一、言路を開く事
一、旧弊を破る事
一、封建の名を正す事
一、古来の忠臣義士に神号を賜ひ、或は贈位・贈官、或は其子孫を禄する事
一、九等の爵位を修むる事
一、文武一途にして、其名を正す事
一、勲位を復する事

一、服章を正す事

一、文武の大学校を立て、天下の人才を罔羅する事

一、伊勢尾張の神器御扱方の事

一、親衛の兵を置く事

一、僧を以て兵とし、寺院を衛所とする事

一、兵器を改め造る事

一、古訓師を学校に置きて、舶来の器械に名を命ずる事

一、財貨を公にする事

一、邦畿を定むる事

一、帝都並離宮を定むる事

一、租賦を軽くする事

一、官制を改むる事

といった諸条を緯としたものである。すなわち「宇内尽くうしはき給ふべき道理」にたつ「我天津日嗣(天皇)」が理想の時代たる「天智天皇以上神武天皇神代」のいにしえに

立ち帰ることを理想として、「何事も古に挽回するこそよ」しとし、天皇みずから政務を統轄「大事は尽く御みづから英断ましまし、天下一般朝廷を仰ぐこと火の如く明らかに、下州遠地に至るまでも行き届」かしめることを期すべきであると痛論した。これはとりもなおさず天下の執権たる徳川幕府の支配体制そのものに対する戦闘的態度の表明であり、事実上の討幕・王政復古論の開陳であるといってよろしいであろう。ただここで指摘すべきは、王政復古のための具体的施策であるこの『経緯愚説』の各条のほとんどが「永世を固く定むる」ため、あるいは「礼楽を製作」すること「数百箇条あるべし」というように（『経緯愚説』）、名分を正するためのものであり、そしてそれは近代国家への展望に立つのでなく、逆に封建的身分制度への強化をめざすものであったこと、又具体的な改革案ともいえるようなものがきわめて少なかったこと、などが指摘されねばならないであろう（遠山茂樹『明治維新』）。これと同じころ中央にあっては将軍継嗣運動における一橋慶喜樹立派が幕府的規模における集権的統一国家の樹立をこころみ、開国策の推進と貿易促進、絶対主義的体制への展望をみせたのとひきくらべ、その感を深くせざるを得ない。もちろんこのことは尊攘派の理論的指導者としての和泉の基本的性格に起因するものであり、また中央の政治の舞台はおろか、藩政中枢部からも遠くはなれ、九州の一僻地に蟄居せしめられていたという当時の和泉の位置にもとづくものである。吉田松陰でさえまだ明確には「討幕」への突破口をきりひらいてはいなかった安政五年四－五月の時期――和泉が起草したのはいわゆる違勅調印前である――にあってかくのごとき王政復古へのエネルギーの噴出をなしたことは、維新運動史上特筆すべきである。しかもこの『経緯愚説』において多少婉曲であった和泉の反徳川幕府エネルギーは、つぎの『大夢記』において爆発する。

『大夢記』

『大夢記』はこの年十月三日したためられたが、天皇みずから幕府親征の兵をあげて東征の途にのぼり、箱根において幕吏を問責し、大老以下に切腹を命じ、幼将軍（家茂）を甲駿の地に移し、親王を安東大将軍として江戸城に居らしめ、大いに更始の政を行なうということを骨子としたものであり、露骨に討幕の具体的経綸をのべたものとして注目される。こうして和泉は水田の小天地に居りながら志は高く天下の経綸を思い、きたるべき突出・飛躍の機会の訪れるのを待ったのである。はじめ藩政改革を志してやぶれ、罪を藩に得た和泉は、藩を通して事を行なう道を阻害されたがゆえ、かえって現状打破

平野国臣の来訪

的な討幕の実践へとはやく志向し得たのではないかと考えられる。こうしたなかにあって九州尊攘激派のオルガナイザーともいうべき平野次郎国臣が万延元年（一八六〇）九月二十六日はじめて山梔窩をおとずれるのである。

四　突破口を求めて

結核の徴候

平野はこのとき三十四歳、和泉は四十八歳であった。北条右門らを通してはやくより薩州藩とつながりをもち、水戸降勅に関係し、西郷・月照の入水事件にも居合わせ、桜田門外の変にもつながりをもったとの疑いで藩庁の追及を受ける身となっていた。あたかも肥後玉名郡安楽寺村の医師松村大成の家に潜伏中であったが、大成の長男深蔵を伴ってたずねてきたのである。おそらく諸方の志士と交渉のある大成が和泉のことを告げたためであろう。この日、すなわち九月二十六日、和泉は啖に血の色あり、結核におかされていた妻睦子より感染した病いの徴候がみえていた。謹慎中であるため面会できぬとことわったが、強いて求められ、ひそかに会った。同じくその所属する藩に拠ることのできない身、また封建制の階層的秩序からの疎外者としての立場は、その〝朝廷びい

平野国臣銅像

き幕府ぎらい〃においても共通するところあり、議論すこぶる合したようである。和泉はその著『南僊日録』に「国臣者亦慕二禁闕一第一等人也」としたためている。和泉は平野らを下川瀬兵衛の家に宿らせ、門下生を集めて平野の話を聞かしているのである。平野はこののち十二月十一日再び来訪し、薩州藩をはじめ諸方の動静を和泉につたえる。こうしてもたらされる平野の情報は、独居禁足の和泉にとってはこの上ない知識源となった。

翌文久元年（一八六一）三月、四十九歳の和泉は、ついに禁を破り、上京する延寿王院信全に門人淵上郁太郎を随行させ、野宮定功へ宛て、建白書（野宮定功卿に上りし書〔二〕）および、先年起草した『経緯愚説』を上呈せんとした。建白書において、和泉はつぎのごとくいう。すなわち「従来尊王攘夷の筋には心を付罷在」った自分は、幕府が違勅調印を行ない、有志大名を処罰し、外国人がわが物顔に国内を横行し、貿易開始以来「米穀其外諸品高直に相成（中略）民間難儀の儀は、筆紙に難尽」い有様をみて憤激にたえない。強盛をきわめる外国人の形勢から察するに㈠将たるべき人に恵まれず㈡士卒は実戦に慣れず㈢銃砲㈣艦船に劣り㈤戦法実用に適せず㈥衣食兵糧など華大にして失費多く㈦人心一致、死戦がむずかしく㈧人材登用が行なわれず㈨政教行刑ともに一定の方型が立っておらず㈩神道おとろえ五倫の道絶え仏教が隆盛し宗教多岐に分かれてしまったこと、以上一〇ヵ条にわたって外国がわが国にすぐれている点を列挙し、「我は彼より算少なく候へば、誠に寒心可レ仕事」と論じた。しかしながら「聡明叡智英烈勇武」の天皇みずから「主将の任に当らせ玉ひ」「一度被レ為レ遊二御赫怒一万事被レ為レ遊二御引受一」たならば天下の諸侯は「其勇武に鼓動せられて（中略）何れも勃然振作」し、これまでわが算少ないところがかえってみな勝算となるであろうとし、「天下は却て上代の隆盛に復るに疑なし」と痛論するのである。しかもこの経略実行のため朝廷公卿の奮発を期待するのであるが、和泉自身としては去る嘉永五年藩に罪を得たため「四里外の醜地」に蟄居を余儀なくされているが、もし朝廷自身が和泉の経略にしたがい「英断」するような時節が到来したならば「亡命仕候て不日に罷上り候覚悟に御座候」との決意を披瀝するのである。この時期、和泉の局面打開の中心機関と目したものはもはや藩↓幕府では決してなく、かかって朝廷にあり、朝廷の決起のもと外患内憂の事態を救済していこうとする彼の意図をはっきりみせたというべきである。約言するなら、それはまさしく討幕の意志表示にほかならなかった。

『道弁』

しかし野宮は情勢不可としてこの上書をそのまま返してしまった。そこで延寿王院信全に随行した淵上郁太郎は、やむなく大原重徳に上書したのである。同じ年和泉は『道弁』『何傷録』をあらわす。前者は漢文で書かれたものであって「我而攘レ夷、則宜レ始レ自二尊王一」ことをいい、天皇が攘夷の勅を下したにもかかわらず幕府これを奉ぜず、諸大名またこれに応じない点をつき、幕府が奉勅しないのはすでに外国よりたぶらかされているため異とするに足りないが「国富兵強」く、明君を擁している諸藩が「白日殺人、眼前掠地」のさまを見ながら時勢至らず、祖先以来の社稷を失うべきではないとして決起しないのをするどく批判した。

『何傷録』

後者は冒頭に漢文の「楠公論」をかかげて一族節

に殉じたがゆえ皇室の血脈をつなぎ得たゆえんを論じ、以下弘化・嘉永以後の幕府の対外政策のあやまりと堀田正睦（老中）・井伊直弼らの処置の不備、また朝廷に対する強圧的姿勢への憤懣の思いを書きつづり、楠木正成にならって「一門子弟一人も残らず討死し、久しき皇恩に報い奉らんとこそおもひ侍」る心境を披瀝する。さらにこの『何傷録』の後半においては嘉永大獄に連座蟄居して以後のみずからの来歴を語り、あわせて子孫への遺訓ともいうべき意味をこめて学問論・士道論・文武説・人性論などにわたって思想を開陳し、身は僻隅に独居しつつなお天下の政治の動向に関心を寄せ、尊王のまことを尽さんとする志のほどをのべた。

一方、この年七月『尊攘英断録』をあらわした平野国臣は、これを薩州藩に献呈するため鹿児島に入らんとしたが果たせず、十月十五日三たび山梔窩を問い、あくまで薩州藩に献じたいとの意志を和泉に語った。和泉も大いに賛成し、みずからも『迅速』『天祐』の二録および『薩侯に上る書』を平野に託した。この三篇は残念ながら遺存してはいないが、同年十二月十二日にあらわした『義挙三策』は、その間の事情を語っているといわれる。思うに、嘉永五年（一八五二）以来すでに幽居一〇年を迎えた和泉は平野という消息通を知り、また桜田門外の変・和宮降嫁問題・東禅寺事件等の起こるのを聞き、もはやいたずらに幽居する時でなく、まさに立つべきであると考えたのであった。この間の和泉の消息につき山梔窩で従学した荘山舎人は「平野次郎ヲ近ツケテ天下ノ大勢上ニ就テ種々話ヲ聞カレタ。ソレヨリ泉州(和泉)モ時勢ハ既ニ切迫セルコトヲ知ラサレタ。(中略)泉州ハ京都ノ事情モ愈切迫シ居ルト聞イテ、今ハ愈上京スルコトニ決心セラレタ。泉州ガカク上京スルコトニ決心セラレタノハ、平野次郎が薩州カラ来テ天下ノ事情ガ能ク分カリ、時勢切迫ト思ハレタルニヨルノデアル」としるしている。しかしてみずからの藩たる久留米藩は守旧派が完全に抑えてしまっており、全くいかんともすることができない。そこで雄藩薩州に頼り、事を挙げんと欲したのである。『義挙三策』によると義挙に三策あり、上策は大名にすすめ挙兵すること、中策は大名に兵を借り挙兵すること、下策は義徒のみで事を起こすこと、の三つをあげ、「下策は勿論危くして用ふべからず」、中策は「十に八九は成就すべし」「上策に出づる時は万が万まで成就疑ひなし」とのべ、なおすすんでは「封建の世にて烏合の衆にて事を挙ぐるは、其轍もなければ、必ず出来ぬ事なる」ゆえ「然れば義士憤激の腸をおさへて、百方手を尽くし、大国にて義を尚ぶ

『義挙三策』

君に就き、事を挙げしむるに若くはなし」といい、大藩の兵力に頼ることこそ肝要であると説いたのは、この間における和泉の思うところがあざやかに示されている。この後和泉はまず薩州藩に、そしてみじかい期間を自藩久留米に、そして最後には長州藩に尊攘の決行を託するのである。

清河八郎の和泉観

　あたかもこのころ肥後松村大成の家にきたった清河八郎は、平野から肥後人はあてにならず、鎮西にたのむべき人物は和泉一人であることを聞き、かつ前記の和泉が平野に託した書を読み「深感」（「潜中始末」『清河八郎遺著』）して十二月六日山梔窩に和泉をたずねた。清河のしるすところによると和泉は「其体五十位の惣髪、人物至ってよろしく、一見して九州第一の品格顕はる。頗る威容あり」「自ら食物を製して遠来を労は」ったという（「潜中始末」同）。二人の議論すこぶる合して夜半一二時に

清河八郎肖像

脱出の日近づく

及び、翌七日和泉は弟理兵衛、ついで外記・嗣子主馬を呼び集め「委細兄弟父子の者に申聞かせ、今度の一条は容易ならぬ時勢相迫り候故、一家悉く義に命を差出し申すべき事に契約」した(同)。ついで外記は豊後岡藩に小河弥右衛門(一敏)をたずね、また阿蘇惟治と会い、主馬は佐賀・田代(対馬藩領、代官平田大江)方面をまわって挙兵を説いた。いよいよ一〇年の幽居と訣別すべき時が近づいたのである。

すなわち薩州藩主島津忠義の父久光が明春(文久二年、一八六二)大兵をひきいて上京、勅命を得て江戸に下り、幕府に改革を要求せんとする議あるを知った平野・伊牟田尚平(薩州藩士)の二人が入薩し、形勢をさぐったのち十二月二十五日

瀬高の町並み

松村大成宅に待機していた清河八郎とともに瀬高(現福岡県山門郡瀬高町)へきた。この夜和泉はひそかに山梔窩を抜け出て会談。清河・伊牟田は上京してさきに連絡のある田中河内介を通し、青蓮院宮(中川宮)の令旨を奉じてふたたび西下、和泉と平野は筑・豊・肥の志士を糾合して決起の準備をし、令旨の西下を待って水田を脱出し、鹿児島へ走ることに決まった。和泉は深夜二時「風寒雪下」るなかを帰宅する(『南僊日録』)。しかし久光らの意図するところは中央政界における薩藩の地位を上昇せしめ、その主導のもとに幕政改革＝公武合体を実現することにあり、むしろ一藩決行のかまえである。したがって和泉・平野・清河といった脱藩浪士たちが自藩の挙に加わり騒ぐことを欲しなかった。このため久光の東上に期待をかけた和泉らは、むなしく裏切られてしまうのである。

第四　寺田屋の変

一　鹿児島へ

こうして和泉はいよいよ脱出南走を決心した。一月十六日山梔窩に従学する門人たちを集め「命貰ヒノ相談」をした。もともと和泉に心酔する彼らは「命ヲ惜マ」ず「皆発奮シテ先生ノタメニハ水戸ノ十七士ガ井伊掃部頭ヲ斬ツタ位ナコトヲシテ見ヨート思ツタ」(『荘山舎人勤王事蹟』)。しかし彼らは正規の武士身分でなく、もともと農村の豪農・下級神官の子弟である。「ヤレ京都ニ行クカ、京都見物モ出来ル、ヤー面白ナト笑ヒ興シタコトモア」り、「今マテ剣術ト云フ様ナコトハヤツテ居ナイ」のに素振りする太刀が唸りを生ずるまで稽古するというような有様であったという(同)。

〝命貰ヒノ相談〟

もともと和泉は幽囚中であるため、藩主に上告して出立すべきではないかと思いまどったらしい。すでに討幕論へ傾斜していたとはいえ、彼もまた時代の子である。当時の

大久保利通

武士意識として尊王のために幕府・将軍への従属心を捨て去っていても、みずからの藩や主君に対する服従心は根強かった。一〇年に及ぶ幽居中、前々藩主頼徳――真木家を中小性格とし、年六〇俵を給与した――前藩主頼永――和泉ら天保学連の与望をになない藩政改革にあたった――の忌日には山梔窩においてその霊を祀り、茶を煮て人を招くということをやっていた和泉である。

二月一日藩主の命により上府途上の薩州藩士柴山愛次郎・橋口壮助の二人が水田をたずね、平野国臣もまたその席に列した。そして二月二十五日島津久光上京のことが知らされたのである。和泉は久光が討幕の意志なく、公武合体論者であることを聞いて失望したが、久光を途中に要し、勅命を仰いで京都において関白九条尚忠・所司代酒井忠義を倒し、江戸の水戸浪士らと呼応して老中安藤信正以下を殺し、一気に討幕＝王政復古守』)。

を実現することを企てていたという(『真木和泉

大久保利通との会見

このとき和泉は京都より帰鹿途中の大久保市蔵(利通)が近日中に羽犬塚駅(現筑後市)を通過することを知った。和泉は大久保と会って薩州藩の奮起をうながすため、門人淵上郁太郎・吉武助左衛門および平野とともに吉武の家で(『荘山舎人勤王事蹟』)二月四日夜大久保と会見した。ところが大久保は和泉らの呼びかけには積極的な反応をみせず、むしろ「其軽挙を戒むる所あ」ったという(勝田孫弥『大久保利通伝』上)。

しかし和泉はいよいよ脱出亡命を決意して嗣子主馬・弟外記に後事を託した。弟大鳥居理兵衛はもとより兄と同腹である。兄脱走の罪を甘

羽犬塚の町並み

んじて待つよりもそれに先んじて上京し、決起に加わらんとして二月十二日、三男菅吉と甥宮崎土太郎を連れ、降りしきる雪の中を出発した。太宰府天満宮の撫物を京都縉紳家に納めるとの名目で藩庁の許可を得ていたのである。同夜和泉は三潴郡安武本村字上野（現久留米市安武町）の外記宅において妻睦子・娘小棹と永別の面会をした。はじめ和泉はことやぶれた際は自害せよといったが、翌日は南へ脱走せよとすすめたという。十四日和泉の門人淵上郁太郎・角照三郎の両人が出発、淵上は長州に遊説、加盟を求め、角は青蓮院宮の令旨を奉じ西下してくるはずの田中河内介を迎えるためであった。

弟、理兵衛の出発

脱出に随う者

　こうして足掛け一一年の長きを山梔窩における孤独の生活で送り迎えてきた五十歳の和泉にとって、雌伏に別れを告げるときがきたのである。和泉に随う者は門人淵上謙三ときに二十三歳、淵上の姉壻で同じく和泉に従学した吉武助左衛門三十九歳、それに和泉の次男菊四郎の三人であった。嗣子主馬はすでに家を嗣ぎ水天宮第二三代の神官となっていたが、和泉は「汝既に家を嗣ぐ者、吾に従ふ可からず。且我老母有り。汝能く之を養へ。菊四郎が如きは家に当らず。率て共に行かん」とした（『勤王烈士伝』）。菊四郎はこのとき二十歳、つい三年前の安政六年（一八五九）女性問題その他、その奔放の行動ゆえ父の和泉、母の睦子を悩ますことひとかたならず、「菊はわし（和泉）が子ともおもえず、どの様に申しきかせても、みゝなしゆえとても聞きいれも致し申間敷」と歎ぜしめたほどであったが（安政六カ、睦子宛和泉書簡、水天宮所蔵）、和泉のひろく深い愛はみごとに彼を立ち直らせた。菊四郎は相手の女性「はつ」を妾として入れ、長女「さき」はこのとき二歳となっていたのである。宇高浩氏によるとはじめ菊四郎は和泉の脱出の企てを知らなかったが、一月五日平野国臣が水天宮真木家にきたり、主馬と和泉の亡命について密談を交わしているのを屋根からぬすみ聞きし、主馬にせまって父に同行することを乞うた。和泉はこれを聞いて菊四郎の志壮なりとして許し、脱出の一行に加えることにしたのである。また吉武が随行するに至ったのは二月四日夜和泉と大久保との会談をもれ聞いた吉武が同伴を懇願した結果、ようやく許されたものといわれている（『真木和泉守』）。

「藩」世界から離脱

二月十六日大島金吾・下川瀬兵衛らと評議したところでは、

(一)捕吏にひかれて藩庁におもむき、直言して藩を動かすこと
(二)自首して藩庁に出（以下(一)と同じ）
(三)脱出亡命

の三策があったが、和泉はみずから第三策をえらんだという。それはまさに久留米「藩」の世界からの離脱と天下＝全日本的立場への挺身を意味するものであった。

二　苦難の旅路

しかしすでに事態容易ならずとみた藩庁は多くの捕吏を水田に送り、山梔窩の周囲を固めさせた。「盗賊方、目明、足軽ナドガ水田ニ来テ充分ニ警固ヲナスカラ愈脱走ハ出来ヌト思ハレ」「一歩モ外出ハデキヌト云フ有様ニナツタ」。十五日夜すべての書類を焼き、蒲団までも焼き捨て、その火は夜明け頃までも燃えつづけた（『荘山舎人勤王事蹟』）。十六日朝もはや猶予すべきでないと思った和泉は、路に会う者ごとに斬り払って出ることに決め、太刀にネタバをつけ、淵上謙三に鳥打銃をさがさせて火縄をつけ、太刀を抜いて出て行ったら捕吏も恐れてさえぎらないであろう、もし向かってきたら斬り殺そうと評議した。門人荘山舎人らはしきりに同伴を願ったが、和泉は追って豊後の小河弥右衛門や田中河内介もくるはずである、そのうち両人に伴われて上京せよ、それまで待機するようにといいのこした。ところが同行するはずの菊四郎が到着しないため、やむなく午前

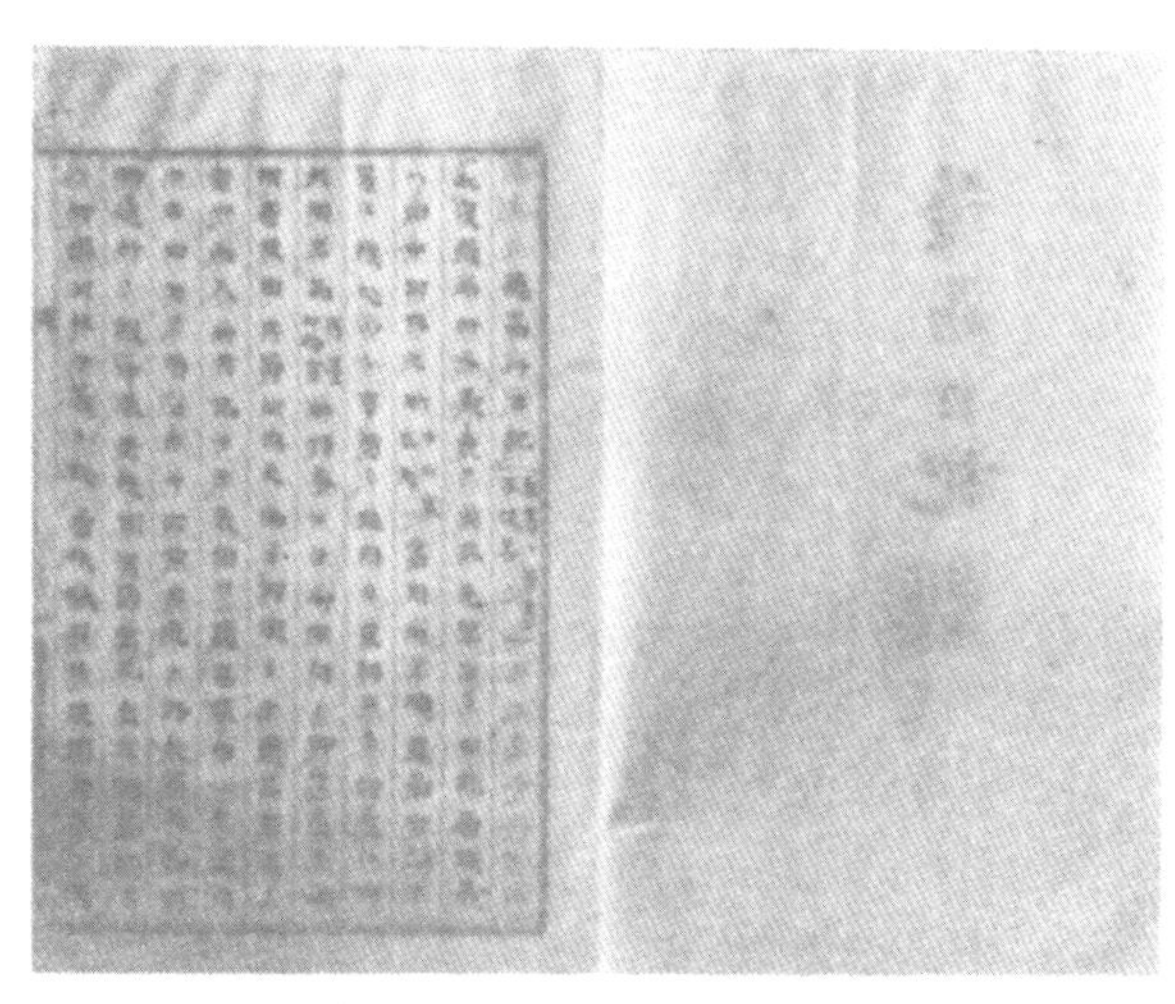
『薩　摩　日　記』(市立久留米図書館所蔵)

一一時ごろついに山梔窩を出発したのである。和泉は伊賀袴・黒頭巾・白鉢巻のいでたち、太刀のつかに手を掛け、淵上謙三は大鳥居家所蔵の槍を持ち、吉武助左衛門は銃の先に火縄を二つほどつけ、捕吏に見えやすくしてこれに従った。

以下の記述は和泉自身の筆になる『文久壬戌日記』(文久二・二・一六〜文久三・二・四)および吉武助左衛門のしるした『薩摩日記』(文久二・二・一六〜文久三・二・一五)・『荘山舎人勤王事蹟』などにより、脱出の道筋を辿ることにする。

下妻村(現筑後市大字下妻)から隣藩柳川立花領たる中山村(現福岡県山門郡三橋町中山)を

経て道を瀬高（現同郡瀬高町）路へとった。捕吏たちはそのまわりを固め随行したが、威勢におそれて手出しすることができず、そのまま藩の境界まできたり、そこで追うのをやめてしまった。こうして和泉らは悠々白昼の脱出に成功したのである。一〇年の幽閉に甘んじた和泉は、藩の拘束を脱して今や〝天下〟の志士の境遇にみずからの身を置いたのである。

和泉一行は久留米・柳川両藩の境界「スチカイ渡シ」をこえて柳川領に入り、「往還筋杉土居」の古道具屋に鉄砲をあずけた。和泉は助左衛門に対し、安楽寺村（現熊本県玉名市安楽寺）が目的地であるが、道案内のことを任せるゆえよろしくとりはからうよう命じた。助左衛門は本街道（国道二〇八号線）を行けば追手の掛るおそれがあるため、瀬高から矢部川を川下へくだり、中島村（現福岡県山門郡大和町中島）への道をとった。空腹になったため酒屋でうどん肴に一杯傾け、ここで和泉は「上滝峡助」、謙三は「西牟田十郎」と変名し（助左衛門ははじめ羽犬塚山口嘉助の養子となり山口嘉兵衛と称した。ところが嘉助に実子が生まれたため家を出たのちも山口姓のままであったが、このとき吉武助左衛門と変名した。明治元年九月上京して姓名を吉武助左衛門と称するようになり、以後これが正規の名前として関係書にしるされている。小著では便宜上当初から吉武姓を使用した）、もしたずねられることあれば、京都二条家の者で鹿児島へ下向すると答えるよう申し合わせ中島村を発った。諏訪村（現大牟田市）まで来たところで日暮となり、軽尻馬（荷なし駄馬に旅人が乗ることをいう）三頭やとって終夜歩きつづけ、翌十七日早朝四時頃高瀬（現玉名市）につき酒屋で休息、安楽寺を聞いたところあと一四－五丁（一・五～一・六キロ）ほどであったのでさらに道をいそぎ、東の空が明るくなるころ松村大成方に到着、大成はじめ永鳥三平・宮部鼎蔵・松田重助ら二〇余名と邂逅し、正午ごろまで論議を重ねた。こののち宮部・松田ほか五－六人の者は田中河内介を出迎えかたがた久留米藩の様子を伺うため、瀬高まで出掛けた。この間において和泉の水田出立に遅れた菊四郎は正午近いころ山梔窩に到着し、下妻から瀬高、さらに原之町（現福岡県山門郡山川町原町）まであとを追ったが和泉一行は本街道をはずれまわり道をしたため合流できなかった。十七日早暁二時一足先に松村方についた菊四郎は、さらに馬を駆って植木（現熊本県鹿本郡植木町）まで走ったが和泉一行を発見できぬまま再び引返したが、ここではじめて一行におちあうことができ「互ニ無事ヲ悦ヒ、是ヨリ四人連ニ相成」った。同日午後大成の世話で日奈久（現熊本県八代市）までの船の手はずができ、和泉はこれまでたずさえ

安楽寺着

ていた槍を大成の家にとどめて（『松村大成永鳥三平両先生伝』）安楽寺を出発。高瀬（菊池）川々下の渡場で五時頃まで待ち、暮方乗船し川口までくだったが、雨となったため川口で一夜を明かした。翌十八日も風雨つよく終日滞留、船頭が明日まで天候は回復すまいといったため夜八時頃急に上陸した。闇夜を大浜（現玉名市）まで歩き、軽尻馬二頭を雇って、謙三と菊四郎を乗せて「河内通」を夜行し、夜半一二時「河内之町」（現熊本県飽託郡河内町河内）についた。まだ起きていた酒屋に立寄って、一杯かたむけ、河内の山道にかかった。方角がわからず、提灯も消え、たびたび道をまちがえたが、ふもとからきた七十余りの老人の案内を得て翌十九日午前六時ごろ大島（現熊本市小島）に着くことができた。ここで「老人ト共ニ一盃催、朝支度モ相済」ませ、宿駕籠・軽尻馬各二によって出立、同日正午松橋（現熊本県下益城郡松橋町）到着、日奈久までの船を交渉したところ夜にならねば出帆できぬとのことであったため、それまで旅宿に滞留した。夜一〇時松橋を出帆したが、一里ばかり進んだところで雨となり、人家もない天草の島影で一夜を過した。翌二十日も雨天で午後二時ごろまで滞船、晴間が出たので出帆し二里ほど進んで天草島南岸の二間戸（ふたまど）（現熊本県天草郡姫戸町二間戸）（『文久壬戌日記』には「牛窓」とある）で船掛りした。翌二十一日も雨であった。

吉武助左衛門の『薩摩日記』によると「廿一日今日モ雨天ニ付二夕窓ニ相滞候事」とある。しかるに和泉の『文久壬戌日記』ではこの記事なく「廿一日。小雨。而風則順。朝解レ纜。過二日島灘一。直向二阿久根一」とあり、二間戸停滞は二十日の晩のみとなっており、宇高氏『真木和泉守』もこれにしたがっている。いま『文久壬戌日記』および宇高氏の記述によることとする。

和泉は晴天を祈って、

和田津海(わだつみ)の神も守よ(まもれ)大君の御為(みため)にいそぐ我身ならずや

の一首を詠み、水天宮のお守りを添え海に流したところが、しばらくして風なぎ空も晴れてきたので出帆し、一里ほど走ると目的地の日奈久が見えはじめた。ところが再び雨となったので船頭は午後にはさらに風雨強まるであろうから少し引返した方がよいといった。しかし和泉一行はぜひとも航行したいと強要し、いいあいとなったが「然者其方共ヲ海中ニ切込、我輩四人運ヲ天ニ任セ此海ヲ渡ルベシトテ菊四郎・謙三両人刀追取立上」ったため、船頭は横風であるため日奈久へは渡りにくい、追風を受けてまっすぐ阿久根（現鹿児島県阿久根市）へ走ると申したところ一同承知し、帆を半分ほど巻いたままで午

阿久根着

後一時頃出発した。ところが風雨しだいにはげしく、一里半ほども沖に出たが浪荒く船進み兼ねた。一同は運を天に任せ、申し合わせて勝手に全部帆を巻きあげたところが「此勢ニテ程無阿久根ニ着舟イタシ(中略)初メテ安堵ノ思ヲナ」すことができた(『薩摩日記』)。水田を脱出してからまる五日してようやく目的地の薩州領に第一歩を印することができたのである。旅人問屋藤元林助方へ入り、「久留米藩中真木前司、同苗菊四郎、吉武助左衛門、西牟田十郎ト申者共」が鹿児島表へ赴きたい旨を伝えたが「往来切手所持不致者」であったため役人が入国するのを拒んだ。そこで和泉は、かつて高山彦九郎が入薩に際して関東に示したといわれる、

　薩摩人いかにやいかにかるかやのせきもとざさぬ御代と知らずや

の歌を示し、自分たちは往来切手を持たないが、小松帯刀・大久保市蔵へ内々の用事あり、久光の出立前にぜひ会見したい旨をつたえ、両人宛の書簡を託した。

この間、二十二日和泉一行は「浦上」を逍遙、二十三日「弥安堵イタシユル〳〵休足イタシ」西安寺に登り、二十四日また「浦上」をめぐり、また阿久根の町や郷士小路・都(外)城役所・台場などを宿の主人林助の案内で見物、二十五日は舟をやとって浜に「五色

石」を拾い清遊の一日を送った。この日の夕方五時頃関所役人白浜助右衛門が来て入国の許可が出たことを伝えた。翌二十六日は雨となったが午前八時ごろ阿久根出発、午後五時市来（現日置郡市来町）に到着一泊、二十七日午前四時半市来出立、一〇時伊集院着、薩州藩尊攘派の指導的人物有馬新七の従弟坂木藤次郎と会見後、この日の夕方四時頃ついに鹿児島到着、「九州御飛脚宿」たる原田郷兵衛方に旅装を解いた。水田を発って一一日、陸路ついで海上、悪天候にさえぎられ忍苦を重ねた三〇〇キロの旅であった。

鹿児島着

三　鹿児島抑留

同夜、有馬新七・田中謙助の両名が和泉をたずねてきた。ともにこれから二ヵ月後の寺田屋の変に倒れた人物である。翌二十八日朝一〇時頃大久保市蔵がきて和泉と密談した。和泉は市蔵に対し、

大久保市蔵と密談

㈠　京都の状勢切迫し近く田中河内介が勅書をもって下ってくるゆえ、島津久光にはやく出立してほしいこと。

㈡　久光から久留米藩主有馬頼咸を説いて、ともに大事を行なってほしいこと。

しいこと。

㊂　自分は藩譴をうけ脱藩の身であるから久光上京の節は薩州藩一行の中に加えてほしいこと。

の三ヵ条を説いた。しかるにこのとき大久保の意見は、さきに羽犬塚会見の際と同じく浪士たちの決起を疑問視してむしろ公武合体を志向していたため、この和泉の提言には同意しなかったらしい。翌二十九日和泉をたずねてきた新七・謙助の二人は大久保の意を受けた宿の主人によって面会をことわられた。なお助左衛門はこの日新七・謙助の口から大鳥居理兵衛自刃の噂（二月十二日水田を出発した理兵衛一行は十九日下関でとらえられた。送還の途中理兵衛は黒崎〈現北九州市八幡西区〉で駕中にて自殺した）を聞いているが、和泉の『文久壬戌日

理兵衛自刃の噂

大鳥居理兵衛の墓
（筑後市水田，来迎寺）

記』にはこの記事がない。同じ日大久保は和泉一行を下町会所に移した。すなわち午後四時頃和泉らが酒をくもうと用意していたところ町年寄酒匂十兵衛・小村彦左衛門の両名来り、宿替り引移るべきことを告げ、一行の荷物を「山蓙二包荒縄ニテ結ヒ」「轡之紋付油たん掛タル鉤舟ニ乗」り「袴着シタル役人才判ニテ」「大ナル打貫門・玄関構ノ大家」町会所に着き、この夜一二時頃まで町年寄相手で酒席が持たれた。年寄たちは和泉にいろいろのことをたずねたが、和泉は委細を答えず、歌一首をよんだと助左衛門はしるしている。

鹿児島抑留

以後薩州藩は和泉一行を遇するに町年寄一人ずつが昼夜交代で詰め、また町目付一人が昼のみ「上見」をつとめ、このほか「用聞」四人、小使一人、料理人一人および小使一人、通いの子供四人、計一三人が会所に詰め切り、三月一日から晦日までの鹿児島滞留期間中（この間三月六日いったん鹿児島出立、福山まで行ったところで呼び返され、三月九日再び鹿児島へ戻った。ただし助左衛門によると三月七〜十日の間となっている）連日非常な御馳走をもって和泉一行を待遇した。

御馳走改め

助左衛門はつれづれなるまま町会所に移った二十九日晩および三月朔日の朝・昼・晩の献立をかかげている。二十九日は町役人を交え酒宴をひらいたが、本膳・二の膳のほかに二つの硯蓋（広蓋にもられた口取肴。くみざかな）、大鉢、丼七つに山海の珍味を盛り、「丸ヤキカステイラ、白ヨフカン、コンペイトフ」などの菓子がつき、朔日朝も一汁三菜、昼三菜、夕二汁三菜に銚子つきでその後も「凡朔日同様ノ賄」であり、「一日両度宛茶菓子」が一人前弐朱位もかけたほどつき、「誠ニ丁寧ノ御取扱」であったとしるしている（『薩摩日記』）。

この間三月二日、小松帯刀は和泉を自邸に招き、

㈠ 久光上府は「修理大夫様御参府御延引之御礼」であり、まず江戸へ行って大名たちと相談の上〝叡慮〟を安んずるてだてにとりかかりたい。

㈡ したがって有馬頼咸に対し直接はたらきかけることはできない。

㈢ 和泉を同道すれば藩士たちの動揺がひどく、久光の出発が遅れて不慮の事故を招くため、同道できない。

小松帯刀、申し出をことわる

とのべてさきに提起した和泉の申し出をことわり、かつ薩州藩で船を仕立てるゆえ和泉一行がすみやかに鹿児島から立ち去ることを求めた。翌日中山尚之助来り、薩州藩ないし小松の立場について弁解したが、それは要するに「其国之未レ足レ挙レ事」を説くにあった（『文久壬戌日記』）。これに対し和泉は建白書・歎願書各一通を草して久光に上呈せん

とした。いうところは「天下之望」を嘱した「三侯」――三条実万・徳川斉昭・島津斉彬の亡きあと外患内憂きわまったが、いま久光の上府せんとするのは「蓋天任㆑薩也」としてその決起を求めんとしたのである（『呈㆓薩周防公子㆒書』）。このときの和泉の心境はいっしょに添付した短冊にしたためた和歌、

おくれなば色も桜におとるらむいそぐぞ梅のにほひなりける

もゝしきの軒のしのぶにすがりても露の心をきみに見せばや

二首につきるであろう。しかしこの和泉の懇請に対し薩州藩はつめたかった。けっきょく和泉は、

草枕たびのやどりのいたびさしいたきことのみおほきころ哉

の歌に託して薩州藩のたのみがたきを歎ぜざるを得なかった。このとき新七・謙助両人は和泉に西郷吉之助（隆盛）との会見をすすめた。しかし当時西郷の意見は、中央の事情に通ぜず諸大名との交渉もない久光がいまにわかに上府すべきでなく、当分上府を延期して時機をみるべきである、ぜひとも上府するというのであれば海路江戸に直行すべきであり京都に立ち寄ってはならない、というにあった。すなわち西郷は久光が今上京す

西郷との会見希望

るならば必ずこれを機に事を起こさんとする激派志士の擁するところとなることを憂えたのである。しかし久光はこの二策とも用いなかったため二月十七日足痛と称して指宿温泉へ他出してしまった。三月初め様子をさぐるためにひそかに鹿児島へもどったが、大久保らの依頼で九州各藩の形勢を視察し下関で久光一行を待ち受けるため一足さきに三月十三日出発したのである（『大西郷全集』三）。和泉が小村彦左衛門に対して西郷との面会を相談したのは三月五日であり、この前後西郷は帰鹿していたとも考えられるが小村は「温泉留守ノ由申聞」かせ（『薩摩日記』）、和泉・西郷両者の会見は実現しなかった。しかしながら会見が行なわれたとしても両者の議はついに合うことはなかったであろう。和泉たち浪士層の蜂起するのを西郷は薩州藩のためおそれていたのである。所詮それは自藩中心に事をおこすことのできる西郷と、たよるべき藩なく徒手空拳、志士間の横の連絡協同によってのみ事を行なおうとする和泉の志士としての立脚点の相違にもとづくものであったろう。

鹿児島出立を命ぜらる

こうして和泉は三月五日の大久保からの手紙により、明六日をもって鹿児島より出発すべきを命ぜられた（助左衛門の『薩摩日記』によると六日小松帯刀に呼ばれ、明日日向路をとおって出立せよと命ぜられたとあり、一日のずれがある)。六日午後「御手船」により鹿児島出帆、「才料足軽」二人に送られ、二時浜市(現姶良郡隼人町浜之市)につき「唐仁町」まで一里ほど歩行し、四時国分(現国分市)で投宿した。宿の主人次兵衛は馬商で毎年羽犬塚へ来るため助左衛門と旧知であったため「色々馳走イタシ」、和泉はこれに郷里宛の手紙を託している(『薩摩日記』)。翌朝八時出発、敷根(現国分市敷根)を経て福山(現姶良郡福山町)に到ったが、才領足軽二人がおくれたため菊四郎と謙三がこれを待ち、和泉と助左衛門はけわしい坂をあえぎつつ登りつめ茶店に休んでいたところ、福山は一の関なるゆえ「可二識而後過一」きことになっていると足軽が呼び返したため不満ながら坂を下り、再度登坂することを余儀なくされた(『文久壬戌日記』)。夜八時通山(現曽於郡財部町)についたが宿屋がなく農家に泊まらざるを得なかった。ところが水が少ないため入浴できず、布団も不足なるまま二人宛同衾の羽目となり、「飲食之陋。可二亦知一」という有様であった(『文久壬戌日記』)。翌八日早朝出発の準備をしていたところに突然薩州藩士原田金助と足軽二人がたずねきたり、

再び呼び戻される

小松の命により再び鹿児島へ戻るよう指示したためこれに随い、ただちに引返した。午後福山から小舟で出帆、同夜浜市泊り、九日加治木(現姶良郡加治木町)を経て午後二時鹿

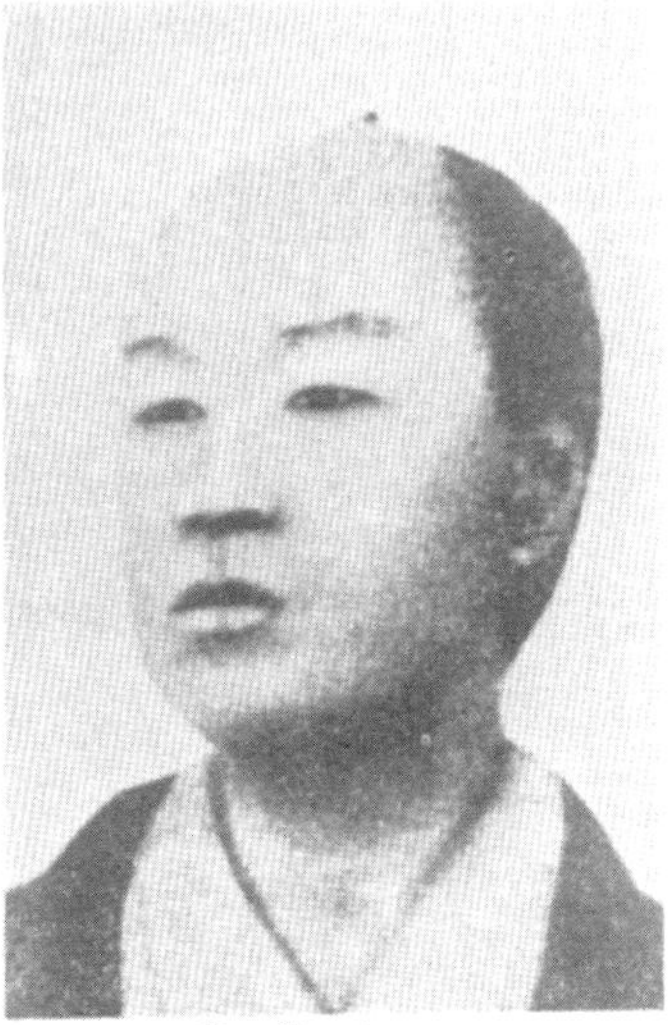

児島へ帰着した。十一日小松をたずねたところ、久留米の捕吏が佐土原（現宮崎県宮崎郡佐土原町）で待ちうける様子であったため、和泉一行を庇護することにあるとのことであったが、実は久光の上府をひかえ尊攘激派の中心人物たる和泉を野に放つことを危険とみ、これを抑留することを目的とするものであった。

島津久光

久光の出発

三月十六日、久光は一〇〇〇の精兵をひきい鹿児島を出発する。これよりさき大久保の委嘱を受けた西郷は諸地方の志士の鎮撫説得のため、十三日出立、下関にあった。和泉は久光に随従することを願ったが許されず、下町会所において抑留の日が続くのである。三月十五日久光に従う「蒸気船乗込衆」が会所に揃うためとあって脇宿たる「弁天町」山本某の別荘へ移らせられ、二十一日再び会所にもどった。この間のことについて助左衛門は「三月十六日ヨリ同廿九日迄日数十四日ノ間、誰壱人問来人モ無レ之、有志ノ人々モ皆御供ノ由ニテ誠ニ淋シキ事ニ有レ之、出立願出候テモ不ニ相叶一永日ヲ暮シ居、先生モ琴抔借入心慰イタシ、外三人モ角力巨力持ニテ日ヲ暮シ候事」としるしている（『薩摩日記』）。和泉の胸中には鬱勃たる思いのうず巻くものがあったに違いない。

四　京都をめざして

しかるに久光の出発後半月を経た三月二十九日、薩州藩ははじめて和泉らの上京を許した。久光の出発と時期が完全にずれたため、もはや和泉を放しても実害はないとみたのである。水田を脱出し苦しい旅を続けること一一日にして到着した鹿児島。しかも滞留月余にして所期の目的は何ひとつ達成できなかった。かくして和泉一行は三月三十日鹿児島を出立、日向路をとって上京の途についた。

『薩摩日記』では四月朔日鹿児島出立となっており、以下一日ずつずれ、十一日で『文久壬戌日記』の記述と合致する。後者にしたがっておく。

鹿児島出発

この日小雨であったが午前一〇時藩が仕立てた舟に乗り、「会所使丁等」の見送りを受け、才料の足軽二人とともに（去川関門まで同行）出発、やがて「海上大風雨」となり「皆大怖」れたが午後二時福山に到着一泊。翌四月朔日通山を経て都城（現都城市）で中食、さらにすすんで高城（現宮崎県北諸県郡高城町）に泊った。翌二日は大雨であったが午時去川（現東諸県郡高岡町）に至った。この間山道けわしく道は泥水ですべり歩きにくいことおびただしく、すこぶる疲れた。送ってきた薩州藩足軽はここに宿泊することをすすめ和泉もその気になったが菊四郎・謙三らが承知せず、人夫一人を雇って行李をかつがせ、水かさの増した大淀川を舟をやとって渡り、けわしい道を辿ること三里にして高岡（現東諸県郡高岡町）に泊ることとした。三日小雨のなかを舟をやとって大淀川を下り、ひる宮崎に到着。ここで薩州藩士岩下佐次右衛門方平（方美）が二〇〇余人をひきいて「宮崎川（大淀川）」より乗船上京することになっていて風向きわるいため今も滞留していることを知った。一行の中に面識のある坂木六郎・藤次郎父子のいることを聞き、坂木に会って同船を願い出たところ、岩下もしごく結構だが今夜一同評議の上決定したいということであった。

薩州藩士、同行をことわる

そこでその返事を聞くため宮崎に泊った。四日朝坂木六郎きたり、昨夜評議したところ「此節ハ何レモ若者斗リニ付、舟中ニテ失礼等致候半モ難レ斗候間」希望に応ぜられない旨をつたえた（『薩摩日記』）。薩州藩はあくまで和泉と連帯することを拒んだのである。や

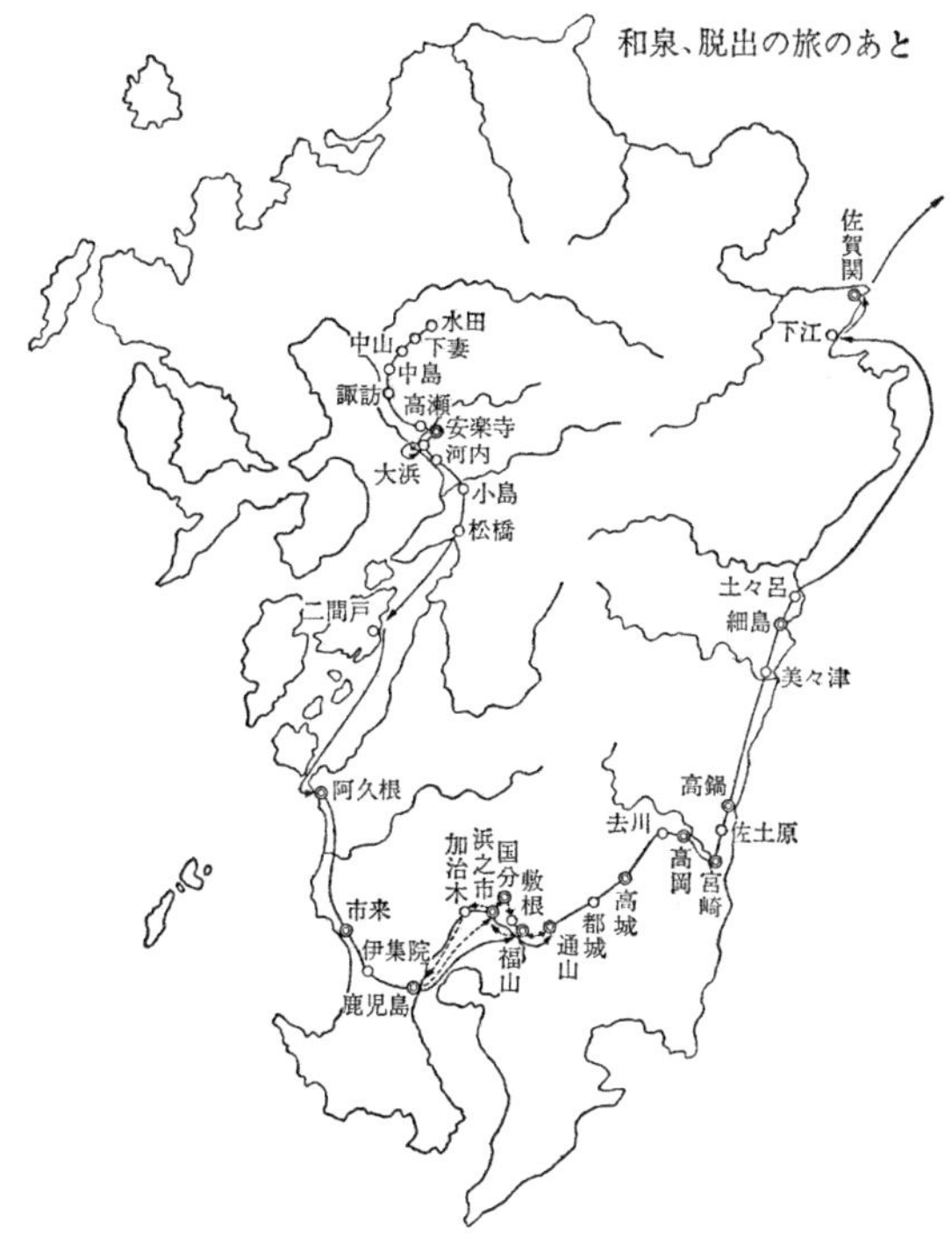

〔地 名 新 旧 対 照〕

水 田	筑後市水田
下 妻	同 上下妻
中 山	福岡県山門郡三橋町中山
中 島	同 上 大和町中島
諏 訪	大牟田市
高 瀬	玉名市
安楽寺	同 上
大 浜	同 上
河 内	熊本県飽託郡河内町河内
小 島	熊本市
二間戸	熊本県天草郡姫戸町二間戸
浜之市	鹿児島県姶良郡隼人町浜之市
敷 根	国分市敷根
通 山	鹿児島県曽於郡財部町通山
去 川	宮崎県東諸県郡高岡町去川
美々津	日向市
細 島	同 上
土々呂	延岡市
下 江	臼杵市下ノ江

* 現市町村名と同一であるものは除く
** ◎……宿泊地（但し夜行および船中停泊は除く）
*** 鹿児島←→通山 いったん出立したが薩藩の命によりひきかえす

むなく岩下の一行と別れ、一里ほど行ったところの「神武天皇御社」に参詣して武運を祈り、正午佐土原(現宮崎郡佐土原町)を経て、夕方高鍋(現児湯郡高鍋町)に到着一泊。五日美々津(現日向市美々津)を経て午後三時細島(現日向市)に至り投宿、大坂行きの便船を捜したが得られなかった。六日便船がないまま陸路細島出立、途中船着場毎に立ち寄って便船をたずねたがみつからず、「赤江」(現延岡市赤水町?)まできたところ土々呂浦(現延岡市土々呂町)に八〇〇石積の船が着いており、長崎行の船だが周防の上の関には必ず立ち寄るからそこまで便乗すればよろしかろうということを聞き、午後二時土々呂で乗船することができた。ところが翌七日暁より雨天となり、八日も止まず、十日昼時ようやく出帆、五里ほど進んだところ逆風となったため「嶋浦」で停泊、十一日外洋に出るとまたも逆風となり、沖掛りとなる。十二日未明佐伯の東側を過ぎたが風潮ともに逆となり、海上をただようのみで「ウカウカト日ヲ暮シ」下江(現臼杵市下ノ江)に上陸、十三日朝漁船を借りて佐賀関(現大分県北海部郡佐賀関町)についた。船をやとわんとして得られないため投宿したが、宿の主人の意見で漁船をやといあげて行った方がよいということで、五両二分で「小キ猟船一艘借切相談出来」た。十四日夜八時乗船、十五日午前二時出帆、「夫

大坂着

ヨリ日々諸所方々行掛ニ汐掛致」し、風なくして櫓を用い、風浪におそわれ、時に海鼠を突き大蛸子をとらえ「煮レ之為レ肴而酌レ酒」みながら四月二十日夕方五時頃須磨に到着、舟を捨て「平大夫墳」に参り、兵庫にいたって楠木正成の墓に詣でた。翌二十一日一〇時頃神戸より乗船、午後二時大坂天保山下到着。薩州藩邸をたずね、有馬新七らに会わんとしたが「一向取合不レ申」る有様であり、やむなく薩州藩定宿たる松屋に投宿したところ、夜に入り橋口荘助・柴山愛次郎・田中河内介の三人がたずねてきた。翌二十二日田中らは和泉を「二十八番塾」に招いた。会する者田中左馬之助・千葉郁太郎・中村主計・青水頼母、海賀宮門、土州藩吉村寅太郎・宮地宣蔵、岡藩小河弥右衛門はじめ一九名、熊本藩竹志田熊雄以下三人、久留米藩鶴田陶司以下六人、薩州藩有馬新七・是枝龍右衛門以下四〇余名が集まった。すでに久光が浪士鎮撫の勅命を受けている以上「以レ権討ニ某氏之奸ニ」ほかないとの結論となり、和泉は第一隊の総督となり、子弟をひきいて事にしたがうことになった。幽閉中の青蓮院宮（中川宮）を救出し、勅命により久光の公武合体説をひるがえさせ、討幕の挙を決行せんとしたのである。かつて和泉は『義挙三策』を草したとき、大名に説いて決起させることを上策とし、大名より兵を借ることを中策とし、浪士のみで事をあげることを下策とし、「下策は勿論危くして用ふべからず」としたが、ことここに至っては「人材と時機の宜を得」ることを期し、ふみきらざるを得なかったのである。かくして「今晩ヨリ明朝五ツ時迄ノ内此家ニ相集、明晩京師エ入込候手筈」がきまった（『薩摩日記』）。この夜水田脱出以来はじめて顔を合わせた久留米出身の同志一同は和泉を中心に「久々振ニ一盃」あげた（同）。翌二十三日朝八時和

伏見寺田屋着

泉以下一三名は川舟に乗って伏見へさかのぼり、夕方六時寺田屋到着。有馬新七ら薩州藩関係三八名はすでに着き、有馬らは表二階、和泉・田中河内介ほか土州・久留米関係者は裏座敷で夕食にかかり、和泉は菊四郎らと杯をかわし「竊以為ニ訣別ニ」た（『文久壬戌日記』）。こうして伏見寺田屋は有馬新七以下の薩州藩尊攘激派をはじめ諸藩脱藩の急進派志士が雲集し、一機触発の空気となった。

　ところが挙兵上京のかたちをとったものの、討幕の意志はみじんもなく、薩州藩の主導下における公武合体をのみ意図する久光は、浪士鎮撫の勅命を得ていた手前もあって

鎮撫使の派遣、乱闘

有馬らの激発を憂慮し、奈良原喜八郎以下八名の鎮撫使を寺田屋へ向かわせた。奈良原らは激派の領袖有馬らに向かい、久光の命を奉じて暴発を思いとどまるようさとすので

あるが、全くうけいれられない。有馬らはすでに中川宮の命を奉じているゆえ、藩公といえども意に従うことはできぬとはねつけたのである。直接支配者に従うことをもっとも重いとみた封建的正統道徳は、もはやのりこえられつつあった。こうして薩州藩士の同士討――悲惨きわまりない寺田屋の変となった。久光の上京を機として一挙に討幕の兵をあげようとする計画は、有馬・柴山・橋口ら八名の斬殺によりすっかり瓦解してしまったのである。

このとき和泉・河内介らは別室にいたが奈良原の言をいれて同志の動揺をいましめ、京都の薩州藩邸へおもむいて「七番塾」に収容され、厳重の警固を受けることになった。和泉は「喜（奈良原）嘱三予等靖二楼上一。乃与二河州一（田中河内介）共登レ楼而諭レ之。皆諾」としている（『文久壬戌日記』）。宇高氏は久光が彼らと同意であるという奈良原のことばを信じたのではないが、有馬・橋口ら薩州藩激派の指導者倒れ計画失敗した今となってはこれに従い、後日を期すべきであると判断した（『真木和泉守』）という。

拘禁

ときに午前二時、しばらく休息するうち夜明けとなった。二十九日同邸が狭隘の故をもって淀川を下り、薩州藩大坂邸に移された。この夜薩州藩邸留守居松崎次右衛門は久留米藩大坂邸留守居今井新左衛門と交渉し、和泉一党を朝廷が久留米藩に預けたというかたちで引取らせた。引渡しにあたり薩州側からこの一〇名の者は久光を慕う「誠に奇特之志有ㇾ之」者どもであるが、有馬新七一派に誘われ「無ㇾ拠其組に加は」ったものの「外に何も仔細は無ㇾ之」く、なるべく穏便・丁寧にとりあつかうことが朝廷の意に沿うことであるゆえ、そのように願いたいという旨の覚書を手交した（『真木和泉守』）。今井は和泉らを藩の定宿たる堂島の森久屋に拘置することにしたが「御屋舗ニ引取候テモ御預ケ人ニ付少シモ心遣無ㇾ之旨被二申聞一」という有様であった（『薩摩日記』）。以後七月九日に至る七〇余日を和泉はこの森久屋で過すのである。

五　寺田屋の変後

藩主への上書

この間久光上京の成否を慮る和泉は久留米藩主有馬頼咸に対し、四月二十四日（日付はこうなっている。『薩摩日記』五月朔日の条に当時の形勢、薩摩でのとりあつかい方、そのほか献言したいことあればそれらも含め書付をもって申出よとの指示があったとしるされており、これに応じて起草されたものであろう。これは五月三日に提出された）に一度、六月中に二度、計三通の論策を起草した。すなわ

脱藩亡命の理由

ち水田脱出以後寺田屋の変に至る行動をつぶさにのべるのであるが、冒頭において脱藩亡命の理由を開国以後外国側の横暴・国内混乱はなはだしいのに加えて、国学者塙次郎が元弘以来の廃帝の旧例調査を命ぜられたことに関連し「銘々は下賤之者にても、叡旨を奉体、夫々天下之為に忠節を可ㇾ竭事と奉ㇾ存居候処云々」とのべたことに注目される。

尊王の階層秩序無視

かつて会沢正志斎・藤田東湖ら後期水戸学派は尊王における封建的階層秩序の必要を力説し、直接に朝廷への忠節を行なうことが許されるのは将軍ただひとりであり、大名以下はそれぞれの直属する支配者への忠勤がそのまま尊王にあたるとされ、これを無視して直接に王事につくさんとすることを反乱の行為といましめたが（山口宗之『幕末政治思想史研究』、同『橋本左内』その他）、和泉によって尊王の階層秩序は堂々と無視され、ひとしく尊王することが可能となった。しかして和泉にとっては藩譴を受け蟄居している身であっても、天下の大事に遭遇したときこれを傍観していては自藩に恥辱をもたらすと考えるゆえ「権道にて忠節相尽くし申度存込」み、あえて亡命したのである旨堂々提言するのである。和泉にとって藩というもののもつ拘束は全日本的問題ないし尊王という第一義的当為の価値の前には、第二義的なものにすぎなかった。六月したためた藩主宛上書の頭首に和泉は「保臣卑賤謭劣に候へ共、成童後より皇室恢復之志御座候処云々」とはっきり書いたのである。この点和泉において正統派封建武士としての意識は、もはや影うすくなってきているということができよう。しかして攘夷実行の具体的方途としては「関東御政務只今之通にて不ニ相済一、先づ一橋・越前侯御後見に相立て候て、殊に東照宮旧政に復し、奸猾之分は取除き、是迄正義を以て罪を得候者、一々差免」すことにあるとしたが、万一この方策＝勅旨を幕府が体得・実行しないときには、幕府の追討を諸大名へ命ずるようになるであろうが、諸大名がこれを受けない場合、「薩州にて討ち可レ申旨和泉様(久光)より被ニ申立一候趣」というように薩州藩の武力により遂行せられることを期待する文辞をはっきりしるしていることは注目するに足る(文久二・四・二四、藩主宛上書(一))。しかも天下の大事に参画せんとする和泉にとって「私共不面目は自然と御国の御不面目に相成候」との意識から中央の政治状勢をみつめるとき「即今切要之儀は禁裡御警衛之兵」であるが、大諸侯として少々でも兵を差し出すのは当然であり、ことに当時京坂において薩長につぐ尊王の藩は久留米との風評ある手前からも「義徒三十人許、何と申名目は無レ之、隠然と京都御屋敷内に被ニ差遣置一可レ然候」と建言したのである(文

『義挙策別篇』

幕府は〝溺者〟

久二・六、藩主宛上書(二)・(三))。さらに和泉は大坂抑留中の五月二十五日ごろ『義挙策別篇』を起草して京都曇華院の侯人吉田玄蕃および久坂玄瑞に示し、彼らを介して公卿・縉紳に呈し、あわせて天皇の聴に達せんことを願った。ここで和泉は幕府を「溺者」にたとえ、勅命に違うことしばしばである幕府はもはや救うべきでなく、もしあえてこれを助けんとするのは天命から断たれることになるとして斥けるとともに、幕府「累世の威力を怖れ」「彼(幕府)によらざれば攘夷はなるまじ。侯伯も勅を奉ずまじ」とみることを謬見としりぞける。和泉の舌鋒鋭く、また急である。そして嵯峨天皇の蔵人所、後醍醐天皇の記録所にならって朝廷に一官署をもうけ、有能の人物を抜擢して天皇みずから「大政を議せしめられ」るべきであり、「いかなる卑賤の人にても、いかなる忌諱の事をも、少しも遠慮なく」言路が開かれ建言できるようにし、政令も神代のいにしえに復し、漢土の唐虞三代を参考して「他日は大本の官制も改めねば叶はぬ事」を論ずるのである。しかして諸大名に勅命を下し、京都に参集せしめて部署を定め、吉日を選んで京都を出発、大坂城にすすみ、「市民並沿道農民等へ徳政被レ施」「御通行にて小民難儀に無レ之様精々指揮」しながら「陣押之格」で進軍し、「乱賊処置相済」まし東北・北陸に至るまで朝廷のもとに服せしめるよう説くのであった（以上、『義挙策別篇』）。また六月十三日久留米藩家老有馬監物へ上書し、藩主頼咸がすみやかに入京、王事につとめるべきであり、かつ幽囚中の水野丹後・木村三郎の両名を猶免の上抜擢すれば有用の材となるであろうとし、また当時佐賀藩に聘用されていた細工師田中久重（〃からくり儀右衛門〃、東芝の創設者）を呼び返したなら軍事上有用の発明をなし藩に稗益するであろうとのべた。藩の許可がないまま脱出・亡命し、天下の重大問題に参加することは、場合によっては〃公儀を憚らざる致し方〃に通じ、自藩に累を及ぼす可能性が多分に存在した。しかも事やぶれ再び拘置せられるという境遇にあって和泉は、藩士としての枠をこえた行動のゆえにいかなる責罰の待ちうけているかも分からぬ矢先に、藩主に対し他藩におくれることなくすみやかに討幕の師を起こすべきことを、真向からつよく献言したのである。幕藩体制秩序を抜け出し、朝廷を中心とする国家樹立への積極的意図に燃える和泉の目は、もはや「藩」の世界を越え、「天下」＝日本そのものを志向していた。

このとき久留米藩においては藩主頼咸が安政二年（一八五五）に帰国して以来六年間もひきつづいて参勤在府中であり、国元では頼咸の藩政指導能力に疑いをもつ家老有馬監物が政を執っていた。監物は有能な藩士を熊本・福岡方面に派し、さらに京都・大坂・江戸方面にも参政馬淵貢・家老岸相模ら大身の者を送って天下の形勢をさぐらせ尊攘と公武合体をめぐって揺れ動く中央政界の動きに対応して久留米藩を時代の潮流にのせることに腐心していた（道永洋子「幕末・明治初期における久留米藩農兵問題に関する一考察(二)」『九州史学』四九）。

六　久留米送還・拘禁

しかし寺田屋の変の結果和泉に対し、藩法を犯した者に対する責任が帰国とともに問われるであろうことはまぬかれがたい。六月五日上京した久留米藩の同志池尻茂左衛門・柴山文平は和泉につよく滞京をすすめ、これよりはやく四月二十四日来訪・初対面の長州藩久坂玄瑞は、公卿・縉紳間に入説・奔走したが、久留米藩の容れるところとならなかった。六月十一日藩士白江此面は和泉一行一〇名の引取りのため組子足軽三二人を連れ、上坂してきた。はじめ六月十六日発船、帰途につくことになっていたが、和泉と助左衛門をのぞく八名の者が五月初め以来かかっていたところの疸疹が長びき、古賀簡二の病態重くなったこと（六月十八日死亡）などのため十七日・二十日・二十五日・二十八日というように順延されていった。しかし七月九日に至りついに帰藩の途につく。午後八時三艘の船に分乗して出帆、上坂のときは風不順で悩まされたのにくらべ、今回の航路は「月明風順」(九日)、「風愈順」(十日)、「潮順、風亦順(中略)櫂郎相和而謳」(十一日)、「風忽急、船如飛」(十一日)といった工合で七月十三日午後四時小倉到着、大坂屋に泊まった。十四日風雨の中を駕に乗って出発、木屋瀬(現北九州市八幡西区)泊り、十五日再び雨で内野(現福岡県嘉穂郡筑穂町)泊り、十六日松崎(現小郡市)到着、油屋に泊まる。ところがこの日白江と吟味目付高原五兵衛の二人は官命とて和泉らの両刀をとりあげ、明日久留米到着後拘禁する旨を告げた。和泉は愕然としたが、ここに至っては従うほかなく、帰藩後家老辺を説得して目的を達することを考え、「不平之色」ある一行の者を慰撫した(以上『文久壬戌日記』)。

久留米帰着

七月十七日久留米到着。道には和泉一行の様子をみようとするひとびとがひしめいた。和泉らが昂然顔をあげて歩むのに反し、見物人はいよいよ顔を伏せるという工合であったと『文久壬戌日記』は伝えている。和泉をのぞく他の八名はそれぞれ父兄のもとで謹慎することになったが、和泉のみは輪番塾(荘島揚屋敷ともいい、享保

拘禁

七年(一七二二)以後荘島小路に置かれていた。『久留米小史』巻四)に拘禁されることになった。このと

き賦した和泉の詩に、

二月破レ霞南入レ薩。　二月霞を破って南、薩に入り
帰程千里既秋声。　帰程千里既に秋声
屢失ニ時機一是誰罪。　屢々時機を失う是れ誰が罪ならんや
空辱西州忠士名。　空しく辱む西州忠士名

とあるのは、彼の心境をもっともよく伝えたものといえよう。ちょうど五ヵ月前白昼水田の蟄居先を脱出、つぶさに辛酸をなめつつ鹿児島に入ったもののこと志とちがって一

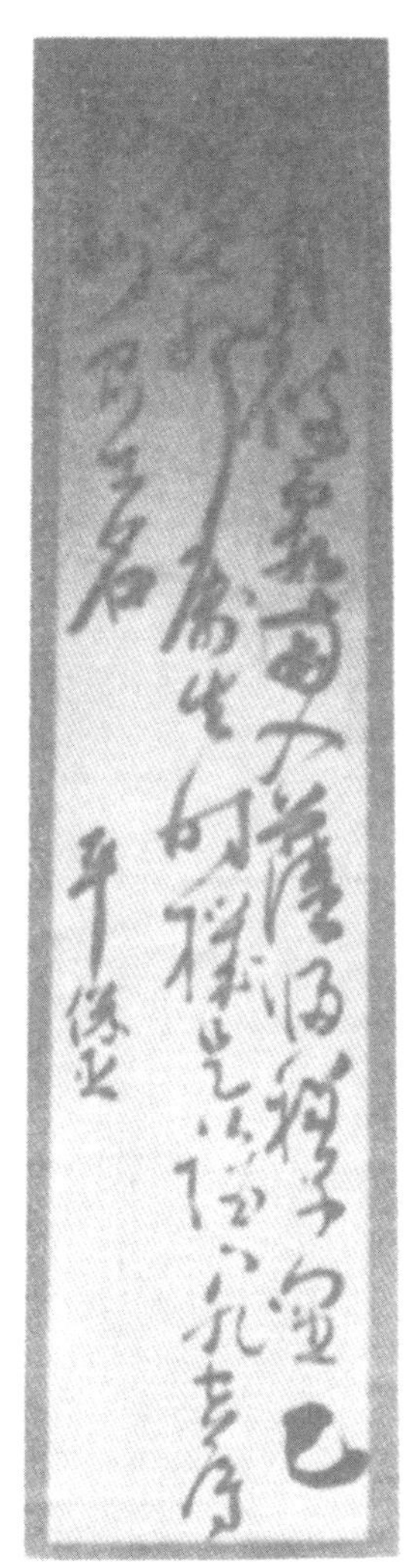

和泉の漢詩（唐津市、篠原春雄氏旧蔵）

ヵ月余りの足どめを余儀なくされ、ようやく上坂したのも束の間、着後二日にして寺田屋の変に遭遇、有馬新七以下の同志が目前に斬殺されて討幕の企ては挫折、そのまま抑留の生活を強いられる。しかも嘉永大獄以後彼の四十歳から五十歳のこの年に至る一〇年の期間、自由を得たのは二ヵ月余りに過ぎなかったのである。彼ならずとも「誰が罪ならんや」といわざるを得なかったであろう。七月十八日以後の日記が日々ほとんど数字のみ、天候と時に訪れる人名を書きとめただけであることにも彼の心情がうかがえる。しかも牢舎にあって和泉の胸を痛ましめたものは、彼の水田脱出に際し弟の大鳥居理兵衛を失ったことであろう。『阿弟を弔ふ』と題する詩に「孤枕宵宵涙自潜」とあるのは、情にあつい彼の実感であった。

第五　解囚・再拘禁・『退国願』をめぐって

一　文久三年前半の情勢

中央の情勢

この間にあって久光は勅使大原重徳を奉じて東下、六月十日幕府に対し一橋慶喜・松平慶永の幕政参加を主内容とする改革を要求した。一方京都においては三条実美を中心とする尊攘激派の勢いがふるい、長州藩も長井雅楽の提唱した公武合体・航海遠略策を撤回して藩論を尊攘に一決し、さきに和宮降嫁に尽力した公武合体派公卿が貶せられるに及んで、反・討幕の攻勢大いに伸張する空気となってきた。八月、安政大獄以降、国事に倒れた者、および現存する者の罪を許して旧に復せしめ、三条実万・徳川斉昭らへの贈位を主たる内容とするところの勅諚を奉じ、長州藩世子毛利定広が東下する。ついで十月、三条実美・姉小路公知の両人が勅使となって攘夷実行を幕府に督促すべく江戸へ発つという情勢となった。

久留米藩庁の態度

久留米においては執政有馬監物が公武合体説をとり、八月二十八日「公武合体に而尊王攘夷之道に赴」き、この方向から幕府へ忠誠をつくすことを令した。しかして閏八月姉小路公知から藩是を問われた在京中の参政馬淵貢は「弊藩国是の儀、尊攘に一定仕候」と答えている（『真木和泉守』）。すなわち嘉永以来一貫して旧重臣層が藩政を握っている久留米藩首脳部の基本姿勢が、和泉ら尊攘派を弾圧する方向にあったのはいうまでもない。しかし中央の情勢いかんによっては彼らの脱藩の罪を一応不問に附し、できる限り利用しようとする考えも一方では持っていたと思われる。したがって中央の情勢が尊攘派の存在を必要とする方向に流れればこれを利用して久留米藩の進出の機会をつなぎとめ、情勢が変わって藩の公武合体的方向が決まれば一転してこれを不用とするといった基本姿勢に立つものであった（道永洋子「幕末・明治初期における久留米藩農兵問題に関する一考察(二)」『九州史学』四九）。

さて藩主頼咸は九月江戸発帰藩の途につき十月十三日着京した。土州・長州の志士および池尻茂左衛門ら久留米尊攘派の面々はこれを機会に公卿・縉紳の間において和泉の解囚を入説・奔走した結果、十一月二十一日議奏正親町三条実愛より頼咸に対して解囚の朝命が下された。十二月十二日頼咸久留米帰着。なおも久留米在住の尊攘派一党さては前藩主頼永の実弟たる津和野藩主亀井茲監らの勧説が続けられたことにより、翌文久三年（一八六三）二月四日ついに解囚の命が発せられた。同時に弟外記・嗣子主馬・次男菊四郎ら和泉の家族、吉武助左衛門・淵上謙三ら門弟・同志たちもすべて自宅謹慎を解除されたのである。水田を脱出してから満一年、これより前、嘉永大獄に連座し久留米を追われてからまさに一一年の歳月をけみしている。いまふたたび瀬下町水天宮の居宅に帰った和泉の感慨一入深いものがあったにちがいない。ときに和泉五十一歳の春であった。

解囚

二　久留米藩を足場に

頼咸への献策

二月十六日付をもって和泉に対し朝廷の御用により上京し、京都の藩邸馬淵貢の指揮を受けるようにとの沙汰が出された。しかしこれは和泉一人を対象とし、他の同志については何もふれていなかったため和泉は頼咸に『口上覚』を呈してこのことをたずね、かつ「一統之者、私弟世忰迄一同上京」することを乞うた（『真木和泉守』）。二月二十二日頼咸は和泉を召出し、一間のうちに半間位まで近づけ、左右の者を遠ざけて二時間ほどの間その意見を聴く。和泉は大藩たる薩摩と結び事を挙げるのを上策として薩筑連合をすすめた結果、頼咸もこれを是として和泉に対し鹿児島へ使することを命ずるに至った。

こうして和泉は三月十二日不破左門（美作）（旧天保学連グループに属していたが有馬監物に従って佐幕派の巨頭となり、明治元年一月勤王党のため斬られる）を正使とし、みずからは副使となって次男菊四郎と門下生原道太をしたがえ、出発する。一年前亡命潜行、つぶさに辛酸をなめた南下の道を、いま藩命を奉じてたどったのである。その全政治生活を通じ久留米藩を目的達成の足場にすることができなかった和泉にとって、つかの間の藩命奉行であった。ところが薩州藩においては将軍上洛をめぐる朝幕間の斡旋、生麦事件対策などのため久光以下の主脳部は不在中であって、はかばかしい交渉を行なうことができなかった。また当時の薩州藩ないし久光の立場は公武合体にあったのに反し、和泉は急激な討幕論をもっていたため警戒されたこと、また有馬監物につらなる正使不破と和泉との間には当然のことながら意志の疏通に欠けるところがあったこと（『真木和泉守』）、などのためせっかくの鹿児島行きも成功をみるに至らなかったのである。三月二十八日和泉一行は久留米に帰着する。

『上孝明天皇封事』

『勢・断・労三条』

あたかも京都においては将軍家茂の入京(三月四日)、孝明天皇の賀茂社行幸・攘夷祈願が行なわれ(三月十一日)、尊攘派による幕府追及いよいよ急なるときである。三月十五日和泉は『上㆓孝明天皇㆒封事』『勢・断・労三条』『三条公に上りし書』の各篇を弟外記・門弟淵上郁太郎に託し上京せしめた。『上㆓孝明天皇㆒封事』において和泉は幕府の対外策があやまり禍いを呼びつつある現状を考え、むしろ天皇みずから攘夷にあたる覚悟を固めるならば公卿・諸大名はもちろん農工商に至るまで「感激自奮者亦衆」いであろうとし、以下あらたに一政府をつくり公卿・諸侯ともに政事にあたるべきこと、言路をひらき「天下之言」を容れること、朝廷が兵権を握り「牙兵」を置くこと、諸大名の心を朝廷につなぐべきこと、等々三〇条にわたり「今日之急勢」とするところを建言するのである。またこの封事に附して呈上した『勢・断・労三条』においては天皇みずから天運を吹き立て国勢をさかんにし、公卿・諸大名以下「陪臣浪人」に至るまでを召し「はやく土地人民の権を収め」天下の大政・攘夷の手段に至るまで「宸断」を下して「衆議」を決せしめ、一時の労をしのんで天下の人心を悚動させることを説く。また『三条公に

『三条公に上りし書』

上りし書』においては上京の命を蒙ったが、目下薩筑連合のことに従っているため暫時遅れることを謝すとともに、当今の形勢について一橋慶喜・松平慶永の二人が幕政に復帰した今は「自ら形勢も違ひ申候間、於ㇾ是は御一和の儀肝要」で朝廷・幕府間に疑念の起こる余地のないようせねばならず、公武一和して攘夷にあたることが得策であるとした。しかして朝廷に一官署をもうけて中川宮・久光・長州藩世子（定広）・山内豊信・佐賀藩世子（直大）および諸藩士ら「貴賤の差別無ㇾ之、或は浪人に至るまで」人材を選んで参加させ「公武一和、文武混同」して攻勢にあたるなら現下の時局を打開するに至るであろうとの見解を披瀝した。すなわちこれらの建白書にみえる具体策はかねて和泉の所論にのべられてきたものであるが、京都の情勢に対応して和泉は今こそことを行なうべきであるとしていたことはあきらかである。またその立脚点は公武合体を思わせる文辞があるが、それは幕府側から提議されたところの延命策的なものでは決してなく、あくまで朝廷側に立ち、天皇が政務・軍事の指導権を握っていくことを前提とするものであったことがあきらかである。

しかるにこの間在京長州藩急進派は三条実美らと結んで公武合体派をおさえ、攘夷親征を将軍に令するに至り、三月十八日親兵設置がきまった。一〇万石以上の大名に対し、一万石一人の割合いで親兵を提供させるというものである。久留米藩においては佐田素一郎（白茅）・加藤任重らが藩主頼咸および有馬監物らに上書して嘉永の大獄以来今なお幽閉中である天保学連外同志の水野丹後・木村三郎を解囚し、かつ久留米藩尊攘派二〇余名の結束上京をせまった。折しも薩摩から帰った和泉は四月五日頼咸に対し久留米藩が尊攘に一決、水野・木村の解囚と執政有馬監物を要路よりしりぞけることを切言した。

和泉、親兵頭取となる

頼咸はこれを容れ、六日和泉を親兵頭取に任じ、二一名の親兵を選抜した。すなわち志賀兵次郎・本庄叶・早川与一郎・鶴田陶司・田中茂五郎・浅田節三郎・加藤常吉・佐田素一郎・山本実・半田門吉・姉川英蔵・黒岩種吉・江頭種八・酒井伝次郎・原道太・柴山文平・樋口胖四郎・村井多喜弥・荒巻羊三郎・前田九一・淵上郁太郎である。その多くは和泉の門下生か、もしくは気脈を通ずる者であった。しかるに翌々八日に一部変更され、右の二一名から田中茂五郎・浅田節三郎・江頭種八・樋口胖四郎・前田九一ら五名を減じ、あらたに真木外記・角照三郎・真木菊四郎・中垣健太郎・大鳥居菅吉・淵上謙三の六名を加えた。これすべて和泉の門下ないし系累に属するものである。七日、頼咸は監物に謹慎閉門を命じた。

三 〃和泉捕り〃

こうしていったんは和泉ら尊攘派が藩主頼咸の意志を握ったかに見えた。しかし藩内には旧来の対立があり、また公武合体的路線上の尊王攘夷を藩論としていた大部分の久留米藩士たちにとっては、藩そのものを尊攘実現の足がかりにしようとする和泉の意見は「あまりに急進的であり片寄りすぎていたと考えられ」「藩を危くするものとして受けとられた」(道永洋子「幕末・明治初期における久留米藩農兵問題に関する一考察(一)」『九州史学』四九)。すなわち監物一派は神官・軽輩をもって親兵にあてるのは久留米藩の恥辱であると揚言して反撃に転じ、吉村辰之丞・本庄仲太・石野三千衛・梯譲平の四名が四月十二日夜急登城して和泉らが脱出亡命するであろうとの危険を大いに鳴らした結果、その際は捕縛してよいという頼咸の言を得た。頼咸は暗愚というほどではなかったが、弘化三年(一八四六)十月の襲封以来四年半帰国せず、安政二年(一八五五)帰国後もまた六年間藩地にもどらなかったという事情は異様なこととして受け取られ、安政末年(一八五九)ごろその放蕩ぶりが江

頼咸の不評判

戸では有名になるほどであった。したがって中央の政局不安の中にあって久留米藩のみが無為に過しているのは頼咸の指導力欠如によるものであり「水源濁リ候得ハ末流不清」と当の監物自身によって徹底的な批判の対象とされたのである（道永洋子、前掲論文）。みずからの藩政無視が招いた家臣団の分裂・動揺を前にして、政治信条を持たぬ頼咸は左右からのつよい意見具申により揺れ動かざるを得なかった。その結果四月五日の和泉の謁見から一週間そこそこのうちに局面はまたまた大きくかわり、和泉ら尊攘派は藩当局によりきびしい追及を受けることになってしまった。

"和泉捕り"

こうして四月十三日藩庁の意を含んだ小性目付野村宗之丞は捕吏一行をひきいて水天宮真木家にいたり、頼咸の命によって寺社奉行宅へ同行する旨を告げた。和泉は承諾して菊四郎とともに家を出る。これが和泉とその母・妻・娘との永別であった。ついで和泉の一党二十数名ほとんど捕縛されるところとなった。すなわち弟外記・嗣子主馬・次男菊四郎のほか甥大鳥居菅吉・鶴田陶司・原道太・半田門吉・江頭種八・黒岩種吉・姉川英蔵・角照三郎・淵上謙三・中垣健太郎・吉武助左衛門・前田九一・下川根三郎・荘山舎人・宮崎土太郎・山田辰三郎・早川与一郎・佐田素一郎・柴山文平・酒井伝次郎・

山本実・加藤常吉・荒巻羊三郎・浅田節三郎らである。このうち鶴田陶司ほか大部分は親兵の撰に入っていた。これを〝和泉捕り〟という。佐幕派はこうしてクーデター同然の挙に出て藩内尊王党を一掃してしまったのである。この結果久留米藩は先にえらばれた軽輩出身の和泉派親兵二一名にかえてあらたに平組出身の二一名を撰抜して上京せしめ、謹慎中の有馬監物もまた執政に復帰した。こうして久留米藩はふたたび佐幕派の掌中におちてしまったのである。いったん久留米藩を足場として尊攘運動を行なわんとした和泉は今や藩によって事を挙げる道を完全に断念し、以後は一介の志士として天下の間に立って事を行なおうとするのである。

藩庁は四月二十日より和泉以下拘禁の尊王党の訊問を開始する。すなわち過日頼咸に面会した際、有馬監物が藩にとって好ましからぬ人物であるため、「若者共」が何らかの処置をせねばなるまいという相談をしていた由であるが、もってのほかのことであり、この者共とはいったい誰々であったのかをくり返し訊問したが、和泉は佐田素一郎のほかは足軽体のものであるとして詳細を答えず。何事も自分の責任であるといいはった。訊問は二十日・二十二日・二十六日と一日両度のとりしらべを含んでくり返され、また外記・淵上郁太郎・角照三郎・半田門吉・原道太・江頭種八らに対しても監物への害意の有無を中心にしつこく続行された（『壬戌癸亥志士口供』久留米図書館所蔵）。要するに佐幕派としてはこの際藩を危うくする可能性のある尊攘党の根絶を期したのであり、和泉らの運命はすこぶる危険となった。

危険せまる

同志の一人早川与一郎は自宅謹慎中であったが、上京して在京有志及び公卿に訴え、助力を仰ぐ以外にないと判断して、同志二人を急遽上京させた。すでに〝和泉捕り〟の情報は京都へも聞えていたが、詳細が判明しないでいたところへ早川の書簡が到着、在京長州藩有志らは三条実美・姉小路公知に上書して対策を練り、

朝廷の内旨

五月六日三条より関白の内旨として「何分一先穏便之取扱相成候様、鎮静之儀周旋有ㇾ之候様」との意を長州藩に伝えさせた。しかして藩士山県九右衛門（のち松原音三）・杉山松助の二名を久留米に派遣し、この内旨の写を達させることとなった（『真木和泉守』）。また三条西・東久世・錦小路ら尊攘派公卿は久留米藩京都邸より渡辺内膳・淵上郁太郎の両名を呼び出して和泉らが「兼テ正論有志之輩」であるため穏便の取扱いをするようにとの関白の意を藩主頼咸に直接会って伝え、用務終れば再び上京して藩情を報告するようにと命じた（『孝明天皇紀』四）。さらに桂小五郎らは帰藩中の毛利敬親に関白内旨書を

届けるとともに、敬親より頼咸宛の書簡を発するよう勧告した。

佐幕派処刑をいそぐ

しかるに佐幕派は一刻もはやく和泉らを刑せんとして頼咸に対し「御家中不都合の基と」ならぬよう「天朝より御難題之儀被二仰出一」以前に始末することを上申し、危機いよいよ迫った。これを知った前藩主頼永の弟である津和野藩主亀井茲監は藩士二名を久留米に急派し、直書をもって頼咸に対し、万一処刑するようなことがあれば「御違勅之儀如何様之御次第に至り候も難レ計」いとして和泉らの解囚を切言した（『真木和泉守』）。

『退国願』

この間において和泉は、久留米にあってもはやみずから事を行なうことの不可能なるに思い到り、四月二十日『退国願』を提出するのである。すなわち「当家中一般よりの恨」を受けていると思われる自分がこのまま国許に止まる限り藩中の不調和が続くと思われるが、薩・長両藩には「心安き者罷在、京都にては御懇意向」もあるため、この際「退国」を許されたく、さすれば「王威も伸、国（藩）威も伸、御家中の恨も散じ可レ申」であろうというのである（『壬戌癸亥志士口供』久留米図書館所蔵）。かつて藩に拠って事を挙げる道こそ事の成るゆえんであると考えた和泉であったが、ここに至って生国久留米藩との関係を絶つ以外に〝志士〟和泉の活動の場がないことがあきらかとなった。頼咸は五

中山忠光の久留米来着

月十一日藩士に総登城を命じ茲監の直書の写しを示して和泉らの生命を絶つか、あるいは今後和泉らを朝廷の直臣とし藩と無関係になることを認めるか、について諮問した。しかし和泉らの上京を不可とする意見が大部分を占め、容易ならぬ情勢となった。

これよりさき大納言中山忠能の次男忠光（明治天皇の叔父）はときに十九、尊攘の志あつく父忠能との親子の縁をみずから絶ち、毛利秋斎と名乗って長州に下り、下関の白石正一郎宅に在ったが、折しも熊本藩の宮部大蔵来って和泉らの危機を告げ知らせた。忠光は憤然として起ち、五月八日長州藩士赤根武人・滝弥太郎および宮部ら数名をひきいて十日夜久留米到着、十一日真木家をたずねた。ついで忠光は藩庁に至り頼咸への面会を申し入れた。家老有馬主膳・同飛騨は翌十二日明善堂に来るべしと答えたが、当日には佐幕派が門をとざして中へ入れず、忠光を偽公卿とののしった。激怒した忠光は翌十三日朝久留米を引揚げるに際し、久留米藩の応接無礼なり、自分は、長州藩兵をひきいてこれを討つであろうとのことばをのこしたところ、驚愕した佐幕派は急遽そのあとを追わせ、さきの非礼を謝して再び久留米に戻るよう懇願したが、忠光はこれを斥けた。翌十四日朝京都久留米藩邸渡辺内膳は淵上郁太郎を伴って久留米帰着、頼咸に面会して関

久留米藩庁の判断

白鷹司輔煕の内旨書を示し、和泉の解囚をすすめた。一方、長州藩の山県九右衛門・杉山松助・津和野藩小林弥助らもまた十四日久留米に到着、同夜有馬主膳に面会して勅諚の写しをさずけ、親しく頼咸に面謁することを乞うた。十五日山県らは明善堂において頼咸に会い、和泉らの解囚をすすめたところ、頼咸はただちに赦免の意あることを答えた。しかるになお久留米藩は遷延して日を過したが、十七日頼咸は藩士たちを明善堂に集め、藩士たちが和泉の問題で動揺したのはもっともであるが「御内勅も有レ之候に付、幽囚差許上京申付」との意を伝えた。朝廷の内意を拒めば違勅となり、藩存亡の危機をもたらすと判断した藩当局は和泉以下久留米尊王党を解囚し、親兵として上京させることにしたのである（『真木和泉守』）。中央において長州藩を中心とする尊攘激派が急速に京都を手中に入れつつあるとき、和泉らを一方的に処刑することは決して得策でなく、むしろ藩内の騒擾を朝廷側にとがめられぬうちに静める必要があり、その方途を尊攘派の中から親兵をえらび上京させることに求め、これをもって一挙に解決せんとはかったのである（道永洋子、前掲論文）。いっぽうこれまでの佐幕派の動揺・行動については「忠信之念慮より相発」したことであるからとて、これを問責せぬ旨の藩庁の告示がなされた

（『真木和泉守』）。

四　久留米との訣別

久留米出立

しかるに佐幕派は、和泉が解囚後自宅に帰る際に危害を加えるであろうとの風評がたった。このため藩庁は和泉を寺社奉行宅にとどめて警戒し、自宅へもどすことなく二十二日「警固足軽十人、足軽目付一人、目明二人、推方二人」の警固のもとただちに上京の途につかせた（『文久癸亥日記』）。和泉の久留米との永別である。筑前山家駅（現福岡県筑紫野市山家）において弟小野加賀・嗣子主馬と別れ、同夜内野（現福岡県嘉穂郡筑穂町内野）に泊まる。二十三日朝門人樋口胖四郎・同章太郎がやってきて久留米藩佐幕派が「虎を野に放つなり。他日必ず吾を嚙まん。今途に要して之を殺さんに如かず」として「其の党五六人脱亡」した旨を告げた（『文久癸亥日記』）。同夜木屋瀬（現北九州市八幡西区大字木屋瀬）泊り。二十四日さきに藩命を受け長州に赴いていた久留米藩尊攘派の同志池尻茂左衛門の帰国してくるのに会い、同道して小倉に至った。

一方長州藩においては和泉解囚の目的を達したにもかかわらず鷹司関白の内旨書に対

長筑連合をはかる

する表面的な儀礼をととのえるため、家老国司信濃を正使とし、土屋矢之助を副使として久留米に派遣することになった。この日小倉において国司一行と遭遇した和泉は、

㈠ 久留米において正奸の弁別をしないこと。

㈡ 久留米藩要路の改革を藩主に勧告すること。

㈢ 久留米藩に勤王をすすめ長・筑連合をなさせること。

の三策をすすめた。第一策は長州藩兵の到来に戦々恐々たる久留米藩の混乱をおさめさせるためであった。夕刻和泉は池尻と別れて船に乗り、下関に白石正一郎をたずね、夜明けまで語り合っている。国司一行は総勢七九名、五月二十八日久留米到着、翌二十九日頼咸は明善堂において国司およびこれと同時に津和野藩から派遣せられた多胡淡路・福原権蔵らを引見した。

これよりさき二十六日、国司来着の報におびえた久留米藩は、嘉永五年（一八五二）以来今なお拘禁中であった天保学連外同志の木村三郎・水野丹後の両名を解囚したが、六月一日さきに親兵にえらばれていた真木外記・酒井伝次郎・原道太・荒巻羊三郎・鶴田陶司・真木菊四郎・半田門吉・姉川英蔵・中垣健太郎・江頭種八・黒岩種吉・角照三郎・下川

根三郎・荘山舎人・淵上謙三らに上京を命じた。ついで六日有馬監物を長州に答礼使として出発させ、久留米藩は長州藩攘夷の応援をなすという約束、すなわち長・筑同盟がかたちづくられたという。しかし『久留米藩一夕譚』によれば久留米藩としては幕府の命令を仰いだ上で攘夷を行なうことを藩是とし、朝廷の直命があってもにわかに手を下さないことに決めていて、長州藩との間にはかなり差があった(『久留米市誌』下)。そこで和泉一党をにわかに藩に用いては方針がやぶれるもとになるとして、まず和泉・水野らを解囚し、上京させて様子をみた、としるしている。

毛利敬親に謁見

二十五日下関において中山忠光・久坂玄瑞その他に会い、午後恒例の楠公祭を旅先に執行した和泉は、二十六日下関海峡を通過せんとした蘭艦メジュサ号への砲撃のさまを永福寺砲台からみた。二十九日山口へ向かう途中前田砲台において中山忠光および長州藩世子毛利定広に謁見、三十日午前山口城において藩主毛利敬親に謁見した。このとき座をすすめて和泉の説をきこうとした敬親に対し、和泉は攘夷の功を奏するためには長州一藩の力のみでは不足であり、天皇みずから攘夷親征を布告し、全日本一致して事にあたらねばならない、と説き、敬親の感心するところとなったという(『真木和泉守』)。敬親は和泉に「剣一口、銀五十枚、袴一領」を与えたが（『文久癸亥日記』）、この袴は永禄・元亀の際朝廷から毛利家へ与えられた由緒ある品であり、和泉がいかに長州藩の信任を受けたかが察せられる。ついで敬親は諸有志を会せしめ、和泉の意見について問うたところすべて賛成し、家老益田弾正らを上京させて親征の建議をすることになった。

六月一日午前四時和泉は山口を出発、長州藩のととのえた舟に乗り、海路上京の途につく。同日「宮洲」、二日「形島之西」、三日「三箇小島南辺」、四日「鞆」、五日「小槌之南、山岸之下」、六日「洋中」と泊りを重ね、六月七日午後大坂到着。久留米藩大坂邸ついで堂島森久屋をたずねて「去年拮据」を謝し、長州藩邸で中山忠光に会い、翌八日午前九時前伏見につき、長州藩京都邸に入って久坂玄瑞・吉田稔麿らと会った（『文久癸亥日記』）。非常な辛苦を重ねて入京するやたちまち寺田屋の変に遭遇し、二ヵ月余りの抑溜を余儀なくされ、久留米より引き取りにきた白江此面の指揮のもとこの地を離れたのは、ほぼ一年前の七月九日であった。いま和泉は朝廷の内旨により藩の許可を受け長州藩の軍事力を背景に、再び京都の地にのり込んだのである。

折しも京都では尊攘派浪士の暗殺の刃がふるい、島田左近・宇郷玄蕃・池内大学が斬られ、姉小路公知も薩州藩士田中新兵衛（断定されていない）のため殺される事件が突発し、等持院の足利将軍三代の木像の首が三条河原に梟せられるというように、きわめてさわがしいときであった。一方江戸では生麦事件の解決に苦しむ幕閣にあって小笠原長行は独断をもって英国に三〇万両の賠償金をおくり、ついで幕兵一〇〇〇をひきいて海路上京、五月二十九日大坂に到着し、上洛せんとする噂がかまびすしかったころである。『文久癸亥日記』六月八日の条に和泉は、小笠原のあとから「小栗豊後守」（上野介・小栗忠順）らが歩兵一二〇〇、騎五〇、大砲八挺をたずさえ「将軍家御迎と号して来」ること、また小笠原は朝廷が開港に同意しないなら「直に皇宮を火し、主上を彦城に奉レ遷候含」をもっていたとする風聞を書きとめている。

しかし将軍家茂が小笠原の入京をとめ、六月十日老中格の職を罷免して大坂城に禁固せしめたため、実際は入京に至らなかった。

第六　八月十八日政変

一　『五事建策』

入京するや和泉は将軍家茂が六月九日帰東するということを聞き、三条実美のもとに参上して「引留之事」を上言した（『文久癸亥日記』）。しかし効果なく十六日家茂は海路江戸へ帰る。ここにおいて和泉は長州の桂小五郎・佐々木男也・寺島忠三郎らに対し攘夷親征と収圻の策を示し、大いに同意させるところがあった。攘夷親征とは外国をいうのでなく天皇みずから幕府を親征するという意味であり、また収圻の策とは畿内五ヵ国を朝廷に収めて供御の田とし、天皇みずから兵馬の権を握って幕威を削ぐのを意図するものであった。六月十七日桂小五郎は和泉を東山の翠紅館に招き、清水清太郎・佐々木男也・寺島忠三郎らと「大事」すなわち攘夷親征を議したが、和泉はここで討幕の秘策をのべたところの『五事建策』の内容を示した。『五事建策』は、

『五事建策』

一、攬二攘夷之権一事。
一、標二親征部署一事。下レ令算二在京之兵一事。
一、新二天下耳目一事。
一、収二土地人民之権一事。
一、移二蹕浪華一事。

の五ヵ条である。しかして勅使を下関に下して攘夷の勅命をいまだ知らぬ諸藩にひろく布告し、万一大坂湾に夷狄が侵入するなどのことがあれば在京諸藩が「九門内」に屯集し指揮を待つべきこと、親征の部署を定めるに当たっては「公卿其将帥に御任じ可レ然」「関白殿下は軍奉行之御職」となり武者奉行・陣場奉行などにも三公以下堂上公卿のうちからしかるべき人物をえらんであてることをいい、徳川幕府による軍事統轄権を全く無視する献策を示した。そして平安以後の風習を改めて建国の風に復し、暦を改め、銭貨の制を正し、税制二等を減じて民意をなぐさめ「其帰向の心を収」めるとともに、およそ大事をなすに旧套を脱することが必要なれば諸大名を支配し夷狄を御するに至便で「金穀之聚まる所」たる大坂に遷都することの急務を痛論したのであった。

このうち銭貨改鋳については「金二等、銀二等、銅一等、総て五等に限り、精金にて鋳直し、一両一銖など実に従ふべし」としるしているが、この前後頃（四月二十五日、五月二十五日、七月、八月九日、八月十日）の日付ある和泉の雑記によれば「当百銭（一枚で百文に通用）鋳造之製法」について久留米藩に建策すべき計画を持っていた。すなわち銭貨というものは「国之常幣、民之必要」欠くべからざるものであるが、現在「民益衆、貨銭特乏」しい。そこで大いに銅銭を作って天下に通用させ国益をもたらすべしとの勅書を発せしめるべきである。しかして久留米藩としては京摂の間にて地銅を買い調え、長州・筑前両藩とうちあわせ、各一万両ずつ鋳立て朝廷に献納し、朝廷が使い始めれば久留米でいかほど使い出してもよろしいわけであり、「天朝之御為ニも宜、両全之策」となるであろうとした。そしてこのことは「富国之御大業」であるゆえふつうではなかなか行なわれがたいのであるが、他の諸藩があらそってとりかかるよりはやく今こそ乗ずべき大機会であり、〃からくり儀右衛門〃と呼ばれた発明家田中久重を登用してこれにあたらせたら成功疑いないため「神速御運ビ」に相成るよう論ずるのである（昭和四一・五・二八、発行、鶴久二郎編集『維新軍用金は久留米藩の献金』）。この時期における和泉の討幕論が単なる空論でなく、経済的裏付けを伴う実践論に支えられていたことの証左といえよう。

『五事建策』は六月二十九日豊岡随資に差出され、鷹司・三条・烏丸光徳・徳大寺公純らの閲覧を経て七月二十四日鷹司関白より孝明天皇へ進献、台覧されるところとなり、大和行幸・攘夷親征の詔勅の発令となり、ついに八月十八日政変をひきおこすに至ったものである。政変後この建策の草稿をみた会津藩は和泉を目して「謀叛の張本人」とし、これをにくむこと蛇蝎のごとくであったといわれ（『五事建策』頭注）、また七月十二日久光への上京勅命と同時に近衛家より薩州藩へ宛てた書簡には「御親征の事は慥に聖意にましまさず。筑後久留米の浪人真木和泉守と云ふもの、長州に方人して此事を企て起し、三条以下の人々之を信じ、公卿達をも誘ひ立てぬ」としてこれすべて和泉の画策するところと断じている（『真木和泉守』所引）。この時期において和泉の存在ないし所論が公卿および在京尊攘派を指導するにいかに力あったかが察せられるであろう。

“謀叛の張本人”

二　在京尊攘派の中心として

六月十九日久留米藩家老有馬監物が入京し、嗣子主馬もこれに随従してきた。この日和泉は三条実美に会って久留米藩の摂海防禦を撤回し大里（現北九州市門司区）に砲台をきずいて長州藩をたすけさせることを建策（『文久癸亥日記』）、この結果三条は監物を呼んでこのことを命じ、また小倉藩主に対して地所を久留米藩に借し、砲台築造の業を助けさせることを指示した。このころ攘夷期限審問の勅書を将軍に伝えしむべく京都守護職松平容保を江戸へ下す議があり、和泉の画策するところであったが、容保は辞退して代わりに小栗政寧を行かしめることとした。和泉は在京幕府勢力の中心たる会津藩を京都から追わんとしたが成功しなかったのである。これについて『文久癸亥日記』六月二十八日の条の注記に主馬は和泉のことばとして、勅命の朝令暮改まことに歎ずべきであるが、ひっきょう「兵力無き故」である。長州藩論が今日もっとも至当であるが兵力足らず、会津藩を京都より追い落すことができない。薩州の兵力を借りれば事はやすいが、姉小姉小路公知暗殺容疑者田中新兵衛が薩人であったため在京有志は薩州をにくんでおり、「是を以て薩長合体以て朝廷を補佐するに至らず、亦惜む可」しと歎じ、数日後三条に会って「薩公召の事を上言」した結果、七月十二日久光父子の内より上京を求める勅命が発せられた。しかしこれをよろこばぬ「八藩の有志」は和泉の行動を疑って「諸有志不平を唱へ」けっきょくこのことは見合わされることになった旨をしるしている。和泉は心平かならず、七月十四日学習院御用掛の辞任を願い出で、出仕せぬこと一〇日に及んだが、慰留せられて再び出仕することになった。戦略家和泉の眼は、禁門の変における両藩激突よりなおはやく、坂本竜馬の仲介によりそれが実現するに先立つ三年前において、討幕のための薩長同盟の必要を見通していた。しかもまた、すでに『退国願』を出しつながりの絶えた久留米藩に対してもしばしば監物を訪い、長州藩と連契して攘夷に当たるべきことを入説し、画策した。事をおこすにあたり諸大名にすすめて兵を動かすことこそ最善であるとした和泉は、目先の好悪の感情に左右されることなく、〝討幕〟の実行策をつねに追い求めていたのである。

薩長同盟の必要

これよりさき六月二十六日、和泉は学習院出仕の命を受けていた。諸国の志士中徴士として学習院御用掛となったのは和泉が最初である。また和泉は在藩中の佐久間象山を「北国に伏竜あり」としてその才識を利用すべく、これを朝廷に推挙せんとし、七月二十三日いったん召命が発せられ、八月十三日象山に達せられた。象山は感激して『題二伯顔像一』という詩を賦し、準備をととのえて再命を待ったが八月十八日政変となり中

佐久間象山を推挙

止の沙汰が至ったといわれる（「佐久間象山年譜」『象山全集』一）。
象山召命問題について象山の門人北沢正誠はその編する『象山先生行状』の中で元治元年（一八六四）冬広島藩士田中軍太郎に聞いた話として田中がかつて久留米の「牧某」より「余が兄和泉之を朝に薦む」ということを聞いたとしるしている。そして北沢自身もかつて「大和塔峯」の「竹林坊棘樹上人」から「先生（象山）を朝に薦むる者は此の人なり」という談話を聞いたことを録し「孰れが是なるを知らず」としている（『象山全集』一、「年譜」）。なお、「題二伯顔像一」の詩はつぎのごときものである。

善断善謀無二失計一。万千将士仰如レ神。
即今天下遭二多難一。苦憶当年雄略人。（『象山全集』二、「象山詩鈔」下）

自信家象山の面目躍如たるものがある。

このころ和泉は「先生」「大人」「王人」と仰がれ「今楠公」と称せられて志士たちの尊敬するところとなっていた。またしばしば仮建に召され、縉紳を通して孝明天皇の下問に接し、答書を献ずることがあったといわれる。仮建というのは諸大名を公然召すことが幕府の制禁するところであったため、廷外に一屋を築き、ここで諸大名および藩士たちが下問を受け、間接的に天皇に意見を上申する場所であった。七月二十四日朝廷は和泉の日頃の労を慰して銀子一五枚を下賜した。二十六日夜和泉は「曙店」に賜金披露の宴を張り、長州藩益田弾正・根来上総両家老以下久坂玄瑞・寺島忠三郎・佐々木男也らを招き、夜に入って在京中の有馬監物をも呼びきたって「拝領之悦」を分った（『文久癸亥日記』）。これは嘉永大獄以来の仇敵である監物に私怨のないことを示すためであり、また久留米藩が長州藩と連結して決起するのをはかったゆえであるといわれている（『真木和泉守』）。

長州藩を中心とする尊攘激派の勢力が京都を手中におさめているときにあたり、和泉一党の処置よろしきを得なかったことから朝廷に対する久留米藩の信義が疑われていた。この点について対策をたてるべく六月初旬監物は久留米を発ち、まず長州において長・筑の同盟を結び、六月十九日入京した。ところが京都の情勢は大和行幸・攘夷親征をめぐって急進化の様相を呈し、このまま監物が在京をつづけるならその先鋒を命ぜられる公算が強まってきた。公武合体を基本路線とする監物にとって判断を越える重大な事態であり、尊攘派のペースにまき込まれ朝廷側に片寄ってしまっては藩内により一層の動揺を招くことになると考えた彼は、八月十八日政変に先たつこと一週間の八月十日京都を去ってしまうのである。しかし久留米藩の存亡を公武合体にかけた監物の判断はこの時点においては有利に動いたということができよう（道永洋子「幕末・明治初期にお

在京尊攘派の中心

ける久留米藩農兵問題に関する一考察㈡」『九州史学』四九)。

思うにこの時期の和泉は脱藩・入薩にひきつづいた第一回上京時の不如意さにくらべて得意満面のときであり、その生涯におけるもっとも愉快なころであったろう。この一時期彼の言動は京都政局の動向を大きくリードしていたのである。七月六日久留米藩士加藤幾次郎・同若林岡右衛門へ宛てた書簡には、上京後長州人が和泉を尊ぶことひとかたでなく、公卿たちの受けもよろしく、いろいろ相談を受けることも多い。鷹司関白のごときはいつ参上しても必ず会ってくれ、羽二重一疋をも拝領したほどであるとしるし(『真木和泉守遺文』。および七・三、母柳子宛書簡、水天宮所蔵)、また水天宮所蔵の娘小棹宛六月二十一日書簡には「わしも出京相成、日夜はしりまはり申候。当上(堂上)

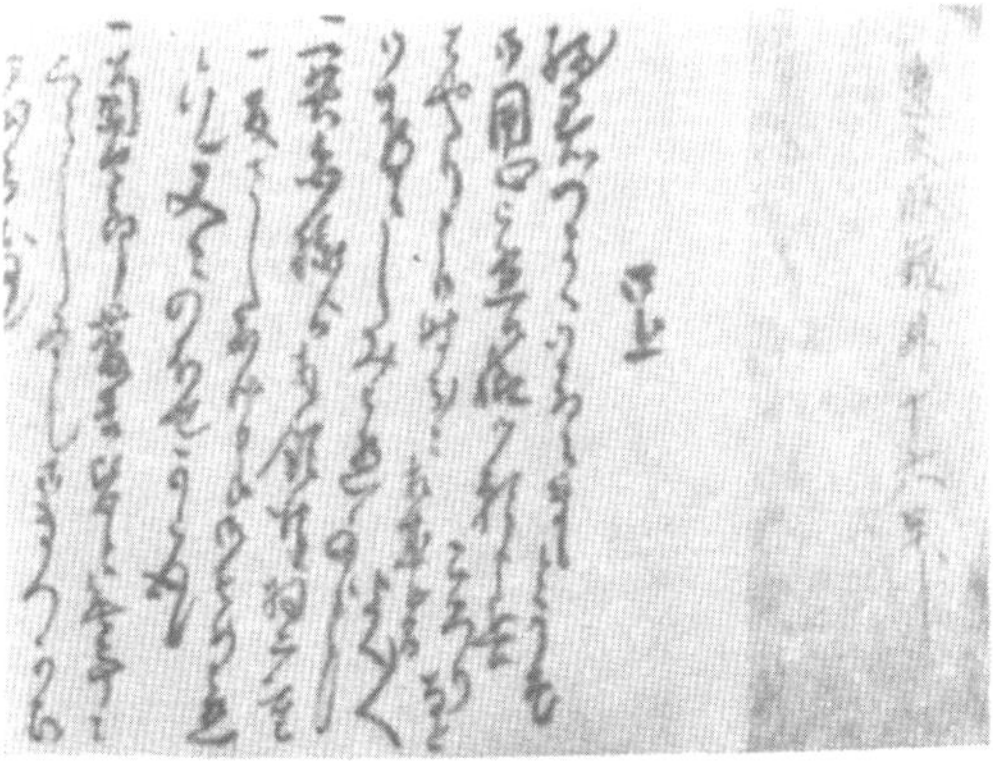

泉書簡（水天宮先哲記念館所蔵）

家族呼び寄せの心づもり

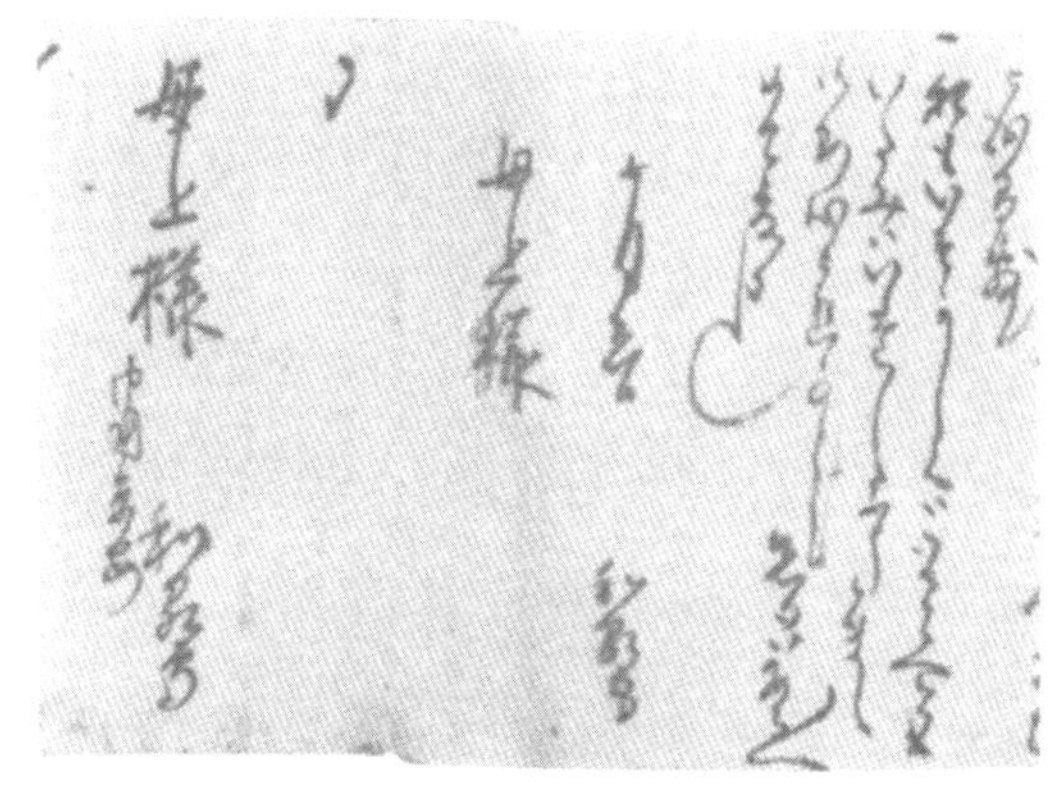

文久3年7月3日母柳子宛和

方よりあまりに御引掛にてしばしのいとまも御ざなく、しかしながら身にとりてのめんぼくにて御よろこび可レ被レ下候」とその活動のさまを伝えている。しかもつづけて「やがてむかひに人をやり申候様になり可レ申候間、御たのしみ、よくよく御つゝしみ、手習ともきをかけ可レ被レ成候」とのべ、長く苦労をかけた家族を近々京都へ呼び寄せることができるようになろうとのことばは注目するに足ろう。このとき和泉が彼の指導する尊攘派路線のもと討幕を決行し、幕府より政権を奪取することへの具体的展望に立っていたことを裏書きするものである。

三　政変・挫折

大和行幸・攘夷親征の発令

このころ長州藩益田弾正・根来上総らは藩主の命を奉じて上京、攘夷断行をすみやかに決するよう献言し、和泉に対してもこの建議が容れられるよう応接を求めてきた。さきに和泉が山口において敬親に献言したことがいよいよ実行されるわけである。八月十三月和泉待望の大和行幸・攘夷親征の詔勅が発せられた。十五日朝廷の命により肥後・土佐・久留米・長州の四藩から各々数人をえらび、行幸準備をすることになった和泉は、宮部鼎蔵・桂小五郎・山田亦助・久坂玄瑞の四人をあげて学習院で三条・東久世・万里小路・烏丸の諸公卿と親征実行の方策を会議した。また当時在京中の諸大名――池田慶徳（因幡鳥取）・分部光貞（近江大溝）・一柳頼紹（伊予小松）・鍋島直大（肥前佐賀）・池田茂政（備前岡山）・松浦脩（平戸新田）・加藤泰祉（とみ）（伊予大洲）・稲葉正邦（山城淀）・上杉斉憲（羽前米沢）・九鬼隆備（とも）（丹波綾部）・加藤泰令（のり）（伊予新谷）・毛利元純（長門清末）などに対し、朝廷の命により大和への行幸に扈従させることにした。また当時在藩中の六大名――前田斉泰（加賀金沢）・細川慶順（肥後熊本）・山内豊範（土佐高知）・有馬頼咸（筑後久留米）・毛利敬親（長州）・

亀井茲監（津和野）に対しても至急上京・行幸供奉を命じ、薩州島津茂久に対しても姉小路暗殺事件以来の不審を捨てて上京するよう命じた。ついで関白以下の供奉の列も決まったが、これらはみな和泉の方寸から出たものといわれている（『真木和泉守』）。

このの大和行幸・攘夷親征の企図はすなわち討幕の決行にほかならなかった。ところが急進を忌む公武合体派は中川宮を動かして八月十七日参内させ、孝明天皇に勧説した結果、もともと「三条初暴烈之所置深痛心」（孝明天皇宸翰写、『孝明天皇紀』四）、「暴論之輩復古深申張種々運計略候へ共於朕ハ不好初発ヨリ不承知」とする天皇（同、『同』）はにわかに行幸の中止を命じ、中川宮は京都守護職たる会津藩、所司代淀藩および薩州藩に御所を警備させ、召命のない者は公卿であっても入門を拒ませた。しかして大和行幸は長州藩ら急進派により一方的にすすめられたもので天皇の意志ではないとし、在京列藩に行幸の延期を布告、三条以下の急進派公卿に謹慎を命じ、堺町門警衛の長州藩に対し解任の勅命が発せられた。すなわち八月十八日の政変となったのである。

このとき和泉は三二藩からなる親兵二〇〇〇をひきい、強いて参内して事情を聞くことにしてはと三条にすすめたが、三条は辞退した。それでは鷹司関白に寃を訴えてはどうかということになり、三条は親兵に護られ鷹司邸に赴いたが、退散せよとの勅命が返ってきた。親兵および長州藩士らは御所に入って鷹司関白を迎え取らんとしたが、会津兵がこれを許さず日暮れとなった。三条らは和泉および長州藩関係者と協議した結果いったん退くことにして薩州藩の同意を求め、総勢約二七〇〇余りが大仏に向かった。折しも会津・薩州の兵が追撃してくるとの噂があった。和泉は第一策として河内金剛山、第二策として摂津摩耶山に拠りこれに抗する案をのべたが、けっきょく長州藩の三隊長毛利元純（清末藩主、讃岐守）・吉川監物・益田弾正（右衛門介）の意見にしたがい、三条実美・三条西季知・東久世通禧・壬生基修・四条隆謌・錦小路頼徳・沢宣嘉の七卿を擁して長州へおちることに決したのである。ときに八月十九日午前三時であった。

七卿西下が決するとこれまで三条に扈従していた親兵二〇〇〇は三条とともに長州へ赴くことを欲したが、三条は勅勘を受けた身であるからとてこれを辞退した。ところがとくに熱望した久留米藩出身の水野丹後ほか三〇余名が三条に従うことを許された。久留米関係者は和泉・水野以下菊四郎・淵上謙三・吉武助左衛門・荘山舎人・下川根三郎・宮崎土太郎らであり、十九日あかつき長州藩兵四〇〇とともに出発した。

その後親兵は野宮定功にひきいられたが九月五日諸藩疲弊の故をもって解散となる。

しかして七卿の用達と一行の旅費にあてるため長州藩はこの夏朝廷へ献上することになっていた黄金一万両ののこり七〇〇〇両の半ばを調達し、和泉は根倉筑前介重陳をたずね三〇〇両を得て帰った（『真木和泉守』）。発途にあたり三条は長州の医師梨木誠斎と変名、火事羽織をつけ、髷をむすび、伏見までは皆歩行した。三条は踵を地につけたことがないため、歩行にすこぶる難渋した。とかくするうち空腹となり、従者が「一膳飯ヲ差上ケマシタトキノ三条公ノ喜ヒハ実ニ大層デアツタ」というほどであった（『荘山舎人勤王事蹟』）。伏見から西へ納所・水垂の渡しを過ぎ、山崎を経て夕方摂州芥川駅に着いた。二十日風雨の中を出発、郡山・武庫川を経て西宮着。二十一日またも雨の中を湊川に到り楠木正成の墓に詣で、正午兵庫に着いてここから乗船した。三条の乗る船を一番船と称して和泉・水野らが同乗し、すべて二〇余艘。あたかも大雨襲い、濡れて寒さがひどかった。一行中、具足や槍が重いからとて途中に捨てる者あり、古着を買ってこれをまとう者もいた（『荘山舎人勤王事蹟』）。二十二日午前四時出帆、二十六・二十七日にかけて徳山に入港（和泉の船は二十七日）、陸路三田尻に向かい、「御茶屋」招賢閣に入った（「米藩同志に贈りし書簡」）。

大和五条の変

長州藩の勢力が一掃されたあと会津・薩州藩ら公武合体派は京都を握る。一方中山忠光ら急進の一派は天誅組を組織し、八月十七日大和五条に幕領代官鈴木源内を斬って気勢をあげたが和泉・三条らはこれを無益の計画となし、平野国臣らを派して制止せんとしたが忠光らは従わなかった。あたかも八・一八政変の報いたって平野は急遽帰京し、忠光らは十津川郷士一〇〇〇余人を得たが、鎮撫の朝命を得た幕府軍の追討を受け八月二十六日高取城の戦いで敗退、九月に入って潰滅し忠光以下七名はのがれて長州に走った（『概観維新史』）。

第七　挙兵上京をめざして

一　京都奪還の建策

「毛利宰相に上りし書」

長州に帰着した翌八月二十八日和泉は七卿の使者として山口に赴く。京都を手中におさめた公武合体派――会津・薩州両藩および中川宮の勢力をくじき中央政局の主導権を奪還して討幕を実行するためには、すみやかに兵力を京都へすすめるほかにないという意見をもつ和泉は、この日毛利敬親に謁見して七卿の長州下向の趣意をのべ、かつ京都回復の周旋を依頼する。九月一日ふたたび山口城に赴いた和泉は藩主父子に対し、くりかえしこのことを力説、三日敬親に建白書（毛利宰相に上りし書）を上呈しさらに挙兵上京を痛論した。すなわち兵を動かすにはむしろ「拙速」を尊ぶべきであり、昔、平治の乱における平清盛の故智にならい「断然御決着にて速に四方に御使を発し、与国御結び、期を刻して御上京、堂々之勢焰を以て奸賊之胆を奪ひ、朝廷之御苦労を被レ為レ奉レ安候

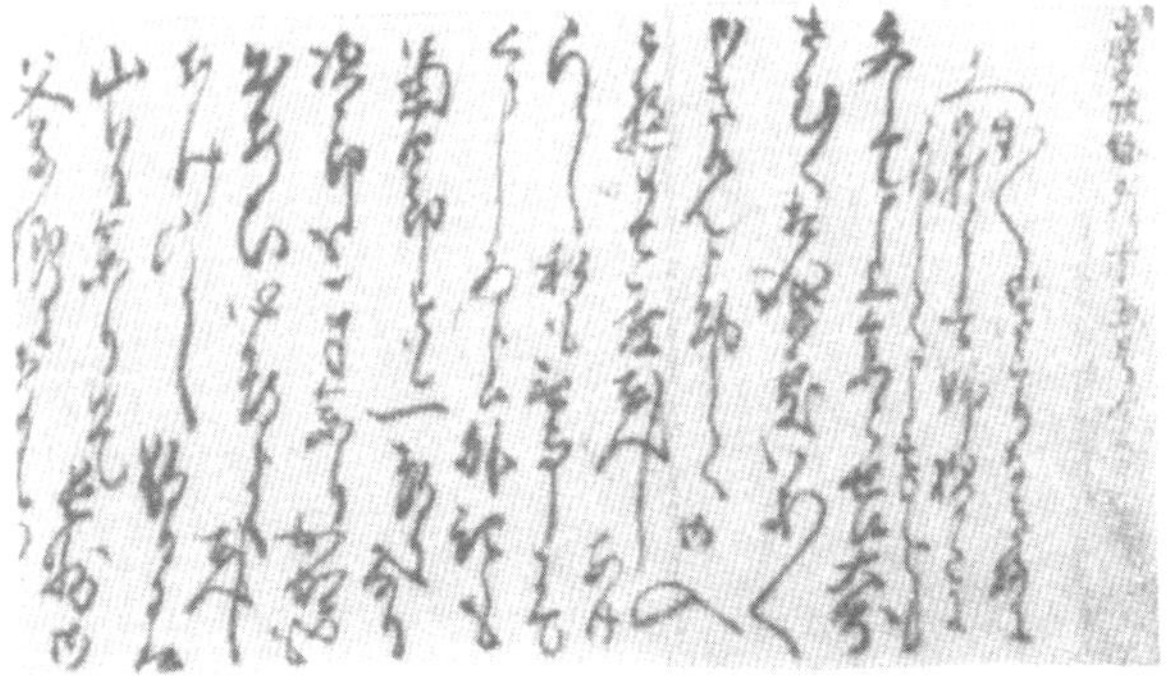

文久３年９月14日　母柳子宛和泉書簡（水天宮先哲記念館所蔵）①

儀、是天下之所願にて、今日之急務」である。さもなくして「遅緩」時を失すれば薩州藩世子や松平慶永らも上京し対策を講ずるようになろう。さすれば現在長州藩に対し内々好意を寄せている因州・備前両藩をはじめ諸大名の協力も得にくくなり、ついには「朝敵」の汚名をこうむらざるを得なくなる危険があると論ずるのである。また九月二十日高杉晋作にはかり起草した『三事草案』によれば「七卿の御存亡は即ち天朝の安危」であるため、大兵をひきい上京し、実力をもって「九門内の賊兵を追払ひ」七卿を復職させることなくして事は成就しない。しかも形勢をみるに今は長州藩主みずからがただちに出発するのでなく「奇兵」を用いるがよい。けれども「奇兵」の力では会津・薩州の兵力を圧倒して「朝権取返し候程の儀」はむずかし

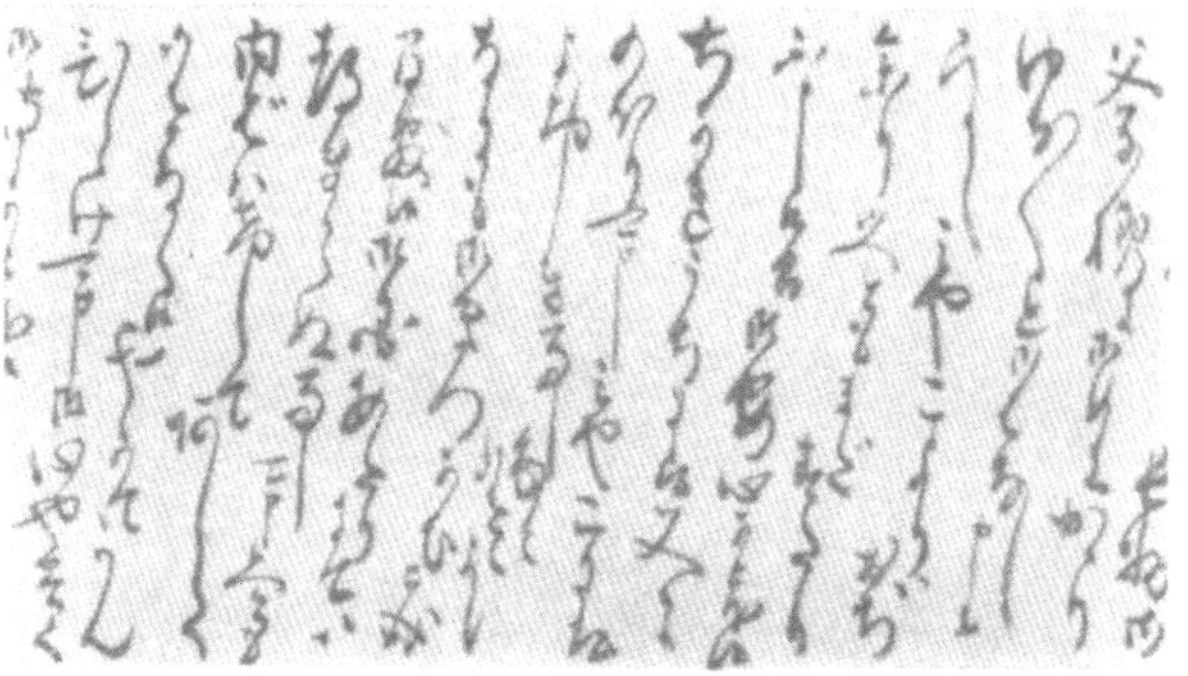

②

いため、むしろ「大和の義兵」をたすけ「石州銀山」を奪い、「豊後日田」をのっとり、「但馬久美浜」で大和の応援をするというように神出鬼没の行動を行なうがよく、さすれば在京公武合体派諸藩の動揺がひどくなり、長州藩主・七卿ともに上京して朝権を奪取する機会もおとずれようと論じている。

このころ長州藩においては来島又兵衛・高杉晋作らが和泉に同意し、また京都にあって和泉らの傘下にあり、八・一八政変後三田尻に集まってきた諸藩出身の志士たちもことごとく挙兵上京策に賛成したという。しかし敬親父子・藩庁有司層はひたすら謹慎恭順を守り、七卿の帰京復職を歎願することに決していたため、議合わない。三条に扈従していた荘山舎人によると「長州ニテモ正義派ニ反対者ガ起リマシタ。三条公ハ

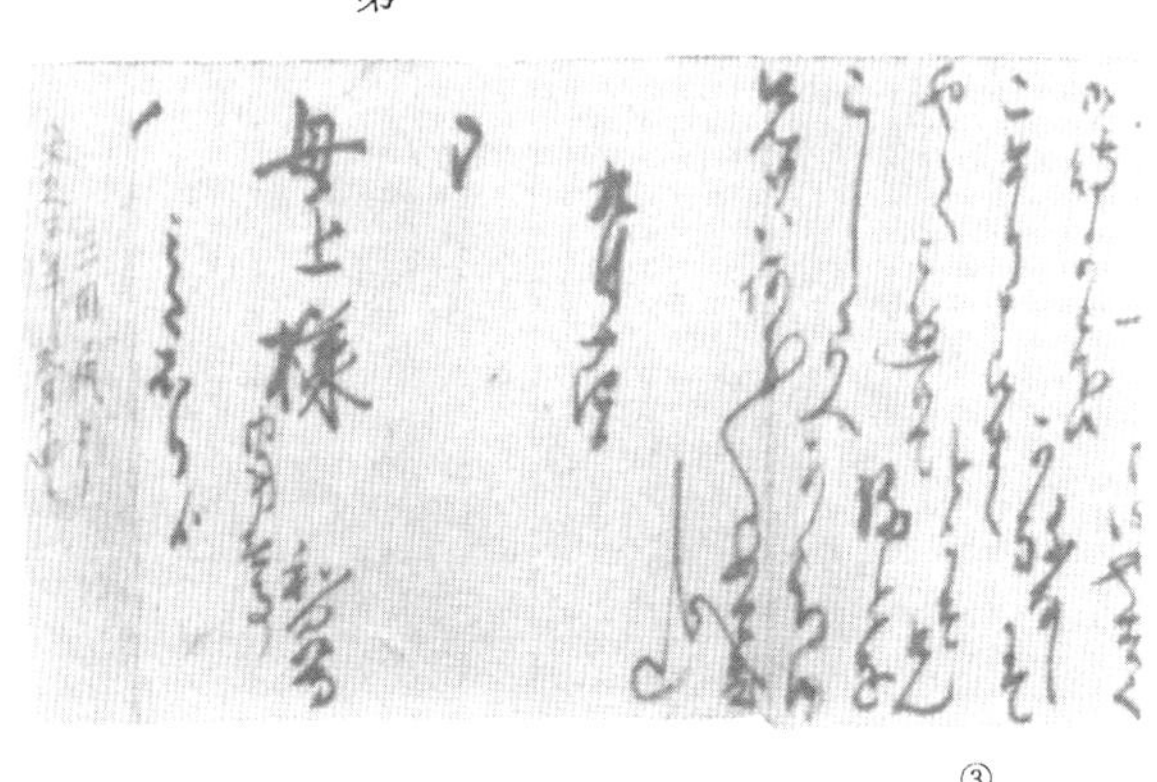

③

ノンドヲ突キテ自殺セントセラレタコトガ度々デアッタ。ソレデ長州人ヤ久留米人ハ半夜替ハリニテ公ノ臥床ノ側ニ寝テ居タ」という有様であった（『荘山舎人勤王事蹟』）。九月八日木村三郎・池尻茂左衛門・荘山舎人・下川根三郎・吉武助左衛門・宮崎土太郎ら久留米藩関係者は帰国することになった。『荘山舎人勤王事蹟』によると「反対党ノ勢が盛ニナリマシタカラ、久シクココニ居ルモワルイト云フテ（中略）久留米人ハ久留米ニ帰藩スルヨーニトノコト」になったためとある。

九月十三日和泉の弟小野加賀が三田尻にやってきた。加賀はさきに正親町公董が攘夷監察使として九州に下向することになっていてその迎えの役を命ぜられ、三田尻にきたのである。この夜和泉・外記・菊四郎および亡弟大鳥居理兵衛の次男次郎（信謹）ら血縁者五人は

再度上京の意欲

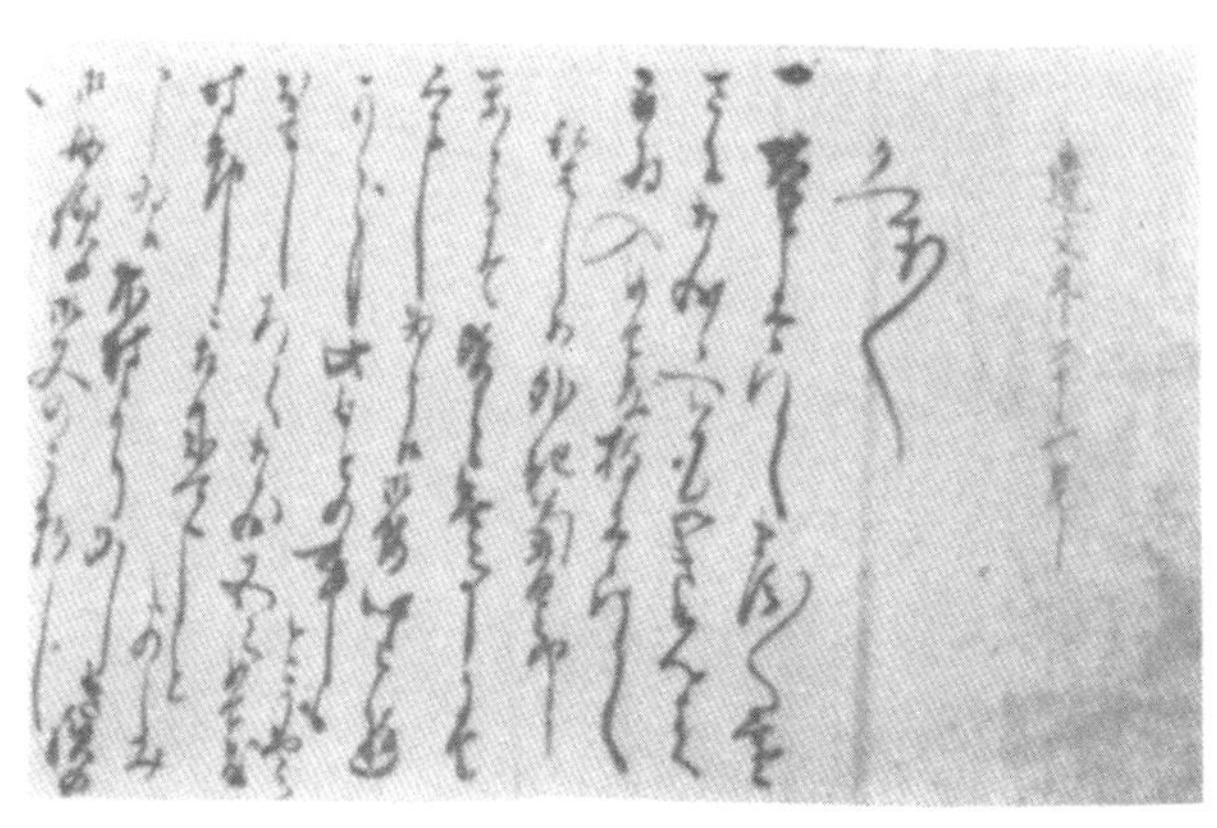

文久３年10月４日　母柳子宛和泉書簡（水天宮先哲記念館所蔵）①

久しぶりの対面をよろこび、夜を徹して語り合った。翌十四日母へ宛てた手紙に和泉は「外記も菊四郎とも一つに成り、次郎も一寸参り加賀も出あひ、心つよくそんしあけ参らせ候。朔日には山口に参り候て長州御父子様に御めにかゝりゆる〳〵と御はなし申上参らせ候。みやこよりハおち参り候へともまだすたり不レ申候間、御安心可レ被レ下候。ちかきうちには又々のぼり可レ申、（中略）やがてうんひらけ可レ申、御心やすく御待可レ被レ下候」としたためている（水天宮所蔵）。十月四日ふたたび母へ宛てた手紙には、先日山口へ出掛けた折二人の姉にも何か品物を求め送ろうと思いつつ果たせなかったが、「いつれ京都ゟなにそあけ可レ申候。（中略）いつれとをからずめで度事申上候半とあら

②

く留候」（同）としるした。当時の長州藩は恭順・謹慎を旨とする意見がつよく、すみやかに挙兵上京し、君側の奸を除くことを主張する和泉の意見とはかなりへだたっていた。しかし苦境の中にあってなお京都政局の主導権を奪還しようとする意欲に燃えた五十一歳の和泉の軒昂たる志気をうかがうことができよう。しかも加賀はこの夜の歓談を最後とし、二度と和泉に会うことはなくなったのである。

二　薩長連合への志向

九月十六日和泉は三条に対して、八月十八日政変は奸徒らが天皇の明をおおって企てたものであり虚実のほどがあきらかでない。そこで長州藩主

但馬生野の変

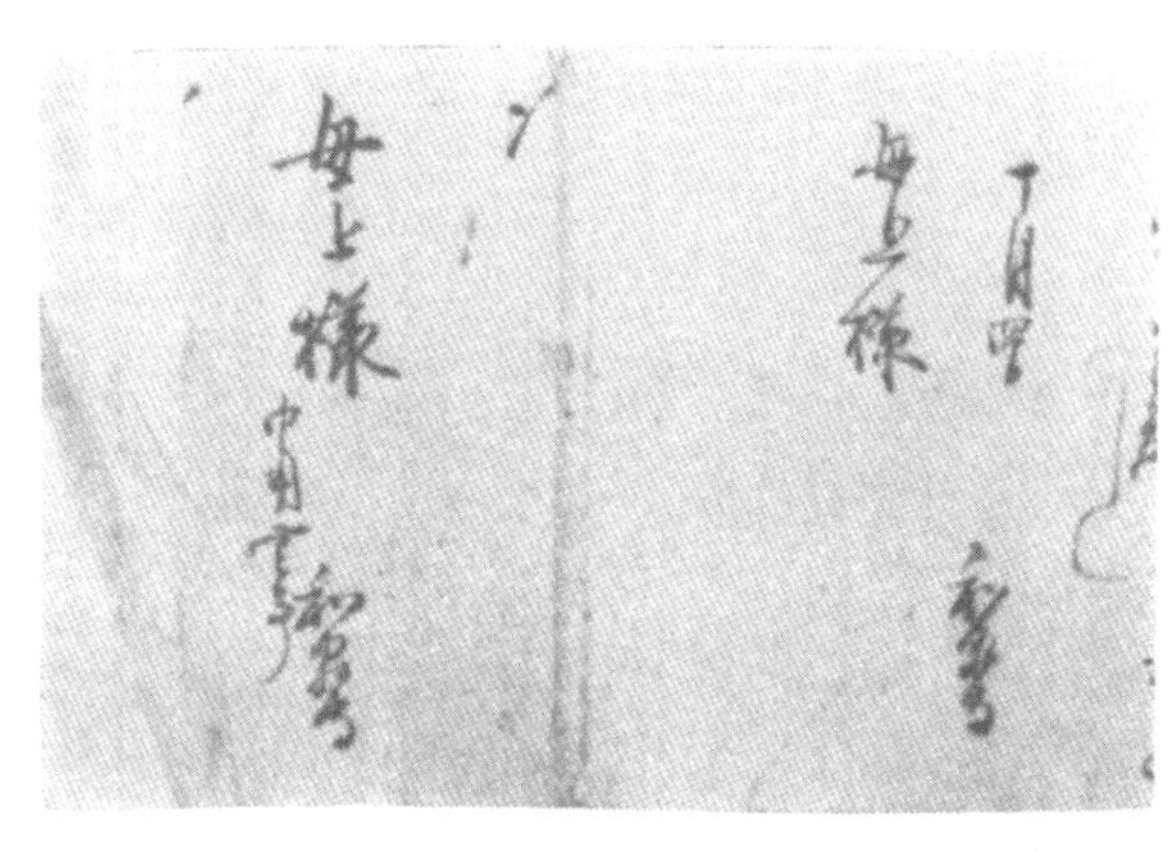

③

父子の一人、七卿の中の三人を擁し、兵をひきいて上京、朝廷に寃を訴える。きかれないならば力をもって君側の奸を撃退し、八月十八日以前の政体に返したいと思う。藩主父子がもし上京を肯じないならば奇兵隊を借りてでも事を起こしたいとのべ、三条の同意を得た（『真木和泉守』）。二十日山口から三田尻にやってきた高杉晋作は世子定広が上京を承諾したことを語った。和泉は高杉とはかって『三事草案』（前述）を起草、二十二日山口へ赴き藩主父子に示してすみやかな上京をすすめ、ついで津和野藩へおもむいて亀井茲監にも挙兵をすすめ、三条へ宛てた茲監の復書を得た（『真木和泉守』）。

いっぽう但馬生野では平野国臣が中心となって決起を策しているという風聞があったが、九月二十八日平野が突然三田尻にやってきた。七卿の一人を首領に擁するためである。平野は七卿に会い、ついで益田弾正ほか藩庁要路者に会ったが承諾を得ず、ついに沢宣嘉を奉じて三田尻を脱出した。しかし十月十四日たちまち生野の挙兵はやぶれ、沢は逃れたが平野は捕えられてしまうのである。

この間にあって和泉らは七卿の帰京復職の途をひらくため有志公卿に歎願哀訴し、また水戸・薩州両藩あるいは在久留米の同志に同意・協力を得んとする策を協議した。すなわち八月十八日政変後の動向について「此節に至り尊攘之道も潰散可レ仕候。実以残憾とも口惜とも言語之沙汰に者無レ之候。右尊攘之道潰散致候に於而者、三千年之天下是限と相成云々」との悲憤の情をつたえ（文久三、水戸人某氏に贈りし書簡稿）、今回の政変をもたらした「其根本は、蓋し薩の狡男子共の所為」を知るゆえ「何卒大島（西郷）輩より論出、廟議公明正大に相成り、天下一般長藩の所為と同一揆に相成候様仕度、左なく候ては天朝復古の気運消沈之至り」はまぬかれぬところであるからこの薩州藩を和泉のめざす方向にひきいれるべく、まだ面会したことのない西郷吉之助（隆盛）へ望みを託し、書簡を送るための周旋を白石正一郎に依頼するのである（文久三・九・一三、白石正一郎兄弟宛書簡）。十

西郷への書簡

月十一日桂・久坂・水野丹後・土方楠左衛門らと湯田において会議した和泉は西郷宛の一書簡を起草した。すなわちまだ面識を持たぬ西郷に対し「小生来歴者粗御承知も可ㇾ被ㇾ下」とのことばにはじまり、満州・朝鮮はもとより南海諸島に至るまでわが国の支配下にくみ入れ「国威を四方に輝候事相成可ㇾ申」きためには「礼楽征伐天子より出に無ㇾ之候ては、名正しく言順なる事出来不ㇾ申」とする抱負と意図を語る。しかるに八月十八日政変により、この構想は挫折した。そして十八日以前の叡慮は矯命であり、十八日以後のものこそ真の叡慮であるという勅旨が出されたが、もしそうであるなら「尊攘の道は是限りと申者に相成」るであろうとの苦衷を伝える。つづいて今は形勢を顧望すべきでなく「夷賊之可ㇾ攘事は勿論之儀、皇家之可ㇾ興候儀、今日を千歳之一時と存込」んでいるものの「一書生」の身ではよしなく、「大諸侯に倚頼」してこそ「大業の論議」は可能である。幸いにして長州藩は「勤王純粋、防長両国を以打込候と申極意」にまとまっているから、薩州藩においても現在とっている「世間所ㇾ好之第二等」すなわち公武合体論を捨て、「第一等」すなわち「奈良已前之政事に被ㇾ復候様有ㇾ之度」き討幕の企てに参加結集してほしい旨を縷々書きつづるのである。戦略家和泉の目には区々の浪人

〝大諸侯に倚頼〟

『出師三策』

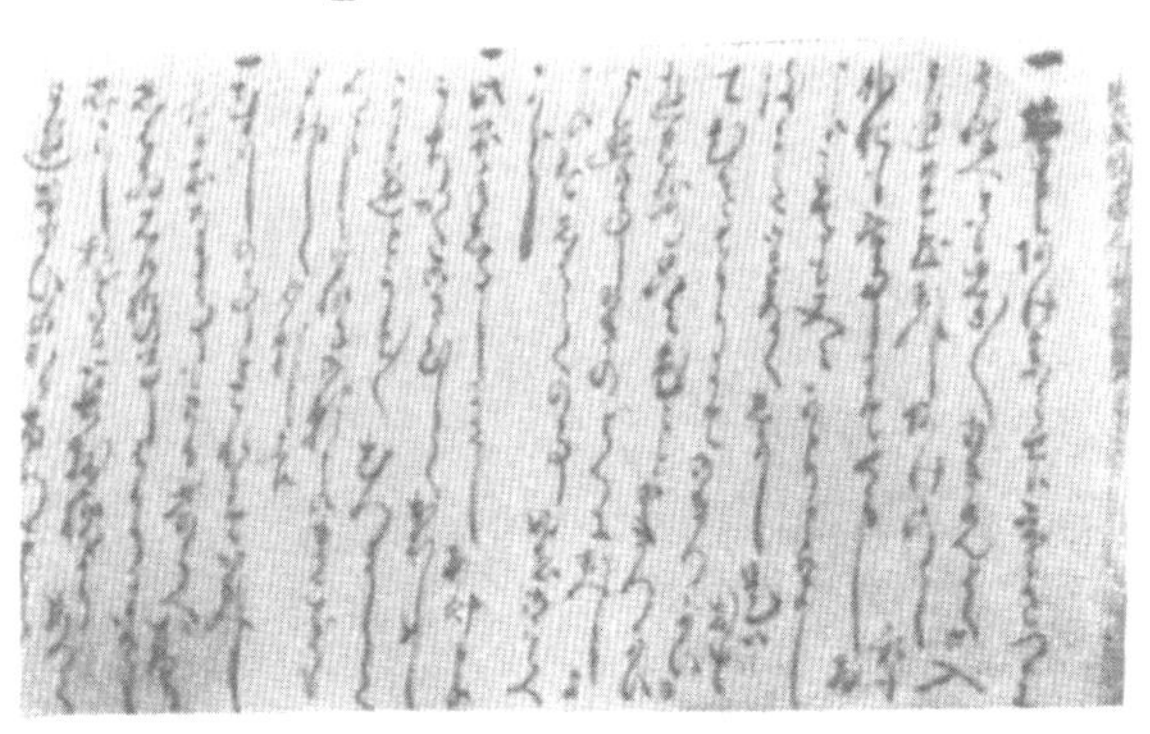

母柳子宛和泉書簡（水天宮先哲記念館所蔵）

の力をもってしては討幕の成功おぼつかなく、大藩の軍事力こそ絶対に必要であることを見通し、一方では薩州藩を「狡男子」ときめつけつつなお西郷の力によってこの藩をみずからの側にひきよせることを画策したのである。この和泉の書簡は門下生の原道太および松山深蔵の二人が携えて出発したが、西郷はこのとき沖永良部へ流謫されており、その手許に届けることはできなかったのである。ついで十月二十二日挙兵上京して京都を奪還、討幕の師をあげることをもくろむ和泉は『出師三策』を起草した。すなわち長州藩世子定広が五万の軍勢をひきい上京し、諸所に幕軍を破って東山・北陸・羽越の地に至り幕府に西征の余地なからしめ、京都嵯峨の地に拠り「凝然不レ動（中略）制ニ賊之死命一」すべしとした上策、「某侯為レ帥」って一五〇〇

文久３年11月14日

人をひきい鷹司関白にたよって会津藩の罪を問うて八月十八日政変前後の正邪をあきらかにし近畿諸地方を固めることを説いた中策、「支藩某侯」を京都へ送って鷹司関白や在京諸大名のもとに寃を訴える一方、隙をみて皇居内に兵を入れて敵を討ち内部攪乱を企てるという下策の三つを示すのである。しかし今や京都は公武合体派が完全に掌握し、事態好転のきざしは容易につかめない。十月二十日さきに久留米へ帰った天保学連外同志以来の僚友木村三郎に対し「一朝忽被二奸人忌一。天下既無二容レ足地一。数畝山園猶可レ求。如何聖主中興事。」の五絶をおくり「大日本史恐敷候間、此節は見事戦死之積に御座候」とのべるのであるが（木村宛詩並書簡）、この時期における彼のつきつめた気持を表明しているということができよう。

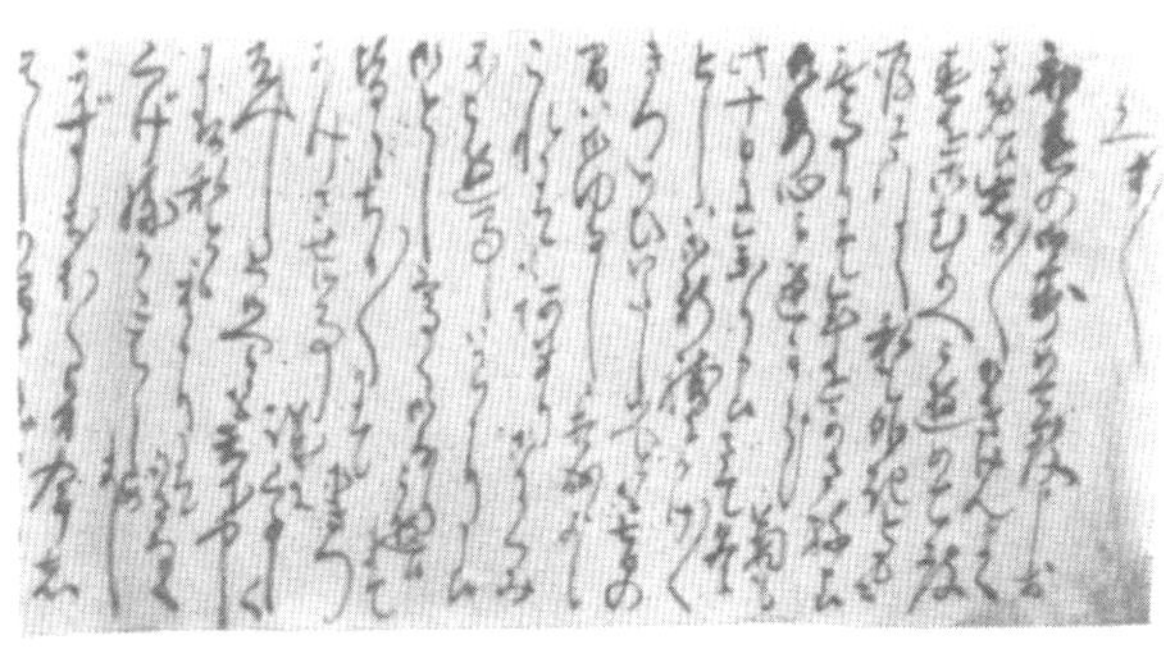

母柳子宛和泉書簡（水天宮先哲記念館所蔵）

三　久留米尊攘派の悲境

いっぽう八月十八日政変後久留米ではまたも守旧派が勢力を得て、十月二十五日和泉の一派である尊攘一派をあげて禁固に処した。とらわれる者木村三郎・大鳥居次郎・同菅吉・樋口胖四郎・宮崎土太郎・角照三郎・荘山舎人・下川根三郎・吉武助左衛門・吉田式衛（丹波）・水野又蔵・西原湊・早川与一郎・浅田節三郎・池尻茂左衛門・山田辰三郎・柴山文平・姉川英蔵・前田九一・木原貞亮・黒岩種吉・園田三津二（光二）・山本実・佐田素一郎および主馬ら二五名である。その多くは九月七日長州において和泉と別れ帰国してこの厄に会った。この風聞に接した和泉は十一月十四日母へ宛てた手紙に「主馬も又々かゝり申候よし。致しかた御座なく、しかしこれは

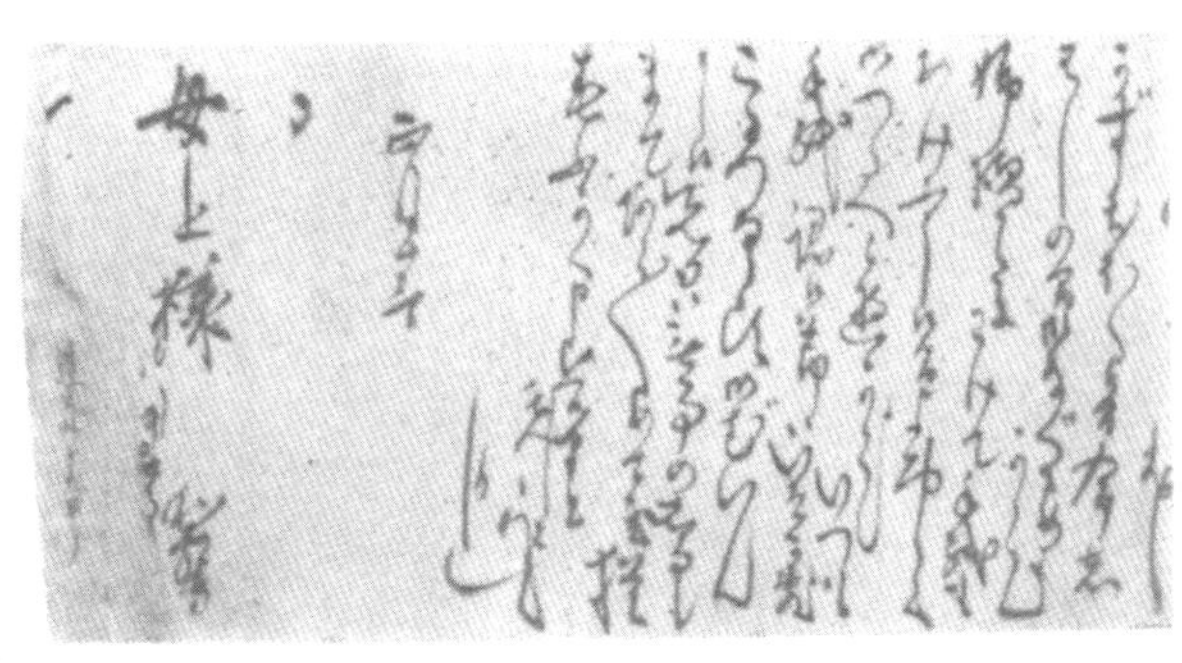

元治元年１月13日

おもてむきばかりにておきつかひ被ㇾ遊間敷候」としるし（水天宮所蔵）、十一月二十九日付の手紙でも「主馬さぞ〱たいくつと察し候へとも今しばらくの間ニ候間御こらへ候様ぞんじ参らせ候。只々あなた様御としゆく被ㇾ遊候に、今の様に御なんぎをかけ候事くるしくぞんじ上候へども長き事には御ざなく、来春の事を御まち可ㇾ被ㇾ申候」と悲境になげく七十五歳の老母をなぐさめるとともに、「二郎・すが吉などさぞ〱私をうらみ申候半と察し候。其まゝにとめおき候てよろしき事とぞんじ候へども、ことぢの事もおもひ、かへし候へどもさら〱くやしくぞんじ参らせ候。いづれも今しばらくとさきをたのしみ申候様ぞんじ参らせ候」としるして亡弟大鳥居理兵衛の子次郎・菅吉の二人を、その母琴路の心情を察するがゆえ長州にとどめず帰藩させたことが裏目に出、拘禁を余儀なくさせるに至ったのを悔いるのである（水天宮所蔵）。亡弟の一家に寄せる和泉の心遣いはこまやかであった。しかも五十一歳の暮れに近い和泉自身は「長州様よりあつく被レ遊（中略）みすつる神ありたすくる神ありとは此様の事」との思いをかみしめ（一一・一四、母柳子宛書簡、水天宮所蔵）「なにもこまり申候事も御ざなく、かへりて水田に居候時よりハよろし」き日常の中にあって（一一・二九、同、同）討幕の実行に情熱をもやし、長州藩に対し挙兵上京の必要を説いていたのである。「いづれも今しばらくとさきをたのしみ」「来春の事を御まち可レ被レ申」とのことばは、このころの彼の心境をそのままに披瀝するものであった。

しかるにこれよりさき十月八日、和泉の命により九州米良に向かって出発した菊四郎は、二十五日夜筑後川の堤防沿いにひそかに水天宮の実家をおとずれた。この日久留米尊王党がいっせいに拘禁せられたことを聞いた菊四郎は藩庁に自首して出ようとしたが、母睦子・姉小棹にとどめられて川向うの対馬藩領肥前田代に逃れ、代官平田大江の家にひそむことにした。

平田大江

平田大江、名は達弘、文化十年（一八一三）、和泉と同年の生まれである。嘉永元年（一八四八）田代領代官となり、安政五年（一八五八）三七〇石。文久元年（一八六一）露艦来航を聞き、士民をひきいて対馬へ戻り、ついで罪せられて禁錮となる。文久三年ふたたび田代領代官に復し、慶応元年（一八六五）六月交代家老となったが、十一月斬殺される。五十三歳。「常に夷狄の寇を歎き（中略）尊王の義を唱へ筑前長州の間を奔走し天下の志士と交を結び大に国事に尽したる功に依り」正五位を追贈（対馬史料研究会『対馬志士』）。

十一月二十九日母に宛てた和泉の手紙に「菊四郎もまだ参り不レ申候へども、よろしき所にいりこみよく〱せわ致しくれ候よし、安心仕候」とあるのは、この間の事情を物語るものであろう（水天宮所蔵）。久留米藩庁は甘言をもって菊四郎をさそい出し捕縛せんとしたが、菊四郎は動かず、やがて園部村（現佐賀県三養基郡基山町大字園部）の大庄屋宅に移り、翌元治元年（一八六四）正月十日、長州の和泉のもとに帰着した（元治元・一・一三、母柳子宛書簡。しかし同年正月十二日小棹へ宛てた手紙によると菊四郎の長州帰着は正月十二日であるようにも受け取られ、多少の疑いをのこす）。

第八　禁門の変

一　進発の決定

長州問罪の師

しかるにいっぽう将軍家茂の入京後の元治元年（一八六四）正月十五日、松平容保の意見によって長州問罪の師を起こすべき議がおこった。二月八日二条城において一橋慶喜・松平慶永・伊達宗城・山内豊信・島津久光らが会議をひらき、ついで中川宮・前関白近衛忠煕らと商議した結果、まず長州藩支族および家老を大坂に喚問して三条ら六卿の京都送還を命じ、きかなかったときは征討軍を発することに決まった。三月朔日山口城に三条実美を迎えもよおされた宴席において和泉は、藩主敬親に上書する。すなわち平安朝以来礼楽・兵制・農制ともにおとろえ、政治とは仏事を指すのみになった。武家時代後は「万事苟簡」で人倫の道を問う者さえいなくなり、今や内外多事多難の現状を救うものは「真に尊攘の叡慮を遵奉して、皇室を恢復する事を国にかへ身にかへて、一意忠誠を竭くす諸侯」たる長州藩主、および「君を神武・天智にして古の隆盛に挽回(中略)兆民を橿原・志賀の至仁に浴せしめんと一筋に思ひしめ」る公卿三条実美こそそれであるとして、「紀綱振粛」「政令簡明」「風俗淳美」「人事倹素」の四ヵ条を目下の要務としてかかげるのである(三・一、毛利宰相に上りし書)。ところが正月十四日六卿連署の歎願書をもって上京した三条の家士川村能登守(秀興)・丹羽出雲守(正雄)らが三月二日帰着して征討軍発向の気運高まりつつある京情をつたえた。また外国艦隊来襲の風聞高い当時としては、もはや長州藩が哀訴歎願して赦免を願う道の絶え果てたことがあきらかとなった。

上京進発をきめる

三月十一日湯田において和泉・水野丹後らが三条ら六卿と会議した結果、四月上旬に上京進発すべきことをきめた。期するところは朝廷を握る君側の奸を払い、八月十八日以前の政体にかえすことである。しかし四月二十五日六卿の一人錦小路頼徳の死にあったため、進発は六月に延期された。

いっぽう長州藩中において進発論の急先鋒であった来島又兵衛は兵五〇名をひきいて大坂に向かい、四月十日入京、松平容保ついで島津久光をおそわんとしたが、在京長州藩士桂小五郎・久坂玄瑞らの慰撫をうけやむなく断念した。折しも京都では参預の間で意見の不一致が多く、伊達宗城・松平慶永および久光らは相ついで帰国し、山内豊信・徳川慶勝（慶恕）らもこれにつづいたため公武合体派勢力がうすくなったことを機として長州藩世子毛利定広の挙兵上京が令せられたのである。六月十一日和泉・水野丹後・土方楠左衛門らは敬親に招かれ、和泉は上京して諸国武士と長州藩々士間の分裂を防ぎ、土方・丹後らはのこって五卿を守るということになった。

諸隊の編成

第一　浪士一連　三〇〇人
第二　福原越後　二〇〇人
第三　遊撃軍　四〇〇人
　　　国司信濃　一〇〇人
第四　益田弾正　三〇〇人
　　　毛利讃岐守　二〇〇人
第五　毛利定広及び敬親

しかして第一浪士隊は攘夷の歎願および長州藩主父子の寃罪を哀訴するため、第二隊は父子のため江戸へ哀訴に赴くを表面の名目とし実は浪士鎮撫に事寄せ京都に滞留して

清側義軍の総管

諸隊と呼応することに決め、第三隊および国司の隊は浪士鎮撫、第四隊は池田屋事件の暴行者詮索、といった点に上京の名分を求めた。浪士隊は清側義軍といい、和泉と久坂玄瑞とが総管となったが、和泉は浜忠太郎（または忠太夫）、久坂は松野三郎と変名した。変名の由来は和泉の生まれが久留米瀬下浜町であり、忠烈の志をあらわすためであったという。清側義軍に属するは久留米藩出身としては真木外記・菊四郎・宮田半四郎・淵上謙三・原道太・半田門吉・加藤常吉・井上善三郎・池尻茂四郎ら九名。そのほか福岡藩中村円太ら六名、土州藩松山深蔵ら八名、対馬藩一三名、肥後藩四名、さらに和歌山藩・津山藩・小松藩・三池藩・宇和島藩・膳所藩・姫路藩などの脱藩浪士たちであった。

二　山崎宿営

六月十六日、和泉は菊四郎を連れて三条の寓居高田館へ行き訣別の挨拶をしたが、三条ははなむけとして直垂を贈った。清側義軍は招賢閣において告別の宴を張ってのち、

三田尻出発

夕刻三田尻より乗船、大坂よりいったん帰藩していた来島は遊撃軍をひきい、福原の隊

朝廷への上奏

もまた同日ともに出発した。しかして清側義軍は忠勇・宣徳尚義・義勇・集戦・八幡の五隊に分かれ、総管和泉・久坂、参軍中村円太・寺島忠三郎、書記加藤常吉・大楽源太郎らが任ぜられ、会計・兵糧・小荷駄・器械・軍監・斥候・使番などの分担・役割を定め、長州・久留米・福岡・土佐各藩の人物がそれぞれ配せられた。外記は忠勇隊長となり、菊四郎は使番となった。二十一日清側義軍の船は福原越後の船と前後して大坂着、上陸して長州藩邸に入る。二十二日来島又兵衛の隊も到着、陸行して伏見に至り、二十三日福原の隊もこれにつづいた。同夜和泉は清側義軍全員に対し朝廷への上奏文を朗読して聞かせた。すなわち神奈川条約（安政元、日米和親条約）以後八月十八日政変に至る政治の乱れは天皇の明を蔽う「讒誣欺罔之輩の喋々口実」によるものである。彼らは(1)敵の艦船がことさら巨大奇抜であるといいふらし(2)日用不可欠の品を輸出し無用の品を購入して貧民を苦しめ(3)外国の領土は広大であるととなえ(4)彼を知り我を謀るは通商航海にあり、将軍ならでは攘夷の実行が覚束ないと主張し(5)敵の先制攻撃をおそれて勝敗をはかりくらべ(6)万世の利益を思わず目前の利害のみを説き(7)因循の心をもって幾百年たとうと実効のない武備充実論を説く、という七点にわたって「聖明英武」を「惑乱」しているのであり、「壮夫烈士切歯に堪兼（中略）不レ堪二慨憤一」るところである。しかるに「攘夷御先鋒之御志願」もっとも篤い三条実美と長州藩とが朝譴を蒙るというこそ不審至極であり「実以血泣之至」であるが、玉座近く召出され心事をつぶさにたずねられることが出来れば疑いもおのずから晴れるであろう。しかして攘夷の実行を幕府へ督促し、三条・長州藩の罪を許されることを期待するという内容のものであり、縷々二五〇〇字をこえる大文章であった（『天闕へ上奏（一）』）。これは浜忠太郎（和泉）・松野三平（久坂）・野唯人（中村円太）・牛敷春三郎（寺島忠三郎）・入江九一の連署となっているが、和泉は毛利敬親のことを「主人宰相父子」としるした。『退国願』を出し、「みすつる神」久留米藩と訣別した和泉にとって長州藩こそ「たすくる神」というべきであった。討幕に向かいみずからをかりたてる和泉の前には封建的セクト主義はもはや脱却されていたというべきである。

天王山に拠る

かくして清側義軍は同夜四更（午前二〜四時）淀川を渡る。二十四日午後山崎の南岸橋本に到着、淀藩主稲葉正邦に対して和泉がしたためた歎願書の申達方を依頼した。さらにすすんで天王山に至り、離宮八幡宮内北社を本陣とし、宝寺を中営に定め、本陣の表門には「長藩攘夷祈願所」の大札をかかげ、中営には「筑後国高良大明神」の大旗をおしたてた。二十五日歎願書を紀州・尾州・水戸以下対馬・佐賀・福岡・米沢・松山・福井・徳島・福山・盛岡・広島・岡山・津和野各藩の在京留守居に示して周旋を得ようとし、副書をそえて因州藩に依頼した。また久坂玄瑞らも因州藩に長州藩主父子・三条以下の冤罪を訴えて周旋を依頼、大納言中山忠能以下三八名の公卿は横浜鎖港の実施と食言をはばからぬ幕府批判の意見を連署し上書した。

三　決戦に向かって

ところが長州藩兵が山崎に陣したことを知った松平容保らは事態容易ならずとみて一五〇〇の兵によってこれに対せしめ、新撰組近藤勇らもこれにつらなった。二十六日来島又兵衛・佐々木男也が遊撃軍をひきいて山崎に到着、二十七日幕府の捜索・捕縛の手を逃れ長州藩邸に庇護を求めた在京諸国脱藩浪士群百数十名は遊撃・力士の二隊に編入され、来島の統轄下におかれた。この中に久留米出身の池尻茂四郎・松浦八郎、肥後西島亀太郎・宮部春蔵・小坂小次郎・中津彦太郎・加屋四郎・酒井庄之助、土州千屋菊次郎・

能勢達太郎、宇都宮広田精一・岸上弘ら後日天王山で和泉と運命をともにした人物も含まれていた。長州藩兵の京都に迫る形勢をみた幕府は動揺し、京情も騒然としてきた。一橋慶喜・松平容保らは参内して防戦の用意をし、在京諸藩に命を下して皇居九門（中立売・蛤・清和院・下立売・堺町・寺町・石薬師・今出川・乾）を固めさせ、洛中洛外の警備を厳にし、部署を定め、長州軍の来襲にそなえたが、ことはおこらなかった。二十九日、さきに長州藩より哀訴歎願の周旋を依頼されていた稲葉正邦の使いがきて、長州の意図は分かったけれども京都近くに大軍をひきいているのは不穏のおそれなしとしない。山崎の陣を撤去し恭順して命を待つの態度を示すならば大いに周旋にあたるであろうとの意を伝えてきた。この日一橋慶喜は参内して天皇の意志——昨年八月十八日の一件は偽勅との風評があるがすべて自分の真意であり心得違いがあってはならない。長州藩兵の入京は決して許すことができず、自分は松平容保を信頼し、その「忠誠之周旋」に対しふかく感じ入っている（尾佐竹猛『明治維新』中、所引）——を聞き、これを在京諸藩に回達するとともに目付羽田重左衛門を伏見におもむかせ、長州藩を諭させた。福原越後はこれに対し朝旨を奉じて屯集の者の退去に尽力したいと答え、山崎の陣（清側義軍）の和泉、嵯峨

天皇の真意

天龍寺陣（来島又兵衛の隊）の入江九一に朝旨を告げさとした。しかし和泉らはこれは幕府の矯勅の結果であり決して真の勅命ではないと心服しなかったが、ひとまず遵奉するさまを示し陣営に帰った。けれども隊士らが騒然となりしたがわないため、再び朝廷への弁疏状を進呈するとしてこれをおさえた。

退去の命にしたがわず

七月六日一橋慶喜は勅旨にもとづき在京諸藩留守居に対して、八日をもって長州藩に退去を命ずる予定であるから協力し長州藩を説得してほしいと依頼した。翌七日慶喜は府中（対馬）藩樋口謙之允・鳥取藩山部隼太・広島藩熊谷右衛門を呼んで勅旨を示し、長州藩が兵をひきいて京都に迫り藩主父子および五卿の赦免を歎願するのは不敬であるから十一日を限りに嵯峨・山崎の陣を引いて帰国し、福原越後ひとり大坂にとどまって哀訴、命を待つよう周旋してほしいとの意をつたえた。三人はこれを越後につたえ、越後は八日山崎に至って和泉・久坂らに向かい、いったん大坂へ退き京都の情勢をうかがうことにしてはどうかと提案したところ、和泉および忠勇隊長松山深蔵は自分らはすでに死を決して郷国を発ったのであり、いま幕府の言にしたがって撤退すれば防長の恥を千年の後にのこすこととなるので承服しがたい、としてこれに従わなかった（『真木和泉守』）。

陳情書・歎願書

しかして和泉は朝廷への歎願書、老中稲葉正邦への陳情書、防長士民よりの歎願書各一通をしたため、正邦に頼って退去の命に従いがたい理由をのべ、長州藩の願いの達せられることを歎願するとともに、福岡・広島・会津・府中（対馬）・柳河・松代・館林・吉田（伊予）・島原・篠山・岡部・赤穂・岸和田・水口・鹿児島・津・鳥取・高知・桑名・福山・二本松・熊本・富山・大聖寺・佐土原・岡・大洲・宇都宮・新谷などの諸藩の京都留守居に歎願書を示し、斡旋を依頼したのである。

すなわちペリー来航以来外国の横暴は年毎に増し容易ならぬ時世となったこのとき、長州藩は天皇の意志を奉じ攘夷の実行にあたったのである。ところが八・一八政変以後「議論区々」となり「急度（きつと）攘夷御確定（中略）確と仕候儀も」なくなり、このままでは「遂に醜夷に屈レ膝候て、称レ臣にも至り可レ申」き危険がある。しかも三条および長州藩主父子が朝譴をこうむり赦免の機会もないため、藩士たるもの「臣子之身分悲辛逆悶に不レ堪儀に付、実は闕下に伏し候ても奉二歎願一度」く上京したが、兵をひきいての上京は「他之乱暴相防候だけ之備」にすぎず、願意の聞届けられるまでは「此地に被二差置一候」ことを願い、決して退去するものでないことを表明した（『天闕へ上奏㈢』）。また老中稲葉正邦に対してはこれまでの周旋の労を謝すとともに、今回の上京は「去年八月以来押へ来り候衷情」にもとづくものであり、この意が上達せられぬうちは幾度でも歎願し、「一人たり共生還仕候心得更に無レ之」といい切るのである（稲葉閣老に呈せし陳情書）。これらはともに浜忠太郎（和泉）・松野三平（久坂玄瑞）・野唯人（中村円太）・牛敷春三郎（寺島忠三郎）・入江九一の連署となっており、事実上の宣戦布告ともいうべきものであった。

事実上の宣戦布告

同じ八日、国司信濃らは「今度其方事上京申付、諸隊の者預置候。諸事無レ緩可レ管轄事」としるした長州藩主父子の黒印書（『真木和泉守』）をもって兵八〇〇をひきい、海路兵庫に到着した。九日信濃は伏見で福原越後と会見し朝廷・幕府への書を作製して藩京都留守居乃美織江に命じこれを上書させた。いうところは山崎・天龍寺などに屯集の士を説伏・鎮静させるため上京したが、朝廷への哀訴歎願がきかれない限り鎮静困難であるとするにあった。同夕刻信濃は兵をひきいて山崎にきたり、和泉の隊と合流した。十一日長州の国もとより世子定広および五卿の軍勢が十三日をもって進発するという報告が到り、十三日には益田弾正が六〇〇の兵をひきい山崎に到着。事態容易ならずとみた一橋慶喜は長州・鳥取・対馬三藩留守居を派して越後を説伏させようとしたが、越後はきかなかった。

四　除奸の志

この間にあって朝廷では中川宮・慶喜・容保らが長州藩大挙入京への対策を講じたが、十五日定広の到着以前において追討の令を発することを議し、翌日ほぼ決定をみた。十七日はじめ会津・長州間の私闘とみて動かなかった薩州藩も長州藩の歎願をしりぞけ征討すべしとする意見を上奏するに至り、慶喜もついに長州藩征討を決意、上奏して裁下を得た。翌日正親町三条実愛・野宮定功らは乃美織江を呼んで朝旨をつたえ、屯集の長州藩士らが即日退去すべきを命じ、乃美はこれを福原越後らに説いたが越後らはうけつけなかった。

男山八幡宮の軍議

いっぽう征討の議を聞いた伏見・山崎・天龍寺の陣営では男山八幡宮において福原・国司・益田・久坂・寺島・入江・来島それに和泉ら二〇余名会して軍議がひらかれた。席上久坂は朝廷・幕府の命にしたがって大坂へ退き、世子定広の来着を待って必勝の策を講ずべきであるとのべた。これに対し来島は一挙に入京して松平容保を倒し、君側の

和泉、進発を主張

奸を払う以外に道はないと論じた。しかして久坂より意見を求められた和泉は来島に同意したため、最年長者として全軍に重きをもつ和泉の意見にしたがってけっきょく十八日夜をもって進発することに決定、天王山は七ツ時（午後四時）、嵯峨天龍寺は九ツ時（午後一二時）、伏見は四ツ時（午後一〇時）に進軍開始ときまった。このころ和泉は『討会上奏』『幕府へ上書』『在京列藩へ通告』の諸文を草した。『討会上奏』は『送戦書』とも呼ばれ「長州浪士中」の名でしるされており、他二者は浜忠太郎・入江九一の連名のかたちとなっていて、『在京列藩へ通告』のみ七月十八日の日付が入っている（他は子七月のみ）。

松平容保を追及

そのいずれもが天皇君側の奸として松平容保の名を挙げ、これを討伐せんとの素志を披瀝するのである。すなわちもともと「陛下攘夷之御志は弘化以来始終画一之御事、雖二今日一被レ為レ替候御儀は不レ被レ為レ在と奉レ存候処、去秋以来御撓み被レ遊候様に相疑」われるのは、ひとえに「松平肥後守之所為」と断言、むかしの「山法師」「藤原信頼」「木曾義仲」の悪業にもまさるものであると論じ、⑴昨年八月十八日禁闕におしいり小銃連発したこと⑵鷹司・三条ら尊攘派公卿をおとしいれたこと⑶長崎において絹糸・油などの交易を行ない私利をこやしたこと⑷壬生浪人（新撰組）暴行の因を作ったこと、などの罪過を列挙した。しかしてこれを放置する限り「天下大乱之本、皇国必滅之秋」となるため、暫時皇居の近くを騒擾せしめることまことに恐れいるが、おゆるしいただいてこの君側の奸を払い、「攘夷之叡慮も恤民之思召も貫徹」するにはやむをえぬことであると断言する（『討会上奏』）。ついで万民愛養、諸大名をひきいて朝廷に恭順し、武威を四方にふるうという重任を「東照宮以来」荷っているところの征夷大将軍を補佐すべき職にありながら諸政混乱の原因をつくって「大樹公には因循無識之謗を被﹅招候而已ならず徳川御家之命脈蹙り候様成行」かしめた容保の責任を「金鼓を鳴らして其罪を問」い（『在京列藩へ通告』）、「差当り御家（徳川家）之大罪人」と追及するのである（『幕府へ上書』）。この時期すでに和泉は孝明天皇の意志が「真之情不﹅可﹅知」としながら「中川情は今日の天情と見て可なり」というように討幕を好まず、中川宮の主導する公武合体論に賛意を表し、したがって容保を信任して挙兵上京・歎願せんとする長州藩の素志をうけいれるものではないことを知っていた（『七情推測』）。しかし朝旨なるがゆえこれにしたがい、ことあげせぬというのは八月十八日政変以前攘夷の朝旨を奉じ先頭に立って行動した長州藩〝尊攘〟の意義を否定することを意味し、「尊攘の道は是限り」（文久三・秋、西郷吉之助宛書

孝明天皇の意志

『御述懐』

簡）、「勤王攘夷と申儀全く偽と相成可レ申」きこと（文久三、坂木六郎・藤次郎宛書簡）にほかならなかった。前年——文久二年五月孝明天皇みずから筆をとり堂上公卿たちへ示した『御述懐』には通商条約調印を結党阻止した下級公卿八八人の行動を高く評価し、安政大獄を憂え、桜田門外・坂下門外の変の参加者、さらには東禅寺事件浪士たちをさえ、天皇の意に沿う「正義ノ士」「勇豪ノ士」と賞揚したことばが明白につづられており、薩長両藩には内々下付されたものであったため、当然和泉はこれを知っていたはずである（『孝明天皇紀』三）。すなわち政変以前にあって天皇の意志は尊攘派の主張するところと基調を同じうしていたことはあきらかであったといわねばならないであろう。さればこそ和泉はあえて挙兵上京し、たとえ皇居周辺において騒擾に及ぶことがあろうとも君側の奸をはらっておおわれていた天皇の明をとりもどすことこそ、真の叡慮にそって尊攘の素志をつらぬくゆえんであると確信したのである。この点における和泉の意図は『七情推測』の最末尾にいうごとく平清盛の平治の乱における故智にならい、今や幕府の手中に奪われている「輦を奉レ迎こと」こそそれであり、尊王の名分を名・実ともにわが手に奪いかえすことにあった。

五　天王山頂の終焉

七月十九日ついに幕府は幕臣および在京諸藩に対して長州藩追討の命令を発し、天龍寺・山崎・伏見三方面を扼して戦闘の部署を定めた。長州藩側の目ざすところは国司信濃の軍令によれば「敵は肥後守（容保）而已之事」であり「列藩之成丈け不レ及ニ取合一様可レ致」ことにあり、容保の宿所たる凝花洞への突入にあった（『真木和泉守』）。十八日午後一〇時伏見を発した福原越後の隊は大垣藩兵と戦って敗れ、越後は肩に負傷し、十九日山崎へ退くに至る。天龍寺では十八日夜一二時に国司信濃が来島又兵衛の遊撃隊とともに行動をおこし、中立売門をめざしてすすみ、来島は会津藩兵の守る蛤門に殺到して戦闘激烈となった。長州軍は意気さかんにして会津を圧し、来援の桑名藩をも崩して蛤門内に侵入し、また凝花洞に迫らんとしたが折しも乾門にあった薩州藩兵二〇〇名が長州軍にうちかかり、薩・長入り乱れての白兵戦となった。しかして薩州側の狙撃をうけた来島が乱戦の中で討死を遂げるとともに国司の軍は敗れ、嵯峨に退却するに至る。

いっぽう和泉・久坂のひきいる清側義軍五〇〇名は白木綿の鉢巻、または足の先に白

山崎へ退く

『京都事情見聞録』

木綿をくりつけ、「尊攘」を合言葉に十八日夜進軍開始。十九日朝洛中に入り丸太町に進んだが堺町門に到ったとき福井藩兵から後をさえぎられた。清側義軍は鷹司邸裏門より邸内に入り、歎願の筋あり随従して参内することを乞うたが、福井藩側からの狙撃によって戦闘がはじまり、やがて中立売・蛤門の戦いを終った会津・彦根・薩州の諸兵が来援するに及んで敗色しだいに濃厚となってきた。乱戦の中にあって久坂・寺島・入江・原道太らは相ついで倒れ、和泉も今はこれまでとここを死場所に定めようとしたが、山崎に退いて益田弾正の隊と合流し、毛利定広の軍勢の来着を待って再度ことをあげようという松山深蔵の言にしたがい、大砲四門を敵の中に連発させ、その虚に乗じて鷹司家裏門より山崎へ脱出した。紺糸の小具足に水干・風折烏帽子をつけた和泉は、鷹司邸にあっては縁側に腰かけ指揮をとったが、乱戦の中に股を撃たれて傷を負った。この日、秋七月といっても残暑きびしく、山崎への街道筋の家々では手桶に湯茶を入れ兵士をねぎらった。しかし敗軍の兵士は往々柄杓（ひしゃく）を持ったまま駈け出し、路傍になげうつ者もいたが、和泉は後につづく者のため用のすんだ柄杓は洗って桶にそえておくようにいいきかせたといわれる（『真木和泉守』）。久留米藩関係者の筆になったと推察される『京都事情

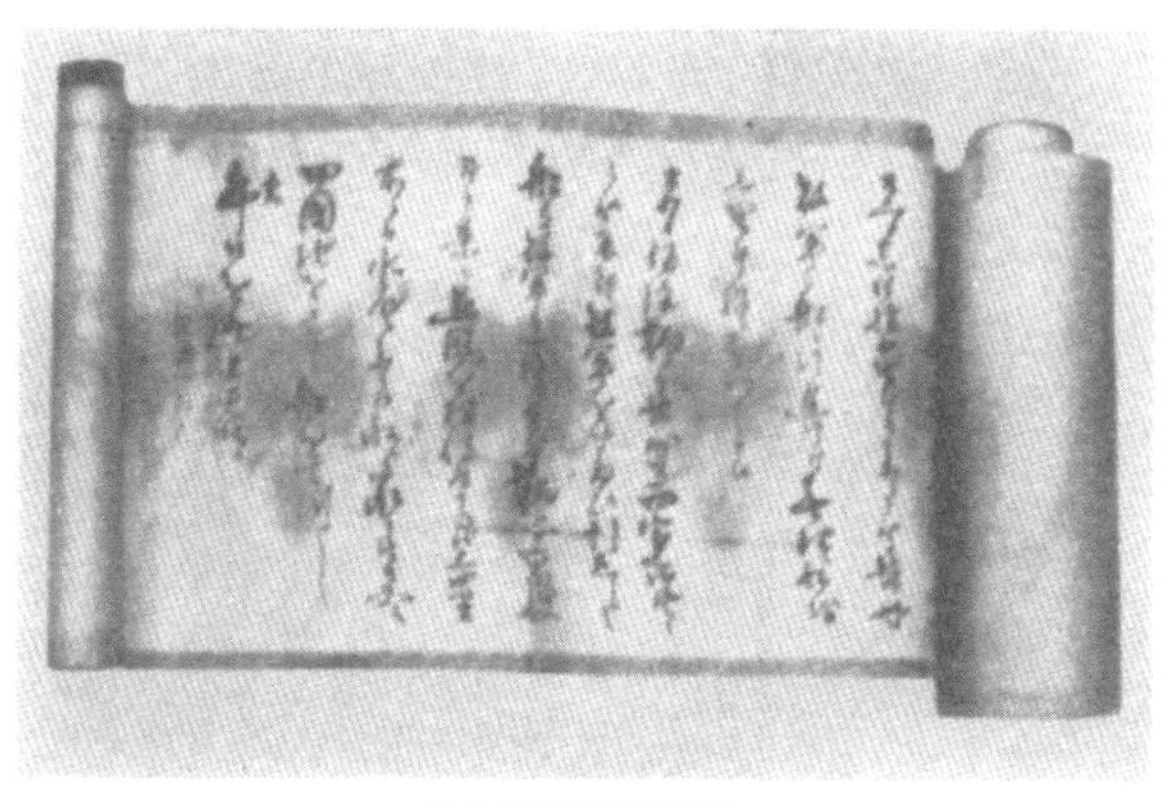

『京都事情見聞録』

見聞録』と題した戦況報告書によると「長州之玉恐多くも御所江打込玉座を驚かし」「一天四海之皇君三種之神器を玉躰ニ御付被レ遊候而下加茂江御立退被レ遊度幾度も被ニ仰出一れたが武家方よりとめたこと、寺町辺で「真木菊四郎馬上」で通りかかったのを稲次の家来が会ったこと、この日薩州藩の討取った首級一三〇余り、会津藩一九〇余り、のこり五―六〇〇人は何方へ逃げ去ったかわからないこと、兵火にわざわいされた京都市中の火事は十九日六ツ時(午前六時)から二十日夕方に至るまで二日二晩燃えつづけ、八分通り焼失したこと、天龍寺は薩州藩が焼き払ったところ足軽一人もいなかったこと、等々なまなましい戦いの有様をつたえている。

一方、益田弾正は天王山に陣し、頂上より京都の

和泉、自殺の決意を示す

形勢をうかがっていたが、十九日巳刻（午前一〇時）すぎ敗報届くにおよびわずかの軍勢での防戦はむずかしいと判断して、午後にわかに長州の国元へ引揚げてしまった。未刻（午後二時）ごろ和泉らはようやく天王山に帰りつき、ついで敗兵らもしだいにのがれきたって二〇〇名ほどになった。このときまだ天王山に残っていた長州藩士宍戸九郎兵衛は和泉に対しともに長州にしりぞいて再起をはかることをすすめ、他方清側義軍の者は天王山に拠って抗戦をつづけ、毛利定広の軍勢の到着を待つことをすすめた。しかし和泉は少数の兵をもってして幕府の大軍を支えることはむずかしく、毛利定広・三条実美らが国もとを出発したというが敗報を聞けば引

天　王　山

外記・菊四郎との訣別

天王山頂俯瞰

き返すにちがいない。自分は今回の挙の巨魁であり、血をもって禁門をけがした責めを負うべきはもちろん、長州藩主父子・三条にも罪を重ねさせる因をつくったものであるからここで死をえらぶ。他のひとびとははやく帰国して今後も攘夷の志を励ますように、とすすめた。しかして弟外記・次男菊四郎をさとして宍戸ら長州藩兵と行をともにさせ、この日の夕方天王山を出発させたのである。ところが衆のなかには長州へ帰ることを肯ぜず、和泉と生死をともにすることを懇願する者あり、和泉もやむをえずこれを許した。そして天王山二の華表下に陣をうつし、山頂に大篝火(かがりび)をたき、大兵が拠る様を示した(『真木和泉守』)。

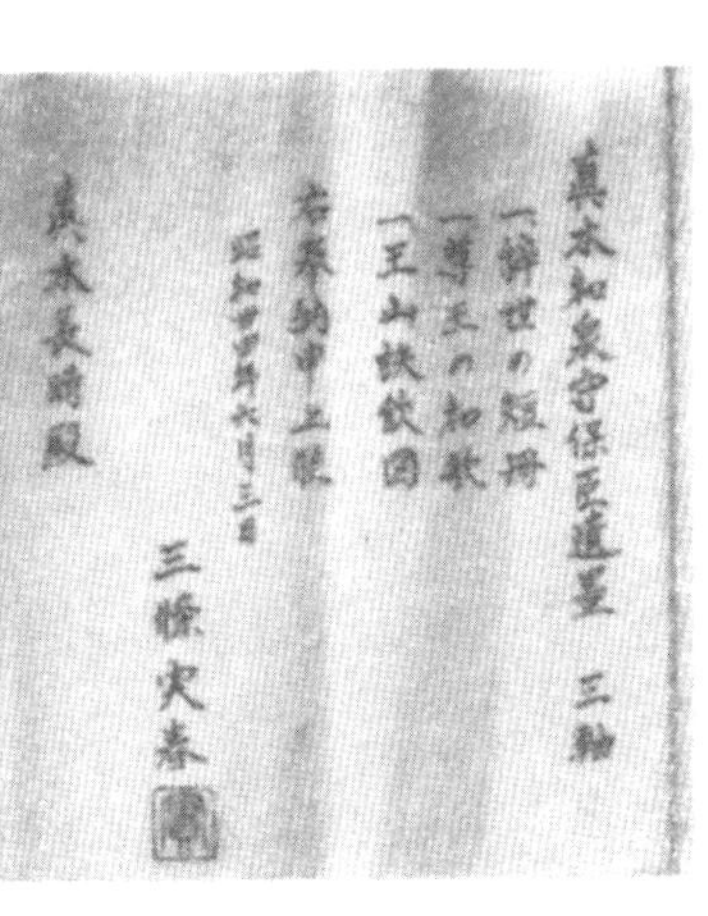
真木和泉守保臣遺墨　三軸
一　辞世の短冊
右奉納申上候
三條実春

辞世の短冊外三条家の奉納状

二十日朝郡山藩から二名の使者がきたり、ついで家老三人が和泉をたずね、長州藩とは親戚関係にあり、また正義の士を討つにしのびないのですみやかに退去するようにとの意をつたえたが、和泉はこれに酒をすすめ、会津藩と決戦をこころみてのち自刃する決意をのべ、これを去らしめた。ついで和泉は白髪の乱れたまま死ぬのは恥であるからとて結髪させ、また髪を切って地中に埋め、辞世の和歌、

大山の峰の岩根に埋めにけりわが年月の大和魂

を短冊にしたため、大和五条の出身大沢一平に託して長州へおもむき、三条に最後の次第を報告することを命じた。はじめ和泉は一行中の最年少者二十一歳の肥後人加屋四郎にこれを命じたが、加屋が切に辞退したためという。大沢が去るにあたり和泉はかつて三条より贈られた白羽二重一巻を遺品として与え、一行の者も辞世の和歌・書簡などを

託した。ときに二十日午後四時。大沢は負傷のため途中備中(岡山県)倉敷の薬舗森田源介(節斎)方に潜伏し、十二月井上文都が代わって長州の三条実美にもたらした。

この辞世の短冊はその後昭和三十四年三条家より真木家へ贈られ、水天宮の神宝となった。五十二歳の生涯を尊攘一筋に燃焼しつくした和泉の気魄を、今に至るもなお墨痕あざやかにつたえている。

翌二十一日早朝会津藩兵は大砲を引具して山崎の宝寺にきたり、新撰組を先鋒として天王山に至ったが人の気配がなかった。ところが突然銃声と吶喊の声がひびいたため伏兵ありと思い、総勢山麓の八幡宮まで退却した。ところがこのとき山上から会津軍を呼ぶ声あり、しばらくして一発の銃声がとどろき、黒煙天に沖したため、和泉らの自刃を感知した会津軍が再び隊伍をととのえ山頂によじのぼったところ、火中に和泉以下一七人が屠腹し、死体焦爛したさまを見出した。「何れも元結之所は紫之紐にて結び、戎具等何れも見事成者にて」「真中に旗を立、各甲冑を脱、訣別之杯を酌替し、心静に割腹致し候有様、誠に勇々敷次第」であったといわれる(森山滋筆記、『近世日本国民史』五三、所引)。営外の松の木には一同の辞世の詩歌が扇や紙片にしたためて結びつけてあり、また天王山社殿には和泉以下一七人の連署で「甲子秋七月。出師討二会賊一。不レ利引還。我輩不レ忍三徒去二京師一。屠二腹所レ営之天王山一。欲三陰護二至尊一也」という決死の理由書が貼りつけてあった（『真木和泉守』）。

一七名のひとびと

和泉と死をともにした十七名はつぎのごとくである。

久留米藩	真木和泉	五十二歳
〃	加藤常吉	三十二〃
〃	松浦八郎	二十九〃
〃	池尻茂四郎	二十五〃
福岡藩	松田五六郎	三十八〃
熊本藩	西島亀太郎	三十二〃
〃	中津彦太郎	三十　〃
〃	宮部春蔵	二十六〃
〃	小坂小次郎	二十二〃
〃	加屋四郎	二十一〃
〃	酒井庄之助	不明

高知藩　松山深蔵　二十八〃
〃　千屋菊次郎　二十八〃
〃　安藤直之助　二十二〃
〃　能勢達太郎　二十二〃
宇都宮藩　広田精一　二十八〃
〃　岸上弘　二十八〃

会津軍は離宮八幡宮神官津田加賀の家を焼き、八幡宮・神宮寺・観音寺以下境内の寺院の大半に火は及び、附近の人家二〇〇余りも類焼したという。

和泉の墓（天王山）

〃残念さん〃

「十七士墓表」

百年祭（昭和39年7月21日）

六　死後のことども

和泉以下一七人の遺体は会津藩兵が村民に命じて宝寺塔前に九尺四方の穴を掘ってうずめ、村民はその四方に竹垣をめぐらせて長州賊徒の墓といった。ところが近郷のものこれを〃残念さん〃と称し参詣者があとを絶たなかったため幕府はこれを忌んで庶民の登山を禁じ、遺体を発掘して観音寺山下の竹林中に転葬したが、明治元年（一八六八）夏毛利敬親は一七人の碑石を宝寺に建設、九月和泉の嗣子主馬は熊本・福岡・高知の有志と協議し、朝廷の許可を得て遺骨を竹林中より集め、はじめの屠腹の地たる二の華表前に改葬し、一大石碑をたてて「十七士墓表」と名づけた。のち京都府庁によって毛利敬親が宝寺に建立した碑石はここにうつされた。その後明治十九年（一八八六）六月に至って和泉の馬丁であった森口忠兵衛が碑石その他を修復し、石垣・木柵を寄進し、碑石の傍に休憩所をもうけた。

京都府田辺町在住の山田祥介氏によると当時宝寺に佐渡生まれの多加良探玄なる僧侶あり、滞留中の和泉と面識をもち、天龍寺・伏見の長州軍との連絡などにあたっていた。和泉らの自殺後死体の埋葬にしたがい、弔いを行なっていたため京都所司代に拘留され牢獄につながれた。維新後出所したが日頃墓所の清掃を行ない冥福を祈るのをつとめとし、明治九年没したという。『王山訣飲図』（口絵参照）の作者悟庵との何らかのつながりも想像されるところである。

和泉の銅像（水天宮内）

明治二年（一八六九）正月、久留

使番格追贈

正四位追贈

『真木和泉守遺文』刊行

銅像建立および再建

真木神社

先哲記念館（水天宮内）

米藩は和泉に使番格、弟大鳥居理兵衛に大小性格を追贈、五年正月朝廷は永世祭祀料として年々現米一〇〇石を下賜、二十四年四月特旨をもって正四位を追贈した。明治四十五年（一九一二）一月結成された真木保臣顕彰会は大正二年（一九一三）五月『真木和泉守遺文』を刊行し、同四年水天宮境内に和泉の銅像を建立した。しかるに銅像は第二次大戦の苛烈化にともない供出せられ、台座のみ残されていたが、昭和三十九年（一九六四）七月没後一〇〇年を記念した事業会の発足とともに再建の議がすすみ、四十三年十月烏帽子・具足の昔のままの姿が、ふたたび昔日の台座の上に復活した。これよりさき昭和二十一年七月水天宮隣接地に和泉をまつる真木神社が創建されていたが、この年水天宮境内に移築されるに至った。また和泉関係の遺墨・遺品類を陳列した先哲記念館、弓道場・運動場などがつくられ、それぞれ重要な機能を果たしている。このほか和泉が水田の地において一〇年間を雌伏・隠忍したかくれ家「山梔窩（くちなしのや）」は、筑後郷土研究会の手で原型どおりに修復され、昭和四十三年五月福岡県文化財に指定されている。しかして自刃の日七月二十一日には真木神社社前において彼の子孫たる元水天宮々司真木保典氏司祭のもと、彼と死生をともにした同志・門人――鶴田陶司・中垣健太郎・原道太・半田門吉らの子孫・縁者および和泉を敬慕する崇敬会一〇〇余のひとびとが相会して毎年例祭が執行され、蟬しぐれのなかに天王山の辞世の和歌の朗吟が流れている。五十二歳の

先哲記念館

例祭執行

真木神社（水天宮内）

生涯を尊攘一筋に燃焼しつくした和泉は生存中久留米藩を土壌として経世の志をのばすことができなかったが、没後一〇〇年をこえた今日、筑後のひとびと、ひいては全日本のひとびとの胸裡に長くその名をきざもうとするのである。

第九　真木和泉の歴史的意義

一　水戸学の克服

吉田松陰とならんで真木和泉の名は幕末志士の中でも傑出した位置を占めている。その歴史的意義を一言でのべるならば、徳川将軍家を頂点とする現支配秩序維持のための最大のよりどころを尊王攘夷に求めるというそれまでの維新運動の指導理念の論理的停滞ないし不徹底をうちやぶって現体制打破のエネルギーを果敢にもえ立たせ、討幕への道をきりひらいたことにあるといえよう。いいかえるなら天保学（水戸学）の影響下にみずからの思想をかたちづくりながら和泉が水戸藩ないし水戸学のもつ〝御三家〟なるがゆえの宿命的矛盾につきあたり、その壁を大きくのりこえて明治維新への展望に立ったことを意味する。三十二歳の若き日はじめて水戸に『新論』の著者会沢正志斎をたずね従学、〝天保学三尊〟のひとりとして久留米藩に水戸学を将来・振起するため努力した和泉であるが、その水戸学ないし水戸学派のひとびとは幕末維新史の渦の中にあっていかなる基本的姿勢のもと、どのような動きと主張とをなしていたかをかえりみなければならない。

まず尊攘思想の唱導者として全国的な敬仰の対象となった烈公徳川斉昭が天保五年（一八三四）十一月十七日老中大久保忠真へあてた書簡の中で「世の中に京都の衰候を嘆き、甚しきに至候ては王室家抔と唱へ候類も有レ之よし。拙者存意は京都之儀上様御始御尊敬被レ遊候事に候得ば天下一統仰ぎ奉るべきは勿論に候へ共、第一その身分〳〵に応じ候事にて、士民は其領主を尊敬いたし領主領主は上様を尊敬奉り、上様にては京都を御尊敬被レ遊候御儀に被レ為レ在候を、其身分を忘れ手ごしの始末有レ之候ては乱民とも可レ申、以之外可レ悪事に存候段は毎々家中共へも申諭し置候事」とのべていることに注目すべきである（『水戸藩史料』別記上）。すなわち尊王をもってわが国最高の道徳であり、君臣関係を律する至上規範として高くかかげながら誰でもが現実にひとしく尊王を行なうことを許さず、将軍・大名・藩士・庶民の各階層に応じた尊王の秩序をきびしく要求したのである。しかして現実に尊王が可能なのは将軍ただひとりであり、それ以外は大名は将軍へ、藩士は大名へ、庶民は武士階級へそれぞれの順を追って直接の統率者へ忠節をつくすことが正しい尊王のあり方であり、この秩序をとびこえ大名以下が直接に尊王を行なおうとするのは反乱の所行にほかならないときめつけていることに典型的にあらわれている。斉昭にとって皇室の尊厳性をたかくかかげ、尊王の意義をとなえることと、現実において幕府が天下の大政を握っていることとは決して矛盾しなかった。すなわち尊王＝反幕ではなく、幕府の支配秩序のもとで将軍が先頭に立ち尊王の名分を正すことを考え、それをもって幕府の天下統治に合理的根拠を与えようとしたのである。したがって将軍はおのれにのみ許された直接尊王の執行権を絶対に他の者にゆずってはならなかった。

会沢正志斎の思想と行動

この斉昭を補佐し水戸学の形成に力あったのは会沢正志斎である。藤田東湖と並んで後期水戸学派（徳川光圀を中心に『大日本史』編集に参加した安積澹泊・栗山潜鋒らを前期水戸学派といい、これに対し斉昭を中心にあつまった会沢・藤田らを後期水戸学派という）の代表的思想家であり、『新論』『廸彝篇』などの著作を通じて尊王攘夷論を高唱し幕末思想界につよい影響を与えた会沢の名は人口に膾炙している。文政年間水戸八代藩主斉脩の継嗣決定にあたり将軍家斉の子清水恒之丞を迎えんとする守旧門閥派に対抗し、会沢は藤田東湖らとともに藩主の弟斉昭の擁立をはかって奔走し所志を達成、斉昭が藩政刷新に着手するやこれを補佐して改革を推進した。しかして弘化元年（一八四四）斉昭が幕譴を蒙り隠居謹慎を命ぜられるや藩禁を犯して江戸・水戸の間を往来し赦免運動にしたがうというように、のち水戸藩激派（天狗党）の指導者となった武田耕雲斎・高橋多一郎・金子孫二郎らと連繋しての行動に参加してきたのである。

しかるに和泉が私淑してきたこの会沢はペリー来航後日米和親条約が結ばれて幕府みずからによる攘夷政策の抛棄があきらかとなり、ついでハリス来日・修好通商条約の調印へとすすむ安政政治史のあらたな展開に対し、どのような反応をみせたであろうか。すなわち安政五年（一八五八）八月幕府の対外処理に対する不満と井伊大老批判をにおわせた戊午の密勅が水戸藩に下されるや、勅諚伝達・非伝達、ついで勅書の返納・非返納の問題をめぐり幕府との間に板ばさみとなった水戸藩は大揺れに揺れ、改革派たる天狗党に鎮・激両派が生まれるに至った。しかも鎮派はかつての対立者たる守旧派＝諸生党と合流するというような複雑な内部分裂をみるようになったが、このとき鎮派の長老として「万端本家（幕府）え恭順尽候而已」という論陣を張ったのがほかならぬ会沢であったのである（『水戸藩史料』上編坤）。ついで万延元年（一八六〇）桜田門外の変がおこるが会沢はどう反応したか。

桜田門外の変批判

いうまでもなくこの挙は満天下の尊攘派をして欣喜雀躍せしめ、大島に配流中の西郷隆盛は「打喜び、直ちに刀を抜いて跣足のまゝ庭に飛び下り、エーエーと声勇しく庭前の大きな松の幹を幾度か斬りつけ」（『大西郷全集』三）たほどであったが、これに反して会沢は「国家に対し白刃を揮候者共にて、狂悖之所為」と断じ（『水戸藩史料』上編坤）、関係者のすみやかな逮捕を期待した。そして翌文久元年（一八六一）五月水戸浪士による東禅寺英国公使館襲撃事件に対しては「東禅賊」と呼び（文久元・九・八、寺門政次郎宛会沢書簡、東京大学史料編纂所々蔵）、翌文久二年正月坂下門外の変の一党を「十五日賊」ときめつけ（文久二・一・二三、同、同）激派浪士の弾圧逮捕の至当を力説した。会沢にとっては坂下門外の変の指導者たる大橋訥菴が事前に逮捕せられたことは「天下の幸」であり、訥菴は「如何なる乱階も不レ可レ測」るところの「大塩（平八郎）之類」の謀反人にほかならなかったのである（文久二・二・四、同、同）。

これらの諸事実は御三家水戸藩の忠篤な家臣たる会沢の態度——尊攘運動の反・討幕

への昂揚をおさえ、宗家将軍・幕府の命運の長きを願う意志をつよく示しているといえよう。かつて会沢がとなえた尊王敬幕の名分としての攘夷が安政大獄以後の中央政局の展開の中で薩長両藩の指導のもと、討幕のための攘夷にすりかえられつつあることを感じ取っていたのであろう。文久三年七月八十二歳の生涯を閉じたかつての尊王攘夷論のかがやける全国的レベルの指導者であった会沢は大獄以後の尊攘運動——幕府倒滅への道をひらいたこの維新運動の主流とは重大なギャップをもつに至り、むしろ意志的にはそれとはげしく敵対していたのである。

維新運動の主流に敵対

これまで数多くの著作の上で儒学の理念と論理にしたがい整然とのべられてきたその国体観・尊王論も、けっきょくは書物の上で現実の秩序と矛盾しないように説かれた封建教学の主張にほかならなかった。攘夷・開国をめぐって朝廷・幕府の対立があらわになり、天下の政治の動向に勅諚が重大なかかわりをもつようになると会沢は、将軍家の藩屏たる水戸家の家臣として主家の安泰に心をくだく忠篤なる藩士の姿勢にたたざるを得なかったのである。桜田門外の変の参加者が提唱した斬奸——徳川家の真の忠臣たらんため将軍の明をおおう邪悪の幕吏を倒すという——の論理をさえ理解できず、封建体制下における武士の意識と行動の埒外に出ることはしょせん会沢にとって不可能であった。

しかるにこれに反して弘化元年（一八四四）初対面以来会沢との間にしばしば書簡を往復、「意気投合し、肝胆相照ら」し「師友の情溢るゝが如きものがあ」り、幽居中会沢との会見を夢みる（安政元・八・二五、『南僊日録』二）ほどであった和泉は、江戸城を攻略し親王を安東大将軍とするというように反徳川体制の意志を大胆にぶっつけ（安政五・一〇・一三、『大夢記』）、水戸学派の説いた尊王敬幕的限界をのりこえて討幕への道の可能性を提唱したのである。その背後にあったものは朝廷からじきじきに官位を授けられる神官の家に生まれ、天皇の直臣意識をもったこと、したがって将軍—大名—藩士という封建制の階層秩序感からいちおう自由であったこと、幼時『絵本楠公記』を読んで朝廷敬慕（恋闕）の志を抱き、和学・国学・歌学といったわが国伝統の教養・学問を身につけたこと、などが考えられるであろう。また久留米藩の庇護と後援とが期待できず、藩士としての意識の限界にわずらわされることが少なかったため、はやく天皇を中心とする国家を構想する可能性に恵まれ、それの実現のためまず薩州藩ついで長州藩を足場とし、ひいては薩長連合の必要に着目するというように藩の壁をこえた天下の志士の意識に拠ることが

天皇の直臣意識

できた。ペリー来航から島津久光の上京に至る一〇年間、すなわち藩単位の小宇宙を破り天下全体の問題へと幕末の歴史が大きく歩みをすすめんとするときに、藩譴を受けて水田に蟄居を余儀なくされていたということは、和泉のこのような傾向をより強めきたえあげていったと考えられる。はやく「一国の事、天下の雛形と相心得」ての藩政改革（弘化三・三、『敢言草稿』）に失敗した彼は、それゆえに徳川幕府ならぬ天皇を中心としたあたらしい国家の実現へとまっしぐらにすすむことができたのである。

二　尊攘論・国体論

幕府ぎらい朝廷びいき

かくのごとく尊攘激派の全国的指導者として重きをなした和泉にとって討幕こそ彼の終生の目標であり、意識の根底にあってつねに行動へかりたてるものであった。水田蟄居時の後半、寺田屋の変前後、また文久三年六〜八月の京都政局、さらには長州における挙兵上京是非の論議をめぐり多くの志士たちは和泉の周囲に集まってその建議を聞き、その指示によって動いた。しかし和泉自身は術策の論理のみを追う経綸家では決してなく、ましてや策謀家でもなかった。和泉の幕府ぎらい朝廷びいきの主張は、娘小棹がいうように順徳上皇の歌を口ずさんでは落涙するといったいわばひとつの情念として彼の体内に本来的なものとして根づいたものであり、決して政治的・術策的な次元のものではなかった。ペリー来航以後における対外問題の推移、すなわち幕府当局に定見なくアメリカ側の強要に屈して和親条約を結び、朝廷のつよい開国反対の意向をおし切って修好通商条約が調印されていく時世の動きに対し、和泉がこれをきびしく批判する立場にあったことはいうまでもない。けれどもそれが政策の相異という立場からでなく、道徳理念的見地からなされていることに注目すべきである。

国土防衛論のふたつの潮流

この時期、迫りくる外圧に対しいかに処するかという共通課題にたいし領国意識をこえた全日本的立場からのさまざまな国土防衛論がとなえられたが、それはふたつの潮流に大別できた。すなわち彼我の戦力の断然たるちがいから考えてわが国の劣勢はあきらかであるため、つとめて外国側を刺激することを避け、可能のかぎりその申し出にしたがい、国土・民族の滅亡を回避することにつとめるべきであるとするのが第一の立場である。この場合朝廷の攘夷論との間に矛盾が生じるが、政治の責めにあたるのは幕府であり、また攘夷を主張することが海外情勢に暗い迂論にほかならず、国土の存立を危う

第一の立場

くすることがあきらかな以上、天皇の意志なるがゆえにやみくもにこれに従う必要はないとする。

これに反してわが国は神州であり夷狄にけがさせるべきでない、ましてや天皇の意志が攘夷にある以上たとえ国土・民族滅亡することがあろうともあくまで攘夷を断行すべきであり、勝敗のごときは問うところでないとするのが第二の立場である。ここでは現実の国土の防衛といういわば術策の次元の問題がそのまま理念的・人倫的世界の価値にむすびつき、神州が夷狄に膝を屈するようなことがあれば、もはや国土＝国体の崩壊を意味し、一国独自の道の滅亡をもたらすものであるととなえ、国体の擁護こそ最重要であるとする主張である（山口宗之『幕末政治思想史研究』第二章、参照）。この点において冷静な政策家ならざる恋闕の人和泉が後者の主張に立つものであることはいうまでもない。元治元年（一八六四）六月挙兵上京し草莽微臣浜忠太郎（和泉の変名）ほか四名の名でしたためた『天闕へ上奏(一)』につぎのごとくいう。「恐れ多くも天津日嗣之知食皇国にして、君臣之義、華夷之弁、明哲相立候御国体に付、先年来御必勝之御成算は被レ為レ在間敷候へ共、大義之所在にて聖断被レ為レ在候御事に付、戦之勝敗に御頓著は有レ之間敷、元来国家之栄辱

〃聖断〃の重み

は勝敗にあらず。国体之立と不レ立とに可レ有レ之候」。和泉は天皇の意志で攘夷ときまった以上は、たとえ必勝の成算がなくとも断然決戦すべきであると説く。しかも和泉の立論の中核をなす国体の立つか立たぬかということは、「聖断」すなわち天皇の意志にひたすら従うことであり、ここに最大窮極の価値があるとみた。このように和泉においては現実における国土防衛論がそのまま道義的・人倫的な国体護持論に連結し、天皇の意志に絶対にしたがうという至上命法により律せられる以上、歴史的自覚としてまた行動の理念としての彼の尊王思想には何らの矛盾もなく、一貫する論理がつらぬいていたということができよう。和泉にとって神州たるわが国の歴史的顕現が天皇である以上、それときりはなされた単なる国土の存亡を云々するのは無意義であり、天皇の意志を奉じ神州を護持せんとする行為こそが勝敗を度外視して意義あり価値あるものとされたのであった。

復古主義の主張

かくのごとく熱情的な天皇憧憬の情念を根底にもつ和泉が徹底した復古主義の主張をもっていたことは当然である。和泉にとって平安時代以降の歴史は決して「神皇の本意」でなく（文久三・七・二四、『五事建策』）、武士が天下をとってからは万事簡易にすぎて人倫の

租庸調、笞杖徒流死の採用

道を問う者さえなくなり「赫々たる神州既に鬼域なんどいはん様になりはて」てしまったのである（元治元・三・一、『毛利宰相へ上書』）。したがって「速に奈良已前の盛代に挽回」することを目標に（文久三・九・以後、坂木六郎・藤次郎宛和泉書簡）、「遠く古に立回り、天智天皇以上神武天皇神代の例をのみとり行ひ給ふ」世（文久元・三、『経緯愚説』）すなわち天皇中心の時代こそ和泉の理想とする世界であり、それへ復帰することが政治運動の中心課題でなければならなかった。諸国の国号を古称にかえし、国造・県主・稲置・真人などの位階制を復活させ（同）、租庸調の税法（『秘策』）、笞杖徒流死の刑法（『維新秘策』）の採用といった古めかしい主張をさえ真剣にとなえる和泉の脳裡には、天皇を中心とした古代王朝国家が理想像としてあざやかに映じていたことをうかがうに足る。これら一連の和泉の提議の根底にあるものは、わが国の中心はあくまで朝廷であり、天皇こそ天下の大権を握るべきであるとする主張であった。歴史上の英雄を論評しては織田信長が幕府を開くことなく、あくまで朝廷の一大臣たるにとどまったことを高く評価した和泉は（『信長論』）、文久三年（一八六三）三月したためた『勢・断・労三条』に「されば御みづから一大決断を以て九重を出でたまひ、蹕を郭外に移したまひ、しばしの御不自由をこらへさせら

全国の土地人民の権を朝廷に収める

れて、公卿侯伯はさらなり、陪臣浪人にても、其才徳あるものを近く輦下に召させられ、天下の大政、攘夷の手段を始め、従来の礼楽製作までを議せられ、所謂一定の略を画して、一定の功を待たせらるべき事なるが、是等の大本は、宸断に非ずしては、衆議の能く決する所にあらざるなり」と論じてすみやかに「五畿」を朝廷の御料地とし（文久三・秋、西郷吉之助宛和泉書簡）、全国の土地人民の権を朝廷に収めることを切言するのである（文久三・三、『勢・断・労三条』）。しかもこれら一連の構想が「大事は尽く御みづから英断ましまし天下一般朝廷を仰ぐこと火の如く明らかに云々」というように（文久元・三、『経緯愚説』）、天皇自身の決意によって実行されるべきことをのべているのをみれば、和泉のめざすところが後期水戸学派のいったような徳川将軍家によって統轄され秩序づけられた天下ではなく、あくまで天皇がわが国の中心であり、天下の大権をにぎるべきであるとする天皇親政国家の樹立にあったことをうかがうに十分であろう。この意味において和泉の内的な恋闕の情は外に流れ出て、現実の政治構想においても窮極の目標としての意義をもっていたということができる。

三　討幕論の提唱

和泉にとって徳川将軍家を頂点とする幕藩体制秩序は決して絶対的なものでなく、畏敬すべき対象でもなかった。すでにのべたように弘化三年（一八四六）三月久留米藩主有馬頼永へ提出した上書案文（『敢言草稿』）に、大名たちの領国は幕府から配分されたものであるから、一見将軍と大名との間には君臣関係が存在するかのように見えるが、「固より尺土一民も王朝の有に有レ之儀は何歟の訳無二御座一儀」である。したがって「御大名方は猶更、王朝に心を可レ被レ尽道理」と断じたことに注目すべきであろう。当時一般に武士の意識としてはみずからの直接統率者――主君に服属し忠誠を尽くすことを正統道徳とし、階層的秩序をとびこえてただちに王事につくそうとすることを反乱の所行と断じて、大名の正しいあり方としては将軍の統率下にある者として、まず幕命を体すべきであるというにあった。したがってひそかに朝廷・公家に接近しいわゆる京都手入れを行なう大名の行為は「売忠献佞之手段」としてきびしく攻撃されねばならなかったのである（安政五・三・一四、福井藩宛橋本左内京情報告書。山口宗之『幕末政治思想史研究』第一章、参照）。しかるにこれに反して、大名なかんずく外様大名たるものは幕臣にあらずして朝臣であり、したがって事あればまず朝廷にしたがうことが当然の義務であるとする和泉の論は、大名の一般的あり方に真向から対立する王臣意識の表明であったといわねばならない。

しかもまた尊王の意義を説きながらも将軍・大名・藩士・庶民それぞれの身分に応じた階層秩序を重んじ、庶民は支配階級たる武士一般に、藩士は大名に、大名は将軍に対する忠誠を説き、その身分をこえて直接に尊王の行為に従うことを反乱の罪にあたると断じたのは、後期水戸学派に象徴される封建教学の正統的主張であった。藩主斉昭の見解および会沢正志斎の言行についてはすでにのべたが、幕末志士たちの敬仰すこぶる厚かった藤田東湖の『弘道館記述義』にも「天下万姓、煦育の恩は天祖に本づく。二百余年太平の化は東照宮に原づく。而して士太夫、各其の禄位を得るものは皆先君先祖の余沢なり。(中略)若し其の君父を慢り、直に忠を朝廷と幕府とに尽さんと欲するは、分を犯し等を踰ゆるの甚だしき者、適ま以て僭乱の罪を取るに足る」と論ずるところであった(『水戸学大系』一)。この水戸学に感憤し、会沢に面会・従学した和泉は、やがてその秩序感を大きくのりこえたのである。和泉にとっては大名が大名たり得るのは朝廷の恩恵

外様大名のありかた

朝廷への直接の忠を要求

によるものであり、大名は幕臣というよりむしろ王臣でなければならなかった。ペリー来航以後幕府の施政は失敗の連続であり、「数ふるにも指だゆき程(つかれる)」という文久二年(一八六二)七月の時期にあって和泉が「固より外様大諸侯之御身柄に候へば、仁と暴との差別なく、幕府を去りて天朝に御就被ㇾ為ㇾ遊候儀は当り前之御事」と藩主有馬頼咸に上書したのは当然の帰結であった(文久二・七・七、『藩公へ上書』)。こうして後期水戸学派の命じた幕府への服従義務――尊王の階層的秩序を重んじ、大名を幕臣として直接に王事に尽すのを反逆の行為とみる規範は完全に否定され、大名に対して朝廷への直接の忠を要求する道がひらかれたのである。

しからばつぎに藩士身分のものにとって尊王はどう実践さるべきであろうか。すでにのべたごとく和泉は嘉永五年(一八五二)久留米藩の改革を企てて失敗し、水田に蟄居を命ぜられること満一〇年に及んだが、文久二年(一八六二)二月白昼藩吏を威嚇し脱藩して以後、文久三年二~四月のみじかい時期を除いては久留米藩に対するつながりをもたず、一介の浪士としてあるときは薩州藩に、あるときは長州藩に拠りつつその運動を推進していった。したがって志士としての和泉の活動の世界は、まさに藩への従属意識の訣別にはじ

藩より天下、藩主より天皇

まるということができよう。文久二年四月寺田屋の変の直後起草した『藩公へ上書』の中で脱藩した理由を「公儀（ここでは公けの問題といった意味で使用されており、幕府を指したものではない）に於て無レ拠訳御座候間、亡命仕、天下之大事に御座候に付、御国辱無レ之様有レ之度、権道にて忠節相尽くし申度存込候儀」とのべる。和泉によると藩譴を受けていても「天下之大事」にあえば「区々之謹慎を相守り候ても忠義にも相成間敷」く、むしろ脱藩亡命して天下の問題に挺身することが藩の面目を失しないゆえんであり、藩士たるものの本分であるとする論理が明白に存在した（文久二・七・七、『藩公へ上書』）。すなわち大名に対する藩士の忠誠・服従の義務は、朝廷ないし天下全体の大事の前には第二義的なものとみなされ、「保臣国方にて重罪の者に御座候処、天朝に於て聊微忠を被レ存候故（中略）罪科差免され云々」というように（文久三・三、『三条公へ上書』）、尊王の実践の前に藩の罪はおのずから許されねばならないとされた。かくして藩士たるものの最大の義務は、みずからの直接統率者たる大名に対してでなく、いわんや大名の直率者たる将軍家に対してでもなく、まさに朝廷・天皇に対しつくされねばならなかった。この日本の国土に生まれた者すべて王臣である。「天朝の事に於て固より臣子だけの分を尽くすこと当り前」

（万延元・五・一〇、『密書草案』）であり「下賤之者にても、叡旨を奉体、夫々天下之為に忠節を可レ竭事」というように（文久二・四・二四、『藩公へ上書』）、藩士・庶民ひとしく朝廷を思い、天下のためを念じて行動することが当然の義務と結論されたのである。

反徳川意識の表明

こうして和泉において水戸学派のいう尊王の階層秩序論は完全に無視された。その背後にあったのは和泉が久留米藩においては中小性格・年六〇俵給与という軽い身分にすぎず、その上長く藩政から疎外されていたため、特権的地位に安住する支配階層の無為怠慢ぶりが、従うべからざる、あるいは服従するねうちのない秩序としてしかうつらなかったことであろう。こうして和泉はその国体論ないし天皇親政国家の構想の中で一面時代錯誤ともいえるような頑固な復古主義的主張をみせながらも幕藩的現体制秩序に拘束されることなく尊王＝敬幕の論理の停滞性をうちやぶり、反徳川将軍のエネルギーを果敢にもえあがらせることができた。安政五年（一八五八）十月あらわした『大夢記』によれば天皇みずから諸大名を京都に集め、部署を定めて問罪の師をおこし、箱根において大老以下の罪を責め、幼将軍家茂を甲駿の地に移し、親王の一人を江戸城において安東大将軍に任じ、ついで天皇みずから江戸城に行幸して大いに更始の令を発するというよう

現体制秩序に対決

な、尖鋭かつ徹底した反徳川意識を表明する。近世三〇〇年を通じ絶大の権威をもって君臨した将軍家の存在は、和泉にとってもはや何らの重みをもたず、幕府に代わる天皇を中心としたあらたな国家樹立への可能性が大きくひらかれたということができよう。のちにのべるごとく和泉の政治思想は必ずしも近代国家へのコースを正しく志向していたとはいえないものであったが、しかし横井小楠・橋本左内ら西洋近代への近接いちじるしかった人物にあっても親藩の枠内に在り、徳川家中心の秩序の中にとどまっていたため、幕藩体制社会を脱却することが容易でなかった（『日本思想大系』55、山口宗之「橋本左内・横井小楠―反尊攘・倒幕思想の意義と限界―」を参照されたい）。これに反し、正当の藩士身分をもたなかった和泉は現体制秩序に果敢に対決することができ、頑固な復古主義者的一面をもちながらも、かえって明治維新運動の主流の中に先駆者的意義を果たすことが可能となったのである。討幕論の唱始者であり、尊攘激派の全国的指導者であった和泉の最大の歴史的意義は、まさにこの一点に存在する。

四　反幕吏的限界

しかしつぎにわれわれが問題とせねばならないのは、以上のべきたった和泉の政治思想・理念が徳川幕府を頂点とする体制秩序に戦闘的に対決するものであったにせよ、そのまま封建制打破→近代国家創設への展望をもちえたであろうか、ということである。当時反幕的行動にしたがった志士の意識の中には、たとえば桜田門外の変の浪士たちの「斬奸趣意書」にみられるように将軍家個人の責任を追求しようとするのでは決してなく、その補佐にあたる大老・老中の失政を攻撃し、現将軍およびその始祖東照宮家康に対して真に忠誠をつくさんがために、あえて君側の奸を倒すといった論理がつよく流れていた。つまりかたちは反幕的であったが、事実は徳川家のもっとも純正なる忠臣たらんとする意識が、その行動をつよく律していたのである。

ハリス江戸登城を攻撃

この点について和泉の反応の仕方をながめてみると、アメリカ使節ハリスのつよい要求におされ、安政四年（一八五七）十月その江戸登城・将軍謁見を許可したことについて彼はつぎのごとくいう。江戸城というところは将軍家が天子に代わって天下の大政をとりおこない、諸大名の参勤する神聖な場所であるにもかかわらず、ここに夷狄をひきいれたことは「実に天朝幷諸侯方且其祖宗に被レ対候而も不二相済一儀」であり、「言語同断之儀」と指摘、また将軍の補佐にあたるべき「御連枝」たる親藩の明君たち——水戸・名古屋・福井の諸藩主を処罰したことは「実に其祖宗（歴代将軍をさす）をも軽蔑仕候致方に御座候。是其大罪」といい（文久二・七・七、『藩公へ上書』）、幕政の正しい姿を見失い始祖家康を軽んずるも同様の不徳行為ときめつけたのである。

これらによってみるに和泉の幕府攻撃の真の意図は、幕府・将軍家そのものと真向から対決し、その廃絶をめざすものであったとはいいきれないものがあるといわねばならない。このことは「征夷府之有司心得違之者有レ之候間云々」（文久二・秋、『義挙策別篇』）、「幕府に大奸出で候て、上は明詔に奉レ背、中は親王三公を始め、侯伯の有志の面々をも排斥」（文久元・三、『野宮定功へ上書』）、「あづまのやく人いくさする事がこまりにて、かのものども申通りにのみ致し候間、きんり様より御いかり遊ばし云々」（文久元、妻睦子宛和泉密書）、「松平肥後守殿其人に非ずして守護職之大任を被レ冒（中略）大樹公に罪を帰せしめ、天下之御趣旨は申に不レ及、東照宮以来之制法一廃、人心を壊り、徳川御家の命脈を蹙め候

大老・老中を追及

に至り(中略)差当り御家(徳川家)之大罪人」(元治元・七、『幕府へ上書』)といった用例にあざやかにうかがわれるところである。すなわち和泉が追及の対象としたものは幕府・将軍家そのものでは必ずしもなく、将軍に代わって大政を執行する当面の責任者としての大老・老中こそが責めを負うべきものとされているのである。不正邪悪の閣老らはむしろ将軍家の明をそこない、徳川家の命脈をちぢめるものとして受け取られており、さればこそ彼らは神祖家康以下歴代将軍ひいては現将軍家に対し罪あるものと考えられた。しかも将軍は天皇に代わってこの日本における大政の執行者であり、幕府は朝廷に代わって国政をとり行なう神聖な場所であるにもかかわらず、ここに夷狄をひき入れるという失態を犯した者に対しては「私等一同断然別紙之通天朝幕府へ御届申上置、金鼓を鳴らして其罪を問候」ということばから類推されるように(元治元・七・一八、『在京列藩へ通告』)、和泉自身が天皇・将軍に代わりその責任を問わねばならなかった。したがってこの論理を逆にたどるなら、幕府が「宸襟を被レ為レ慰、諸侯淬励、万民蘇息、四夷恩服、愈以国体強立可レ仕」という職分にしたがい(元治元・七、『幕府へ上書』)、本来の正しい政治姿勢にかえるならむしろ幕府の存在をみとめ、徳川家を支持する態度につながってくるのである。このことは討幕の軍を関東へすすめ江戸城を奪取することをいいながら、江戸に入ってまずなすべきは井伊大老のため処罰された水戸・名古屋・福井など親藩明君たちを解囚して「先づ一橋越前侯御後見に相立候て、殊に東照宮旧政に復」(文久二・四・二四、『藩公に上りし書(一)』)すことが第一であるとし、幕府政治のまさにあるべき理想の姿を家康の時代に求めているのを見出すとき、この感を深くせざるを得ない。こうしてわれわれは徳川幕府により統率された支配秩序にするどく対決し、江戸城の攻略をさえ夢想した和泉においても、その反幕意識を刻明にあとずけるとき、桜田門外の浪士にみられたと同様の反幕閣的思考の限界内にとどまらざるを得ぬ要素が残されていたことを認めねばならないであろう。

反幕閣的思考の限界

五　封建意識の残存

このことは和泉が奈良以前の天皇親政時代を理想とし、論理的には幕府そのものに対決して徳川将軍家討滅の道を可能としながら、封建制度そのものを超克して近代国家像の創設へと自己を上昇させていくことができなかったのはなぜか、というつぎの問題にしぼられてくるであろう。

封建制度はわが国固有

まず和泉が封建制度をもってわが国固有のものとみていることである。彼がつねにいうところの「奈良已前の盛代」とは正しい封建制の行なわれた時代という意味であった。神武天皇の功業を「海内棋布、封建之大制被レ為レ遊レ定候儀、御盛徳可レ然事」(安政五・六、『野宮定功へ上書』)に求め、「有二天地一、而後有二人民一、人民之初有二神霊一、継レ天為レ王、乃建レ侯治二其衆庶一、於レ是乎有二封建一、封建為レ治之大端也」という和泉にとって(『封建考』)、封建制こそわが国のまさにあるべき当然の政治形態であったのである。文久元年(一八六一)三月野宮定功への上書に附した『経緯愚説』の中で和泉は「宇内一帝を期する事」以下の経九条・緯一九条に及ぶ時務策をかかげるのであるが、この中に「封建の名を正す事」が含まれている。すなわち「吾邦は海中屹立にて、四面賊衝なれば、諸侯を建て、各々其土を守らしむること制の宜、万世不レ可レ易、方今自然に個様なりたるも、天意にやあらん。(中略)兎にも角にも人情の好悪、封建は当り前」といい、上古封建・中古郡県となり「今又自然と封建になりたるも、千年近き事」で、何らの作為もない自然のままの姿であるというのをみるとき、和泉の復古主義の根底には封建制に対する絶対的肯定があ

封建制度の絶対的肯定

身分の別をただすこと

ったことを忘れてはならない。和泉にとっては平安以後封建制が正理を見失ったところに以後の歴史の混乱がおこり、朝権のおとろえの原因もここにあったと理解され、これを本来の姿にかえすことを急務としたのである。このため和泉は衣服に五等の制をたて色や形によって尊卑の別を正すこと（文久三・七『五事建策』、『上孝明天皇封事』）、庶民に農民・職人・城下町人・五ヶ町々人の四段階をもうけ序列をあきらかにすること（『秘策』）、郷士以上の身分あるものに対しては手向かい次第斬捨てとし検死の必要なしとしたこと（同）、などにあらわれるように士分以上と庶民との区別をあきらかにすることを必要とみた。和泉は徳川将軍家による封建支配体制がゆるみゆがんだとして、これを正すことによりわが国には古来の秩序正しい身分制社会＝封建国家が完成すると考えたのである。このことは文久元年（一八六一）十二月討幕のための具体的戦術をのべた論策たる『義挙三策』の中にも典型的にあらわれた。ここで和泉は三つの実行案を示すが、諸大名にすすめて事をあげさせるのを上策とし、諸大名に兵を借り「義徒」と合わせて事を行なうのを中策とし、「義徒」のみで挙兵するのを下策とするが、下策は危険で用いられず、中策は八〜九割まで成功しようが、上策による以上「万が万まで成就疑ひなし」というのである。

〝烏合憤激〟より〝諸侯勤王〟

三階級に対応する尊王のあり方

なぜなら中国の故事やわが国南北朝の歴史をかえりみるに、封建の世にあって「烏合憤激にては敗れ、諸侯勤王にては成る明徴」があるゆえであった。朝廷に兵力がない以上、討幕の決行にあたっては大藩の力を借りることが絶対に必要であり、大藩の軍事力が動くことによってはじめて事は成るのである。自藩を足場にできなかった和泉は「一書生之可レ悲儀は大諸侯に倚頼仕に無レ之候ては大業の論議は聞受候人も無レ之」ため（文久三・秋、西郷吉之助宛書簡）薩州藩へ走り、また長州藩を拠り所として、「義士憤激の腸をおさへて、百方手を尽くし、大国にて義を尚ぶ君に説き、事を挙げしむるに若くはなし」といわねばならなかった（文久元・一二、『義挙三策』）。しかもまた学習院政事堂に和泉がかかげた『尊皇掲示』には尊王を三等に分け、第一等は教えを興し政治・法制を正し神代以来の国体を守って天皇を「無比至尊の実境に安ん」ぜしめることでこれを公卿および諸大名の尊王のあり方とし、第二等は順逆の理を守り皇室に節義をつくし国威を海外にかがやかすことであってこれが武士階級の尊王の道であり、第三等は迷うことなく身をかえりみず皇国を尊び天皇を敬うことにありこれすなわち庶民の尊王であるとして、公卿・諸大名、武士、庶民の三つの階級に対応する規範としての尊王のあり方を示さねばならなかった。

治者意識・武士精神

和泉は水戸学派の主張した尊王における階層秩序論をうち破って大名・藩士ともに直接に王事につくす道をきりひらき、尊王のために藩譴はおのずから消えるべきであるというように幕藩体制秩序・主従道徳の拘束からはかなり自由であり得た。幼時『絵本楠公記』に親しんだ彼は南北朝時代の歴史にかんがみ、有力大名の参加なくしては事の成らぬのを知っていたが、それは彼のたんなる戦略的判断のしからしめるところでなく、むしろ彼の中にある動かしがたい治者階級としての意識＝武士精神のゆえであったというべきである。そしてわが国の古代を理想の封建制が行なわれた時代とみて、それへの復帰を志すというような倒錯した歴史意識のしからしめるところであったろう。徳川幕府の統率する現支配体制にきびしく対決しその討伐を主張しながら、和泉の意識の底には封建的身分制・階級秩序そのものに対する根源的疑問はほとんど存在しなかったのである。たしかに和泉は白昼藩吏の追捕をふり切って蟄居先から脱藩し、他藩々主たる毛利敬親を「主人宰相父子」と呼び（元治元・六、『天闕へ上奏(一)』）、「長門国浪士」と自称することを辞さなかったように（元治元・七・一八、『在京列藩へ通告』）、藩に拘束されがちな封建武士意識の限界をある意味ではすでに抜け出た行動をとることができたのであるが、その反面水田幽囚中毎年四月二十三日の前々久留米藩主頼徳忌、とくに七月三日の前藩主頼永忌には必ず近隣の人を招いて茶を煮ていること（『南僊日録』一、二、三、五）や、「保臣不束之者に御座候へ共、父祖之余蔭にて国之大恩を奉」蒙候処、大恩忘却仕、毎々国家を騒がし奉り云々」（文久二・六・一三、上河内大夫書）、「私もしんあれば徳ありにて、上は禁中様、つぎに少将様（有馬頼咸）の御引かけにて虎口のなんをのがれ申候」（文久三・夏、母柳子宛書簡）というように久留米藩主に対する純粋な忠誠心は根づよく存在していた。

かくのごとく和泉における封建制度の絶対的肯定、支配階級意識＝武士精神より発する論理性のつよさは、討幕論の全国的唱導者たる彼をして封建の世界から脱却し、近代国家の構築へみずからを上昇・展開させるべき道をせばめざるを得なかったのである。

六　幕末維新史上の位置

封建意識残存の背景

神官の身分

それでは和泉において封建の論理・意識の残存を余儀なからしめたものは、いかなる理由によってであろうか。第一に彼が正規の藩士身分を持たず、その意味においては封建階層制のオーソドックスの構成員からはずれたところで自己の存在を主張したことである。父左門のとき中小性格という身分を得たもののそれはあくまで〝格〟であり、久留米藩社会の中で正当の武士となったわけではなかった。このことは志士和泉がみずからの政治意識を形成し、改革の構想をうち出すにあたり、藩政改革をふまえた上で国政改革への展望に立つというコースをとることを不可能ならしめた。その結果彼の論策は「名分を正すための施策が大多数を占め（中略）具体的内容に至っては思い及ばなかった」と評されたように現実性に乏しく（遠山茂樹『明治維新』第二章）、時としては恣意的・夢想的なものに流れる危険性を内含せざるを得なかった。藩政の中枢にあって藩権力を左右し得る位置につくことが、和泉にはついになかったのである。このことは和泉をして藩士のせまい枠にこだわらない自由さを持たしめたが、反面国政の大改革を企てるにあたり藩権力を利用できない草莽・浪士としてのみずからの立脚点をかえりみるとき、大藩の軍事力にすがり、これを活用することこそ絶対に必要であるとの認識に至らざるを得なかった。こうして正規の武士ならざる和泉は、かえってもっとも真摯なる武士の精神に燃え、封建の世界の中につなぎとめられることを余儀なくされ、近代国家創設への展望

西洋事情への知見不十分

から遠ざからしめた原因となったとは考えられないであろうか。

第二に和泉は同時代の橋本左内・横井小楠といった開明派グループ、ないしは高杉晋作・坂本竜馬・大久保利通ら近代国家への展望に立つ倒幕派グループにくらべて西洋事情に対する洞察が弱く、また西洋近代文化に対する知見が不十分であったことである。和泉の読書傾向を可能の限り調査した結果一九三部の書籍名が知られたが、広義の西洋学に関連をもつものは『西洋紀聞』『闢邪小言』の二部のみであり、それも洋学批判の書物にほかならない（山口宗之「真木和泉守における討幕思想の形成―幕末志士関係書目の研究―」『久留米工業高等専門学校研究報告』七）。一般に幕末志士の多くはペリー来航を機としてわが国をとりまく世界情勢に目を開かされ、開国可否をめぐる論争を体験し、またはげしく動く内外政情の展開の中でみずからの思想・論策を肉づけていった。嘉永六年（一八五三）当時、異国船との戦いも近いと思うが、その時は夷狄の首を土産に帰国するというように頑固な攘夷論をのべた十九歳の坂本竜馬は、文久二年（一八六二）開国論者勝海舟から海外情勢の推移とわが国のすすむべき道についてこんこんとさとされ、一転して開国の意義を理解するに至ったという有名な話は（山崎正董『横井小楠伝』中、山口宗之『幕末政治思想史研究』第三章）、

ロシア・アメリカ観

このことを象徴しているといえよう。これに反して和泉の場合、その幽居中の情報蒐集簿たる『異聞漫録』がペリー来航に刺激されて筆を起こし、異国船の図に色彩を附して刻明に画いていること、またシーボルトについて西洋医学を学んだ豊後杵築出身の蘭方医工藤謙同と親しい交遊関係を結んだという事実があるものの（王丸勇『真木和泉守と久留米藩医学』）、彼の政策論の中には海外情勢・西洋近代学術への知見に支えられた具体的方策は、ほとんど示されることはない。安政元年（一八五四）八月和泉がしたためた『魁殿物語』は、彼の海外への知見をうかがうに足る数少ない史料のひとつであるが　国内限りの争乱は一家内の争いにひとしく、解決すればもと通りになるのに反し、外国に敗れることあれば再び陽光を仰ぐこともできないであろうという認識のもと、当時一般的に存在したロシア＝仁義の国説を批判して「かのあめりかを皇国の助とし侍らんぞよき」とする親米論をのべた。しかしそれはアメリカが遠隔の地にあり、共和国であるため、遠からず滅亡するであろうとの薄弱な理由からであった。しかも外圧への対抗策として和泉があげたものは、政教を正し、神ながらの道を高め、仏寺を破却して兵を養う用とし、財政をひきしめ、身分制をただし、衣食住および吉凶の制をたて、服装の制をきびしくする、といった点にすぎなかった。もちろん一方で和泉は、キリスト教により政教一致、人心安定しているため外国は強力であり、第一等の人物二―三人が国王を補佐して日々論議し、国是をたてるにすみやかで国のすみずみまで威令が浸透し、なかんずく西洋では庶民のうち強壮なるものを徴集して兵士とするという兵制をとっているため強力であるとの指摘（文久元・三、『野宮定功へ上書』）をしており、その着眼点がなみなみのものではないことを示すものである。しかしそれにしても安政初年吉田松陰が兵学的にみて無為無策のものにすぎぬと痛撃した会沢正志斎の『新論』（下程勇吉『吉田松陰』）を、文久三年（一八六三）一月の段階でなお三田尻招賢閣における志士たちの日課に掲示したこと（小川常人『真木和泉守の研究』）や、西洋の国俗を「彼誣二天道一、滅二裂人倫一者、君臣無義、父子無親、言即誕妄、行則禽獣」ととらえ（『上孝明天皇封事』）、また「御旗本には蛮器一切御用無レ之様被レ命度候」といったことば（文久三・七・二四、『五事建策』）にみられる西洋近代技術に対する無理解・無見識は、和泉が近代的世界への展開・連結の可能性をほとんど持たなかったことを物語るとともに、彼の論策・思考の根底にあるところの古さのゆえんを思わざるを得ないのである。

西洋近代技術に対する態度

民衆観

第三に和泉の論策――思想的な建白、戦略的提言をも含めて、民衆に対する積極的顧慮がなく、その志向する天皇を中心とした国家構想の中においても、民衆の占めるべき位置ないし民衆の果たすべき意義・役割についての評価の姿勢が稀薄なことである。筑後地方の尊信をあつめる水天宮神官をつとめたこと、また水田において一〇年間の蟄居生活を送ったことは在地農民――とくに指導的な地主・豪農層との接触の機会を多分にもたらしたはずである。事実彼の周囲にははじめて剣術の稽古をするという身分の若者たちが多く参集して従学し、彼の命のもと国事に挺身した。和泉の妻睦子の母順は御原郡井上村（現小郡市井上）の大地主樋口家の出であり、娘小棹はのち同じ井上村の大地主樋口敬吉の二男で尊王党の一員となって活動した樋口胖四郎に嫁したことからわかるように、和泉の周囲には被支配者・農民層の息吹きや、変革希求のエネルギーに接触する機会は多くあったであろう。正規の武士ならざる志士和泉は、むしろ彼ら被支配者と同じ世界の中で彼らの変革への意欲をかきたてていくべきはずである。しかるにそれにもかかわらず和泉はつよい武士精神のゆえに現体制における支配階級からの意識を抜け出すことができず、封建制にかわるところの国民国家創設の方向を正しく見通すことがで

武士精神・支配階級の意識

きなかった。すでにのべたごとく封建制を絶対肯定し、身分制の打破でなくむしろそれを強化せんとすることを力説した点にそれがうかがわれるが、そのほかにも豪農の兼併を阻止するため彼らを士卒にとりたてて城下に居住させ、かわりにその田を窮民に分かち、民心をつかむべきであるとの論がある（『秘策』）。すなわち和泉にとって民衆とは、彼の意図する討幕達成後のあたらしい国家像の中に有用不可欠の成員としてくみ込まれていくのではなく、「千の内五百人義士にて、五百人は農民或は力士盗賊の類にても可」（文久元・一二・一二、『義挙三策』）というように盗賊と並称される価値しかもたず、わずかに「義士」兵力の足しとなるにとどまり、しかもその農兵軍の総督・組頭は城下より派遣された「恩威を兼ねたる」正規武士によってきびしく統率されねばならなかったのである（『秘策』）。「兎角大権を握らせたまひて下に移らぬ様の事、王者の一事なり」というように（文久元・三、『経緯愚説』）、和泉のめざしたものは封建制を超克した近代国家の樹立でなく、あくまで現権力体制のもとにおける支配階級としての武士の意識を抜け出すことができなかったのである。この意味において討幕論の唱始者であり、討幕運動の全国的指導者であった和泉は、必ずしも近代日本の出発点としての明治国家の創設へ直結する意義を持ったとはいいがたいものがある。かつて寺田屋の変の前、薩州藩に合流し決起を希求する和泉を冷たくつきはなしたのは、のち〝典型的な絶対主義政治家〟に上昇した大久保利通であったが、この事実は大久保と和泉との明治維新における歴史的意義の相違を暗示しているともいえよう。

第十　むすびにかえて

一　挙兵上京の論理

〝勅勘〟の身

最後に、恋闕の心あつく熱情的な尊王家であった和泉が、文久三年（一八六三）八月十八日政変によって京都を追われてのち、〝勅勘〟の身をかえりみず長州藩兵とともにあえて上京し、皇居を兵火でさわがすというような、いわばきわめて反尊王的事件ともいうべき禁門の変をひき起こしたのであるが、これはいったいいかなる思考にもとづくものであったろうか。そもそも尊王とは〝綸言汗の如し〟〝承詔必謹〟といったことばが端的に示しているように君臣関係の最高の表現としての天皇を崇拝し、天皇の意志＝勅命を犯すべからざる絶対のものとみて、これに帰依・随順することをいう以上、孝明天皇の意向に反して京都へ進軍し禁門の変を指導した和泉の行為は重大な反尊王と評されねばならないであろう。

徳富蘇峰の批評

徳富蘇峰が「世間では如何に尊皇の忠誠と申訳けするも、禁闕に向って発砲する者は、之を逆賊と認め」「形が尊氏なれば、心も亦た尊氏である」「乱臣賊子」と攻撃するところである（『近世日本国民史』五三）。そしてまた戦略家でもあった和泉が禁門の変に失敗してのち国司信濃・福原越後らとともにどうして今一度長州にひきかえして再挙の道を講じ、終生の目標ともいうべき討幕・王政復古実現を画策することなく、天王山頂における自殺をえらんだかという点について若干ふれておきたい。

孝明天皇の意志

八月十八日政変によって尊攘派勢力が京都より一掃されたのち朝廷は同月二十六日京都所司代稲葉正邦・京都守護職松平容保以下在京諸藩主ないし関係者を召致し、右大臣二条斉敬によってこれまで天皇の真の意志が不明であったが「去十八日以後申出儀者真実之朕存意候間此辺諸藩一同心得違無レ之様之事」との示達がなされ（『孝明天皇紀』四）、十八日以後の勅こそ真の天皇の意志に出たものであると明言された。また孝明天皇より中川宮・二条斉敬および近衛忠熙に与えた宸翰には「元来攘夷ハ皇国之一大重事、何共苦心難レ堪候。乍レ去三条初暴烈之所置深痛心之次第、聊朕之了簡不レ採用、其上言上モ無、浪士輩ト申合セ勝手次第之所置多端、表ニハ朝威ヲ相立候抔ト申候得共、真実朕之趣意不二相立一、誠我儘下ヨリ出ル叡慮而已、聊朕之存意不二貫徹一、実ニ取退ケ度段兼々各へ申聞居候処、去ル十八日ニ至リ望通リニ可ㇾ忌輩取退ケ深々悦入候事ニ候」とある(同)。すなわち孝明天皇みずからは討幕を欲しないにも拘わらず、三条実美らが勝手に勅命なるものを作っていたが、幸いかかる過激の輩を追放することができ、「此上ハ朕之趣意相立候事ト深悦入」るとするのである(同)。討幕こそ天皇の嘉納するところと信じ行動してきた和泉は、その孝明天皇によって「浪士輩」「可忌輩」ときめつけられた。また十一月近衛を通しひそかに島津久光へ下した宸翰には「関東へ委任王政復古之両説有ㇾ之之所存ニ候」というように和泉の意図と全く相反する天皇の大政幕府委任・公武合体の(中略)於ㇾ朕ハ不ㇾ好、初発ヨリ不承知申居候。過日決心申出候通、何レニモ大樹へ委任意志表明となり、和泉が君側の奸とみてその抹殺を願った仇敵会津藩(松平容保)に対し天皇は「十八日之一件実以会藩忠働深感悦候事」と賞揚し、反面和泉らを「浪士暴論之輩」と斥ける発言をするのであった(文久三・一二・三、島津家所蔵宸翰写、『孝明天皇紀』四)。当時長州にあって十八日以前の勅諚は矯命であり真の叡慮ではないということを聞いた和泉は「左様候へば尊攘の道は是限りと申者に相成」(文久三・秋、西郷吉之助宛書簡)、「勤王攘夷と申儀全く偽と相成可ㇾ申」(文久三、坂木六郎・藤次郎宛書簡)という苦悩を表明せざるを得

〝可忌輩〟

〝尊攘の道は是限り〟

なかった。勅命によって入京を禁ぜられている和泉ないし長州藩が挙兵上京を策することは〝違勅〟〝不義〟であり、また〝謀叛〟〝乱〟となる危険が多分にあったのである。しかし和泉はこの危険をかえりみず挙兵上京を主張し、京都政局を奪還して八月十八日以前の状態にひき戻すため禁門の変を戦ったのであるが、それはどういう思考にもとづいていたのであろうか。

第一に弘化三年（一八四六）はじめて海防厳戒の勅が幕府に下されて以来、文久三年（一八六三）大和行幸の発令に至るまで、孝明天皇の意志はつねに攘夷にあるはずであるとの彼の確信であった。このことは平野国臣の『神武必勝論』にも「今上皇帝聡明睿智、古今無類の聖徳備はらせられ、已に二十年来、外患の為に深く宸襟を悩ませられ（中略）国難を清除し、更に赫々たる神州に恢復せさせ玉んと深大天淵の英志云々」とあるように（中巻、『平野国臣伝記及遺稿』）、尊攘派にあっては共通的認識ともいうべきものであったが、和泉においても「夷狄を攘斥するは神代以来之大典なり。万民を愛養するは天祖之御貽謀なり」（元治元・七・一八、『在京列藩へ通告』）、「十余年来御確定之聖断、富嶽崩るとも、湖水涸るとも、御動揺可ㇾ被ㇾ為ㇾ在道理万々有ㇾ之間敷候」（元治元・六、『天闕へ上奏㈠』）というように動かしがたいものとして存在した。したがってこの天皇の一すじの攘夷の意志を実行にうつさないところの幕府を追及せんとする和泉らの行動に支持を与えてきた八月十八日以前の勅諚こそが真の叡慮でなければならなかった。このことは寺田屋の変当時和泉らが「西海の忠士」と嘉賞され、久留米藩拘禁中再度にわたって解囚の内勅が出されたこと、そして八月十八日以前の形勢時態はそれが当然天皇の意志にかなっていると信じた彼の方策『五事建策』を中心に形成されすすめられたことにより「朝廷と自らとの結びつきに一層の確信を得」、彼の中で動かしがたいものになっていた（小川常人『真木和泉守の研究』第四章）。したがって第二に、その和泉を「暴論之輩」ときめつける十八日以後の勅諚こそ偽勅であり矯命でなければならず、すべて天皇側近にある中川宮を中心に会津・藩州両藩が天皇の真の意志をさえぎり矯めた結果にほかならないと考えたのである（同）。「中川王夜遽入二大内一。引二会侯及薩人一、劫レ上」という和泉のことばはこのことを明快に伝えているが（文久三・一〇、『出師三策』）、これをこのままに放置するなら国是はますます動揺するばかりで「攘夷は勿論、和親交易之段にも無レ之、遂に醜夷に屈レ膝候て称レ臣にも至り可レ申」き危険がある（元治元・七・八、『天闕へ上奏㈡』）。さればこそ進発論者来島又兵衛が

兵機を逸することをおそれる

いうように「只此上は御進発被レ遊、御上京之上、御諫言被二仰立一之時」（『近世日本国民史』五三、所引）であり、一刻もはやく君側の奸を払い、真の叡慮をみずからの手中に奪還確保するために挙兵上京へと和泉をかりたてたのである。第三に八月十八日政変によって同二十八日三田尻に帰着した和泉は九月三日毛利敬親に会ってはやくも京都奪還の策を説いたが、これは兵機を逸することをおそれたためであった。平治の乱の故智にならい急遽敬親父子が三条ら七卿とともに上京するなら佐幕派はたちまち混乱し、政変以前の状態に復帰できる道が開けると考えたのである。長州藩が謀叛者と非難されることを恐れ、藩主父子及び七卿が長州に滞留したまま日を送っていては会津藩を中心とする体制が確立して京都の形勢は政変以後の状態のままで固定してしまい、尊攘派の回復の機会はますますなくなり、長州藩が朝敵となってしまう危険はいよいよ増大する。もともと兵は人をいつわる手だてでもあり、今日の急務はすみやかに挙兵上京し、勝利を得て尊攘派の主動権を奪還することにあるとした戦略的な見地からの判断であった（小川常人『真木和泉守の研究』第四章）。

しかしながら八月十八日以後勅勘を受けて入京を禁じられているのが厳然たる事実で

挙兵上京は〝謀叛〟〝不義〟〝違勅〟

ある以上、挙兵上京の決行は尊王家和泉にとっては重大な問題であり、たちまち〝謀叛〟〝不義〟〝違勅〟といったことがらにつらなって来る危険があった。すでにはやく弘化四年（一八四七）野宮定功の随身となって孝明天皇即位式典を拝観して以来三条実万・実美・東坊城聡長らとのつながりを持ち宮廷内部の事情に通じていた和泉は、八月十八日以前討幕の実行をめざしつぎつぎに発せられた勅諚が必ずしも天皇自身の意志にうらづけられたものでないとしてこれを否定した十八日以後の叡慮はいちおう真実であり、必ずしも中川宮らの矯勅によるだけではないことを感じていたようである。長州にあって京都の形勢を観望する和泉は、現在朝廷に中川宮・「殿下」（関白二条斉敬？）・「両御役」（議奏・伝奏）という「三情」があり、「真之情不レ可レ知」ることであるが後宮に恩威をしいて掌中のものとした中川宮が「殿下」「両御役」をも十分意のままに動かす態勢をつくってしまっているため、「扨、其中川情は今日の天情と見て可なり」というように今や中川宮が朝廷の意向を支配し、天皇自身の意志もまたその枠内に置かれていると推測した（『七情推測』）。「不レ奪ば十分とせぬ事ながら」「至尊のおぼしめし如何と気遣ひ相見えけれど」「天人のゆるさぬ事を当時悟りたりと見ゆ」といったことばは和泉の意図をたどるに必ずしも十

深刻、悲劇的な矛盾

分ではないものの、要は天皇が中川宮により討幕の意志をひるがえすべく強制せられたのでなく、むしろ籠絡せられたためであり、この意味において天皇自身の意志は中川宮の行なう方策の上に反映していることを彼が暗黙のうちにみとめているように受けとれる。したがって鷹司・三条ら正義の公卿および長州藩の力なくしては「雲上明かならず」「天を奉ㇾ助ものな」いため「隠然輦を奉ㇾ迎こと」すなわち天皇をみずからの側に迎えとり自派の上にいただくには「進発」以外にはないことになるのである(同)。しかしながら天皇の意志が中川宮の制肘のもとに置かれているのが事実である現在、勅命によって和泉ないし長州藩の入京は禁ぜられており、このままで過ぎる以上彼らが許されることはぜったいにないのである。果たしてそうであれば彼らが挙兵上京せんとすることは勅命なくして事を行なうことであり、しかのみならず天皇の意志に反する重大な不徳義として〝違勅〟の追及をまぬがれない。幼少の頃より恋闕のこころあつく、幕府ぎらい朝廷びいきを一貫してきた心情の人和泉にとって深刻かつ悲劇的な矛盾というべきである。

二　〃勅命〃と〃尊王〃の矛盾

ここでわれわれは三島由紀夫『英霊の声』の語る場面を思い浮かべる。二・二六事件の青年将校にとって天皇の明をはばむ重臣の存在は、天皇に〃至純の忠誠〃を捧げるゆえに許すべからざるものであった。将校たちは決起して君側の奸をほうむって天皇の明を回復し聖代をひらかんとした。しかるに信頼する重臣をみだりに殺されたとみる天皇は将校たちに人間としてのはげしいにくしみの感情をぶちまけ、叛乱の汚名を着せた。〃臣下の赤誠〃を嘉納し〃義軍〃を統率せねばならぬはずの天皇が神ならざるひとりの人間として心情・思考をうごかすかぎり、〃赤誠・至純〃の尊王は、しばしば裏切られる危険が存在する。〃承詔必謹〃はいわば受動的な尊王の態度であり、その枠内にとどまる限りこの悲劇はまぬがれるであろう。しかし「恋して、恋して、恋狂いに恋し奉」る積極的・能動的な尊王にあって「その至純、その熱度にいつわりがなければ、必ず陛下は御嘉納あらせられる」という願望は、それが「片恋のありえぬ恋闕の劇的なよろこび」である限り、対象者としての天皇の好悪・是非の感情に左右され、〃赤誠・至純〃の尊王一転して逆賊と化す例はしばしば国史の上に存在した。「神なれば勅により死に、神なれば勅により軍を納める。そのお力は天皇おん個人のお力にあらず、皇祖皇宗のお力でありますぞ」という将校らの怨嗟の声は、歴史的・理念的な〝国体〟というものの現実的・具体的顕現であるべき天皇がひとりの人間としての意志をもち、感情をあらわすところからくる深刻な矛盾・悲劇を象徴しているということができよう（昭和四一、河出書房新社発行による）。

以上の三島由紀夫による尊王の論理のすぐれた解剖に従いながらつぎに和泉の挙兵上京策の意味するところをさぐってみたい。しかしこの点について和泉は直接史料をのこしていないため、これまでの考察によってたどりうるところの彼の心情の世界の中に入り込み、推測をもって論を構成する。

「奈良已前」――武家政治ないし摂関政治以前の天皇親政の時代を盛代とみる和泉にとっては天下の大政の執行権を幕府の手から朝廷に奪取し、天皇のもとに統率せられた国家体制――必ずしも封建的なものを脱却したのではない――の樹立に向かって行動することこそ尊王の具象そのものにほかならず、それは現天皇の意志をこえて存在する歴

現天皇と歴代天皇

代天皇の歴史的意志の集約するところでなければならなかった。したがって孝明天皇は中川宮をはじめとする公式合体派測近の制肘を排除して天皇親政国家創設のため苦闘する和泉らの〝尊王〟の心を当然嘉納すべきであり、かりそめにも天皇みずからが討幕・王政復古への流れを阻止するようなことがあってはならなかったはずである。すでにのべたごとく和泉は八月十八日以後の勅諚こそ真実の天皇の意志を反映したものであるらしいことを推測しており、みずからが天皇によって「可レ忌輩」であり「暴烈之所置」を企てるものとして嫌悪され、反面彼の仇敵である君側の奸中川宮・松平容保らが天皇の「感悦」を得ていることを知っていた。しかしそれが叡慮であるがゆえ無条件にしたがい、その挙兵上京——君側の奸を払い討幕・王政復古を実施せんとしたみずからの「尊王」の意志を撤回することができなかった。この場合和泉にとってひとつの救いとなるのは、八月十八日以前の孝明天皇が当面の問題である攘夷については弘化三年の海防厳戒の勅以来一貫してこれを主張し、「夷狄を攘斥するは神代以来之大典」とする彼の希求する線の上にあったことである。すなわちペリー来航以来外圧の深化をうれえる天皇が安政五年(一八五八)三月関白九条尚忠の提起する条約議幕府一任論に対して結党反対した八八人の下級公卿を「奮然トシテ奏状ヲ以テ朕カ意ヲ賛ス」と評価し、安政大獄について「正義ノ士是ニ於テ尽ク」と批判、桜田門外の変に参加した浪士を「深ク外夷ノ跋扈ヲ憤怒シ、幕府ノ失職ヲ死ヲ以テ諫ムルニアリ、是朕カ嘗テヨリ所レ憂」と受け取り、また坂下門外の変の浪士に至っては「如レ此輩ハ死ヲ視ルコト帰スルカ如ク実ニ勇豪ノ士(中略)他日非常ノ変ニ用ヒ其ヲシテ先鋒タラシメハ、堅ヲ衝キ鋭ヲ挫クニ於テ何ノ難キコトカアランヤ、誠ニ愛ムヘキノ士也」と最大限のことばをもって賞讃する意志を宮中廷臣たちに示したことは(文久二・五、「御述懐」、『孝明天皇紀』三)、薩長両藩に対し内々下され久坂玄瑞も関与していたと推察されるところであり(『歴代詔勅集』)、当然和泉の知悉することであったろう。

　したがって和泉は政変後の叡慮を聞いてただちに〝承詔必謹〟することなく、この天皇に対し「乍レ恐攘夷御督責、天下に御先だち御率励被レ為レ遊候前日之叡慮と齟齬仕候御儀には無レ之哉」とせまり(元治元・六、『天闕へ上奏(一)』)、「十余年来御確定之聖断」はたとえ富嶽崩れ湖水涸るとも動揺すべきではないと〝諫言〟せねばならなかった。しかしそれにしても「尊攘の道」は偽となり、これ限りとなったという和泉のことばには、孝明天皇の意志にさからい叡慮をのりこえて、みずからの拠って立つより根源的な尊王の意義をあえて追求せねばならなかった恋闕の人和泉の苦悩をよく表現したものということができよう。

三　自刃の意味するもの

文久三年（一八六三）十月二十日かつての久留米藩天保学連の同志木村三郎に宛てた書簡に和泉は「大日本史恐敷候間、此節は見事戦死之積に御座候」としるした。小川常人氏によれば和泉は八月十八日以後の勅諚はすべて中川宮らの陰謀によりねじまげられたものとの判断に立って挙兵上京を主張するのであるが、しかしそれはかたちにおいて勅命に抗するものであり〝謀叛〟〝違勅〟と呼ばれるのをまぬがれない。したがってみずからの信ずる尊王の行為に対する正邪の弁別を後世の歴史に待つべく、上京前すでに死を覚悟し、「躊躇なき見事な死を以て己の志操を立証」せんとしたといわれる（『真木和泉守の研究』第四章）。したがって歴代天皇の意志の歴史的集約であるはずの天皇親政国家創設の方向に孝明天皇の意志をとりもどすため、和泉のみずからをかけたともいうべき禁門の変に敗れた以上、長州へひきあげ再挙をはかるという形勢観望・術策の論理にしたがうことは、もはや彼には許されなかった。いっぱんに天王山における和泉の自殺の解釈として第一に彼が中心となって画策・推進した挙兵上京失敗の責任を長州藩および三条実美に謝すためであり、第二に皇居をさわがせ血をもってけがした罪のゆえであり、第三に恋闕のこころ深く死してなお皇城の地を去るにしのびなかった心情からであるといった説明がなされている（『真木和泉守』）。小川常人氏は「これらが凝つて融然一つにな」ったものとしながら、「一身を戦の勝敗に賭けやうとしたのでなく、義と利との弁別に身を委ねてゐたものであ」り、挙兵上京時「戦の必勝を期しながら、然も『見事戦死』を心中に決意し」、勅を奉じての戦いでなかったがゆえにもともと死の決意の上に立って禁門の戦いがなされたということを重ねて強調する（『真木和泉守の研究』第四章）。現天皇の意志に反する戦いをあえて起こし、しかも敗れたことによって現実における尊王の名分を決定的に失い違勅のかたちになってしまった以上、尊王家和泉にとって死以外には考えられなかったのであろう。その和泉が他の尊攘派志士のごとく血気・感憤しやすい年齢でなく、すでに人生の終りに近い五十二歳、しかも内に外に多くの体験をつみ、内省と思考を重ねるに不足のない円熟の世代にあったことは、その死が決して一時の激情にもとづくものではなかったことを物語っているといえよう。

後期水戸学派における尊王の論理の停滞——尊王敬幕の限界を破って戦闘的な討幕の道をきりひらき、徳川将軍家を頂点とした現支配体制に真向から対決するエネルギーを燃焼した和泉は、しかし冷静な経綸家ではなく、ましてや形勢観望の策略家でもなかった。みずからの思想および行動の意義をたんなる政策の次元から〝口舌〟の問題として論ずるのでなく、あくまでみずからの存在の基礎にまで掘り下げて考えねばならぬタイプの〝志士〟であった。したがってわれわれが和泉の中に政策の緻密さ、論理の透徹性ないし開拓さるべき未来に対する見事な構想図といったものを期待するとき、あたかも木によって魚を求める感なしとしないであろう。すでにのべたごとく和泉は、同時代の開明派グループにくらべ近代世界への展開の可能性をほとんど持ち得なかったこと、やがて創設さるべき天皇を中心とする国家の中においてその重要な成員とならねばならぬはずの一般民衆（国民）の役割にめざめ得なかったこと、藩政改革から国政の問題につながるといったコースを辿らなかったため、その論策は時として現実性を欠き、ある意味ではかえって封建の世界につなぎとめられるのをやむなくしたこと、等々の危険性をもっていた。しかしわれわれは和泉が友人として先輩としてまた師として、兄として父として、さらには子として夫としてその在るところゆくところ多くの人々をひきつけ尊敬の対象となり、一家一族一党ほとんど例外なしにあげてその指導にしたがい、欣然命をかけて彼と行動をともにせしめたこと、そして彼自身五十二歳の生涯を文字どおり尊攘のため討幕のため燃焼させつくしたことに対し、百年の歴史をこえて生きる人間の強さを見出さざるを得ないのである。

人間の強さ

真木氏系図

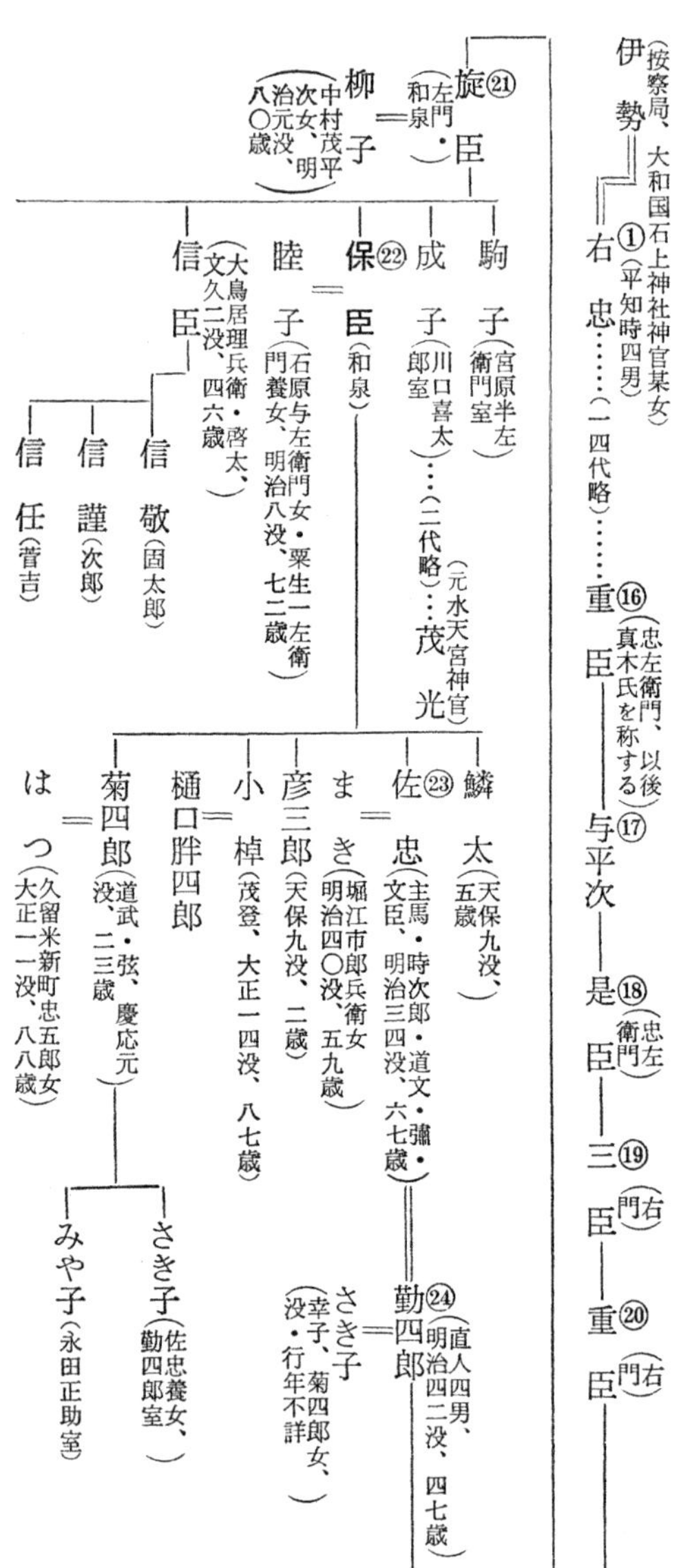

伊勢（按察局、大和国石上神社神官某女）
＝①右忠（平知時四男）……（一四代略）……⑯重臣（忠左衛門、以後真木氏を称する）
⑰与平次
⑱是臣（忠左衛門）
⑲三臣（右門）
⑳重臣（右門）
㉑旋臣（左門・和泉）＝柳子（中村茂平次女、明治元没、八〇歳）
駒子（宮原半左衛門室）
成子（川口喜太郎室）……（二代略）……茂光（元水天宮神官）
㉒保臣（和泉）＝睦子（石原与左衛門女・粟生一左衛門養女、明治八没、七二歳）
信臣（大鳥居理兵衛・啓太、文久二没、四六歳）
信敬（固太郎）
信謹（次郎）
信任（菅吉）
鱗太（天保九没、五歳）
㉓佐忠（主馬・時次郎・道文・彊・文臣、明治三四没、六七歳）＝まき（堀江市郎兵衛女 明治四〇没、五九歳）
彦三郎（天保九没、二歳）
小棹（茂登、大正一四没、八七歳）＝樋口胖四郎
菊四郎（道武・弦、慶応元没、二三歳）＝はつ（久留米新町忠五郎女 大正一一没、八八歳）
㉔勤四郎（直人四男、明治四二没、四七歳）＝さき子（幸子、菊四郎女、没・行年不詳）
さき子（佐忠養女、勤四郎室）
みや子（永田正助室）

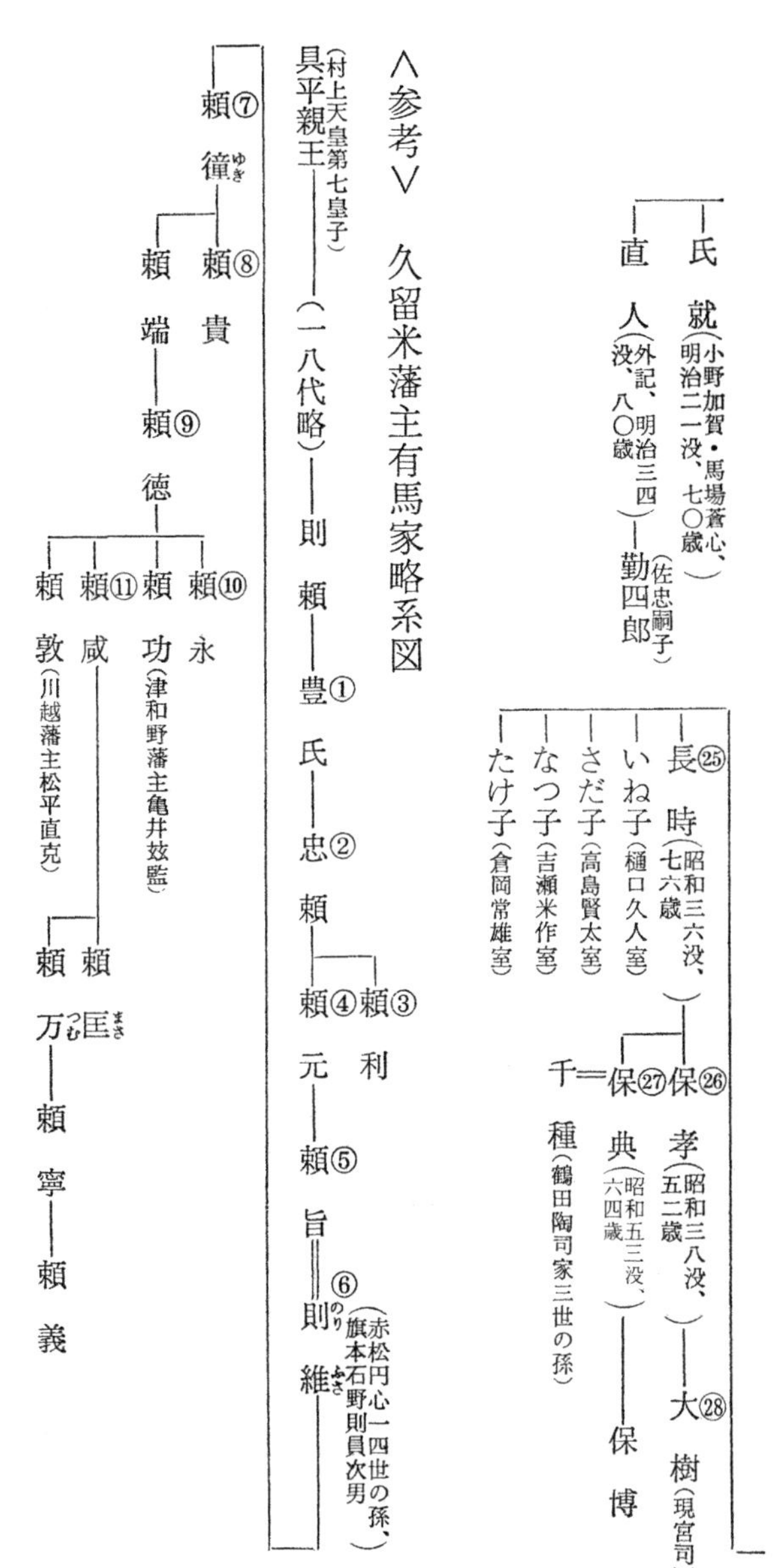
氏就（小野加賀・馬場蒼心、明治二一没、七〇歳）
直人（外記、明治三四没、八〇歳）
勤四郎（佐忠嗣子）
長㉕時（昭和三六没、七六歳）
いね子（樋口久人室）
さだ子（高島賢太室）
なつ子（吉瀬米作室）
たけ子（倉岡常雄室）
保㉖孝（昭和三八没、五二歳）
大㉘樹（現宮司）
保㉗典（昭和五三没、六四歳）
保博
千種（鶴田陶司家三世の孫）
〈参考〉久留米藩主有馬家略系図
具平親王（村上天皇第七皇子）
（一八代略）
則頼
豊①氏
忠②頼
頼③利
頼④元
頼⑤旨
則⑥維（赤松円心一四世の孫、旗本石野則員次男）
頼⑦徸
頼⑧貴
頼端
頼⑨徳
頼⑩永
頼功（津和野藩主亀井玆監）
頼⑪咸
頼敦（川越藩主松平直克）
頼匡
頼万
頼寧
頼義

略年譜

年次	西暦	年齢	事蹟	参考事項
文化一〇	一八一三	一	三月七日、筑後国久留米城下瀬下町（福岡県久留米市瀬下町）に生まる。父左門旋臣二四歳、母柳子二五歳、長男	（光格天皇、将軍家斉、久留米九代藩主有馬頼徳）○五月、幕府、鴻池善右衛門ら大坂町人に一〇〇万両の御用金を命じる○七月五日、蒲生君平没（四六歳）○九月二六日、ロシア艦長ゴロウニン釈放
一一	一八一四	二		この年、広瀬淡窓、咸宜園をひらく
				幕府、箱館・松前以外の全蝦夷地守備兵撤収
一二	一八一五	三		四月、杉田玄白『蘭学事始』できる
一三	一八一六	四		二月一六日、幕府、諸国人口調査○四～閏八月、江戸で疫病流行○一〇月、イギリス船琉球にきたり貿易を求める
一四	一八一七	五	八月二二日、弟理兵衛（大鳥居信臣）生まれる	三月二二日、光格天皇譲位、仁孝天皇践祚○四月一七日、杉田玄白没（八五歳）

年号	西暦	年齢	事蹟	参考事項
文政一	一八一八	六	一一月一日、父左門藩主頼徳の命により江戸赤羽邸に水天宮分祀、以後中小性格となり、年六〇俵を給せらる	○九月、イギリス船浦賀来航 二月七日、幕府、鎌倉で大砲試射○五月一三日、イギリス人ゴルドン浦賀来航、貿易を求める○一二月一二日、幕府、本田畑への甘蔗栽培禁止
二	一八一九	七	一一月九日、弟加賀（小野氏就）生まれる	一月一三日、水戸藩主徳川治保『大日本史紀伝』四五冊を幕府へ進献○一月二五日、幕府、浦賀奉行を二人に増す○七月、幕府物価引下げを命ずる○この年、塙保己一『群書類従』正編刊行（続編は文政五年八月できる）
三	一八二〇	八		九月、幕府、前薩州藩主島津重豪の治績を賞する○一二月、浦賀奉行に相模沿岸警備を命ずる
四	一八二一	九	二月一一日、弟外記（直人）生まれる	三月、長崎の中国人、奉行の処置を不満として奉行所へ乱入○四月、無益の銀器製作禁止○七月、伊能忠敬の『大日本沿海実測地図』完成し、幕府へ献上
五	一八二二	一〇	父左門より水天宮神符調製の法を授けらる	四月六日、イギリス船浦賀来航、薪水を

年号	西暦	年齢	事蹟	参考事項
文政 六	一八二三	一一	六月二〇日、父左門死去（三四歳）○八月一二日、家督相続、名を久寿、和泉正と称する（のち保臣と改める）	求める○八月二九日、南部藩士相馬大作処刑○この年八〜一〇月、西国にコレラ流行 七月六日、オランダ商館医師ドイツ人シーボルト、長崎出島に着任
七	一八二四	一二	二月一五日、はじめて登城し藩主頼徳に謁見○六月九日、神道裁許状を得、名を鶴臣と改める	五月二八日、イギリス捕鯨船員、常陸大津浜上陸、薪水を求め、水戸藩に捕えられる（九月、幕府これを釈放）○七月九日、イギリス捕鯨船員、薩摩宝島に上陸し略奪する○この頃、シーボルト長崎郊外鳴滝に開塾
八	一八二五	一三	二月七日、長姉駒子（一九歳）宮原半左衛門に嫁す	二月一五日、幕府、異国船打払令を発布○三月、会沢正志斎『新論』成る○五月二六日、イギリス船陸奥沖へ来航○一二月、青地林宗『気海観瀾』成る
九	一八二六	一四	九月、次姉成子（一八歳）川口喜太郎に嫁す	三月二五日、シーボルト、オランダ商館長の将軍謁見に随行○一二月一日、藤田幽谷没（五二歳）

年号	西暦	年齢	事項	一般事項
一〇	一八二七	一五		五月二一日、頼山陽『日本外史』を松平定信に献上○この年、調所広郷、薩州藩の財政改革に着手
一一	一八二八	一六	五月、『大日本史』を筆写し、水天宮文庫に奉納する	一〇月九日、シーボルト事件おこり、高橋景保を罰す
一二	一八二九	一七		五月二一日、江戸大火○九月二五日、シーボルトに帰国を命じ、再渡来を禁ずる
天保一	一八三〇	一八	弟理兵衛、水田天満宮留守職大鳥居八兵衛の養子となる	この年、水戸藩主徳川斉昭、藩政改革に着手
二	一八三一	一九	春、睦子（二八歳）を娶る	二月、外国船、東蝦夷を侵す○一〇月二九日、幕府、松前章広に命じ辺境警備を厳にせしめる○一二月、諸国石高調査
三	一八三二	二〇	七月一三日、水天宮神殿炎上○一〇月七日、川口喜太郎と上京○一一月一六日、京都において大宮司の状を受ける○閏一一月二一日、従五位下和泉守叙任○一二月八日、帰家	七月二七日、イギリス船、琉球漂着○八月一九日、鼠小僧次郎吉処刑○この年、村田清風、長州藩藩政改革草案上申
四	一八三三	二一	一月一三日、藩の許可を得て式日には官位相当の供まわりを用いる○この年、先祖の仏式の法号を廃し霊神号に改める	この年、諸国飢饉、米価騰貴し、江戸・大坂・小浜・広島などで騒動うちこわし起こる

年号	西暦	年齢	事項	一般事項
天保 五	一八三四	二二	一月一〇日、長男麟太生まれる	二月七日、江戸大火〇三月、水野忠邦老中となる〇七月一〇日、大坂大火〇この年、諸国飢饉〇六〜七月、大坂でうちこわし起こる
六	一八三五	二三	一一月二七日、次男主馬（佐忠）生まれる	一二月二二日、幕府、諸大名に国絵図作成を命じる
七	一八三六	二四		五月、徳川斉昭、水戸に砲台を築く〇七月二五日、ロシア船、エトロフ島に漂流民を護送する〇この年、全国飢饉、東北地方とくに甚しく死者一〇万に及ぶ
八	一八三七	二五	二月、弟加賀、太宰府小野氏倫の養子となる〇九月二八日、三男彦三郎生まれる	二月一九日、大塩平八郎の乱〇この春、諸国飢饉、餓死者多数〇四月二日、家慶第一二代将軍となる〇六月一日、生田万の乱〇六月六日、アメリカ船モリソン号浦賀来航、砲撃を受け退去
九	一八三八	二六	三月九日、長男麟太没（五歳）〇三月一六日、三男彦三郎没（二歳）〇九月、妻睦子とともに島原半島小浜温泉に行き、また長崎に遊ぶ	八月、長州藩、村田清風に命じ藩政改革着手〇この年、渡辺崋山『慎機論』、高野長英『夢物語』著述。緒方洪庵、適々斎塾を開く

一〇	一八三九	二七	一〇月二日、長女小棹生まれる	一二月一八日、渡辺崋山・高野長英処罰○この年、東北地方飢饉、死者多数
一一	一八四〇	二八		二月二九日、幕府、全国人口調査
一二	一八四一	二九		五月一五日、天保改革はじまる○八月、水戸弘道館開館○一〇月、久留米藩木村三郎、水戸遊学より帰国○一〇月一一日、渡辺崋山自殺（四九歳）
一三	一八四二	三〇		四月、久留米藩村上守太郎水戸遊学○七月二四日、異国船打払令を止め薪水給与令を布告
一四	一八四三	三一	九月一九日、四男菊四郎生まれる○この年、藩校明善堂考課において学問格別出精上達の部に入り、御前開講の中に選ばれる	九月、村上守太郎、水戸より帰国○閏九月一三日、水野忠邦老中罷免、阿部正弘老中就任
弘化一	一八四四	三二	四月一四日、水戸遊学出発○五月一〇日、江戸到着○七月一七日、水戸へ向かい、二〇日到着、会沢正志斎をたずねる○七月二七日、江戸へ帰る○八月二二日、江戸発、九月二三日、久留米帰着	二月、フランス船琉球来航、貿易要求○四月二三日、藩主頼徳没（四八歳）○五月六日、幕府、徳川斉昭に謹慎を命ずる（一一月二六日、解除）○六月一七日、第一〇代久留米藩主頼永襲封○七月二日、オランダ軍艦長崎来航、使節コープ

年号	西暦	年齢	事項	一般事項
				ス、幕府に国書を呈して開国をすすめる○八月晦日、頼永、江戸邸に大倹令発布
弘化 二	一八四五	三三	この年、あらたに甲冑をつくる	三月、アメリカ捕鯨船浦賀来航○五月一五日、イギリス船、琉球来航、貿易要求○六月一日、幕府、オランダ国王の開国勧告を拒絶○六月七日、頼永、久留米帰着○七月、イギリス軍艦長崎来航、測量許可を願い薪水を求める○一〇月一五日、頼永、藩内に大倹令発布○一一月二七日、朝廷、幕府に命じ学習院を建てさせる○一一月、朱子学者本荘一郎、天保学を批判する建言書を頼永に提出○秋冬の頃より頼永の徳をたたえる〝殿様祭〟はじまる
三	一八四六	三四	三月、藩主頼永に藩政改革意見(『敢言草稿』他)上書○この年頃、天保学連は和泉・木村三郎ら外同志(外連)、村上守太郎ら内同志(内連)に分裂	二月六日、仁孝天皇崩御(四七歳)、孝明天皇践祚(二月一三日)○閏五月二七日、アメリカ東インド艦隊司令長官ビットル浦賀来航、通商要求○六月七日、フランス＝インドシナ艦隊司令官セシュ長崎来

年号	西暦	年齢	事項	一般事項
				航、薪水と漂流民保護を求める○七月三日、藩主頼永没（二五歳）○八月二九日、幕府、海防厳戒の勅諭発令○一〇月三日、幕府、外国船来航状況を朝廷に報告○一〇月一二日、第一一代久留米藩主頼咸襲封
四	一八四七	三五	二月二八日、弟外記分家○四月二四日、肥後に向かい、菊池城址・阿蘇岳をめぐり、五月二日、帰家○五月二五日、楠公祭（これ以前にも祭祀が行なわれたはずであるが、記録に残ったのはこれが最初）○八月七日、孝明天皇即位式典のため上京、九月九日着京○九月二三日、野宮定功の随身となり御所において大典拝観○一〇月三日、鷹司家諸大夫小林良典宅において楠木正成の遺甲をみる。同日京都発、同一九日帰家	二月一五日、幕府、相模・安房・上総沿海守備を彦根・川越・会津・忍四藩に命ず○六月二六日、オランダ、再度幕府の外交方針について忠告する○一二月二五日、幕府より頼咸に対し将軍家慶女精姫婚嫁の令下る
嘉永一	一八四八	三六	一〇月二四日〜一一月六日、来泊の播磨姫路人島琴江に画を学ぶ	五月七日、アメリカ船、蝦夷漂着○この年、佐久間象山、西洋式野砲を造る
二	一八四九	三七	閏四月一八日、江戸の剣客斎藤新太郎らを饗する	三月二六日、アメリカ軍艦プレブル号長崎来航○閏四月八日、イギリス軍艦マリナー号下田来航○五月五日、幕府、三奉

年号	西暦	年齢	事項	一般事項
				行らに異国船打払令復活の可否諮問○五月一二日、今井栄ら頼咸の文庫より馬淵貢意見書を閲読して同志に示す○一一月、イギリス船琉球来航、貿易要求
嘉永三	一八五〇	三八		四月、朝廷、七社七寺に外患祈禱○六月一一日、オランダ、アメリカがわが国との間に貿易を開かんとする意志あることを告げる○六月一四日、久留米藩村上守太郎刃傷事件○一〇月三〇日、高野長英自殺（四七歳）○この年、江川英龍、韮山に反射爐を築く
四	一八五一	三九	八月一七日、横井小楠来泊○この年、藩主頼咸に藩政改革意見上書	一月三日、中浜万次郎帰国○二月二七日、村上守太郎刃傷事件関係者処罰○三月八日、問屋組合の再興を許す○一二月一七日、イギリス軍艦、琉球来航○一二月頃、藩財政に多少の見込みつく
五	一八五二	四〇	二月二七日、稲次因幡・木村三郎らと藩執行部の人事刷新による藩政改革を企てて失敗〝嘉永の大獄〟となる○四月九日、審問を受け、勤番	二月七日、水戸藩主徳川慶篤『大日本史紀伝』を朝廷・幕府に進献○六月二四日ロシア軍艦下田来航○八月一七日、オラ

			長屋に幽閉される○五月一七日、下妻郡水田村（筑後市水田）大鳥居理兵衛宅に謹慎を命ぜられる○五月二五日、楠公祭○八月二五日、『菅家文草』一三巻を浄写、水田天満宮に奉納○九月二二日、次男主馬家督相続、第二三代水天宮神官となる○一〇月一六日、水田村青年と師弟の盟約を結び、教育に従う	ンダ商館長クルチウス、明年アメリカ使節来航し、開国を要求することを予告○この年、田中近江、汽船模型をつくる
六	一八五三	四一	五月一六日、和泉が蟄居先を出て客に会ったゆえをもって大鳥居理兵衛、藩の譴責を受ける○五月二五日、楠公祭。夏、妻睦子罹病○七月二二日、『異聞漫録』執筆をはじめる○八月六日、「山梔窩」完成し移居○一一月六日、三島神社神官宮崎阿波守信敦来訪	六月三日、アメリカ東インド艦隊司令長官ペリー浦賀来航○六月二二日、将軍家慶没（六一歳）家定第一三代将軍となる（一〇月二三日）○七月一日、幕府、アメリカ国書を諸大名に示し意見を聞く○七月一八日、ロシア使節プチャーチン、長崎来航○九月一五日、大船建造禁止令解除○一二月三日、稲次因幡没（二五歳）
安政一	一八五四	四二	二月、『口なし物語』を草し長女小棹に与える○二月一五日、はじめて門人に『新論』を講じ、以後三・八の夜を定日とする○五月二五日、楠	一月一六日、ペリー再来航○三月三日、日米和親条約締結○三月二七日、吉田松陰、下田踏海事件○七月九日、日章旗を

年号	西暦	年齢	事項	一般事項
			公祭○八月、『魁殿物語』を草してロシアの日本に対する野心を論ずる	日本国総船印に定める○八月二三日、日英和親条約締結○一一月四日、諸国大地震、下田のロシア軍艦沈没○一二月二一日、日露和親条約締結
安政 二	一八五五	四三	二月、『じざいかぎ』を草して長女小棹に与える○五月二五日、楠公祭	三月三日、毀鐘鋳砲令布告○一〇月二日、江戸大地震、藤田東湖圧死(五〇歳)○一〇月九日、堀田正睦老中再任○一二月二三日、日蘭和親条約締結
三	一八五六	四四	三月ごろ、赦免を期待○五月一一日、田中河内介、水天宮真木家来訪、滞在数日、主馬・理兵衛と談じ、一四日辞去○五月二五日、楠公祭	二月一一日、幕府、洋学所を蕃書調所と改称○七月一〇日、オランダ理事官クルチウス、イギリス総督ボーリング来航予告○八月五日、アメリカ総領事ハリス下田着任○この年、吉田松陰、松下村塾を開く
四	一八五七	四五	二月二日、長女小棹、山本善次郎に嫁す。『ひとへ艸』を草して贈る(一二月一三日、破婚、真木家に戻る)○五月二五日、楠公祭	六月一七日、老中阿部正弘没(三九歳)○七月二三日、徳川斉昭、海防議参与免○一〇月一六日、福井藩主松平慶永、将軍継嗣問題について公然建白○一〇月二一日、ハリス江戸登城、将軍謁見○一〇

五	一八五八	四六	一月二一日、弟理兵衛、和泉が来客に面会したゆえをもって再び藩の譴責を受ける○一月、睦子罹病不快○一月頃四男菊四郎を柴山文平の中木塾に学ばせる○三月頃赦免期待○五月二五日、楠公祭○六月、太宰府延寿王院信全に託し『天命論』『国体策』を急務三カ条を附した上書とともに三条実万に上呈する。また同様の書を野宮定功に上呈せんとして『経緯愚説』を草する○一〇月一三日、『大夢記』を草して討幕論をのべる	月二六日、ハリス、老中堀田正睦に通商条約の必要を説く○一二月二日、ハリスとの間に通商条約議定開始○一二月一三日、日米通商条約を締結すべき旨を朝廷に奏する○一二月二九日、幕府、諸大名に通商条約のやむをえぬことを告げ、可否を諮問 一月二一日、老中堀田正睦、日米通商条約勅許奏請のため上京○三月一二日、関白九条尚忠の条約調印許可意志に対し下級公卿結党反対○三月二〇日、条約調印拒否の勅答○四月二三日、井伊直弼、大老就任○六月一九日、日米修好通商条約無勅許調印○六月二五日、紀州徳川慶福(家茂)将軍継嗣決定○七月四日、将軍家定没(三五歳)家茂、第一四代将軍となる(一〇月二五日)○七月五日、徳川斉昭・尾州徳川慶恕・松平慶永らに謹慎を命ず○七月一〇日、オランダ、一一日、

安政 六	一八五九	四七	一月二八日、三条実万、延寿王院信全に返書し、時勢困難のゆえ今後は上書をしないよう和泉に告げしめる○五月二五日、楠公祭○六月頃、菊四郎の女性（はつ）問題おこる○この年、水田天満宮内延寿王院において教授	ロシア、一八日、イギリスとの間に修好通商条約調印○八月八日、水戸降勅○八月、コレラ久留米瀬下町に流行○九月三日、日仏修好通商条約調印○九月八日、梅田雲浜逮捕、安政の大獄はじまる 五月二八日、ロシア・フランス・イギリス・オランダ・アメリカに貿易を許す（神奈川・長崎・箱館）○八月二七日、徳川斉昭に永蟄居、同慶篤に差控、一橋慶喜に隠居謹慎、水戸藩士安島帯刀に切腹、同鵜飼吉左衛門らに死罪を命ず（安政大獄第一次処分）○一〇月七日、橋本左内ら処刑（同第二次処分）○一〇月二七日、吉田松陰ら処刑（同第三次処分）
万延 一	一八六〇	四八	五月一〇日、『密書草案』を草し、討幕策をのべる○五月二五日、楠公祭○九月二六日、喀血の気味あり。同日、平野国臣来訪、翌日門下生を集め、平野の談話を聞かせる○一二月一一日、平野再訪、薩州藩の状況などを語る	一月一三日、勝海舟ら咸臨丸でアメリカへ向かう○三月三日、桜田門外の変○閏三月一九日、五品江戸回し令○一一月一日、和宮降嫁発表○一二月五日、アメリカ通訳官ヒュースケン暗殺○一二月一四

年号	年	西暦	年齢	事項	一般事項
文久	一	一八六一	四九	一月、田中河内介、再び水天宮真木家に来り、主馬と会う〇三月三日、淵上郁太郎を上京せしめ野宮定功に上書せんとしたが、時勢やむをえぬ事情あり、これを大原重徳に上呈して帰る〇五月二八日、『異聞漫録』の執筆を止む〇一〇月一五日、平野国臣来訪〇一〇月二三日、平野来訪し滞在五日、同二六日、原道太を交え、平野の入薩について議す〇一一月二〇日、平野来訪〇一一月二九日、平野来訪、滞在二日、一二月二日、島津久光への『上書』『迅速』『天祐』の各書を託す〇一二月六日、清河八郎来訪〇一二月七日、弟理兵衛・同外記・主馬らと鎮西志士の決起策を議す〇一二月一二日、『義挙三策』を草して討幕の具体策をのべる〇一二月二五日、瀬高において平野・清河・薩州藩伊牟田尚平と会談し入薩のことを議す〇この年、孫さき(菊四郎長女)生まれる	日、プロシアと修好通商条約調印 二月二一日、ロシア軍艦ポサドニック、対馬来航(八月一五日退去)〇三月二三日、両都両港開市開港延期要請〇三月二八日、長州藩士長井雅楽、航海遠略策建言〇五月二八日、東禅寺事件〇一〇月二一日、頼咸の弟富之丞、川越松平家の養子となり久留米を出発
	二	一八六二	五〇	一月五日、水天宮真木家へ平野来訪の折、菊四	一月一五日、坂下門外の変〇二月五日、

郎、和泉の脱藩計画を知り、同行を決意する○一月一六日、淵上郁太郎ら門人を集め脱藩して鹿児島へ赴き島津久光に従い上京することを語る。門人ら和泉に服することを約束○二月一日、薩州藩柴山愛次郎・橋口壮助来訪、理兵衛・平野・淵上らと決起策を議する○二月四日、羽犬塚（筑後市）吉武助左衛門宅において平野・淵上とともに帰国途中の大久保利通と会談○二月五日、肥後藩宮部鼎蔵来訪○二月八日、豊後藩小河弥右衛門来訪○二月一二日、理兵衛、上京先発。同夜外記宅において睦子・小棹と訣別○二月一五日、久留米藩捕吏水田に来り捕縛せんとする形勢あり。同夜一切の書類焼却○二月一六日、門人淵上謙三・吉武助左衛門を伴い、水田を脱出、鹿児島へ向かう。菊四郎おくれて水田に至り、父一行の跡を追う○二月一七日、肥後松村大成宅到着、菊四郎も合流。同夜、舟で菊池川を川口へ下る○二月一八日、夜、上陸々行○二月一九日、松橋着。同夜、舟で松橋発。同

長州藩主毛利敬親、公武合体・幕政改革を建白○二月一一日、将軍家茂、和宮と婚儀○四月一一日、安藤信正、老中免○四月一七日、朝廷、島津久光に浪士鎮撫を命じる○四月二五日、幕府、一橋慶喜・松平慶永らの謹慎解除。久光上京の状勢に対応するため久留米藩家老岸相模を江戸へ、参政馬淵貢を大坂へ派遣○六月六日、長州藩、藩論を攘夷に決定○六月一〇日、勅使大原重徳、家茂に対し慶喜・慶永登用の勅旨をつたえる○七月六日、慶喜、将軍後見職となる○七月八日、慶永、政事総裁職となる○七月二七日、京都守護職設置決定○八月二一日、生麦事件○閏八月八日、幕府、東禅寺事件の償金支払い○閏八月二二日、参勤交代制度緩和○一一月二〇日、幕府、安藤信正らを処罰し、安政大獄以来の失政をただす○一一月二八日、勅使三条実美・姉小路

日、理兵衛、馬関において久留米藩捕吏にとらえられ護送中、同月二〇日、黒崎において自殺。外記、一七日脱藩したが、同日捕縛、主馬・理兵衛妻らは幽囚となる○二月二一日、阿久根到着、二六日、阿久根発。二七日、鹿児島着○二月二八日、大久保利通来訪○二月二九日、吉武助左衛門、理兵衛自殺の噂を聞く○三月二日、小松帯刀、和泉らの久光一行への同道不可、すみやかな退去を求める○三月三日、久光の決起を願い『呈二薩周防公子一書』を上呈する○三月五日、西郷隆盛との面会を乞うも果たさず○三月六日、午後舟で鹿児島発、国分泊り、七日、通山（鹿児島県財部町）泊り。八日、小松帯刀の命により鹿児島へ引き返す。九日、鹿児島着○三月一一日、弟小野加賀、和泉に連座し延寿王院に禁錮される○三月一三日、西郷隆盛、鹿児島発○三月一六日、島津久光一行、鹿児島発○三月三〇日、薩州藩の抑留解除され上京の途につき、同夜福山泊り○四月一日、高城泊り。二

公知、家茂に攘夷決策の勅諭をつたえる○同日、幕府、安政大獄以来の国事犯赦免○一二月一二日、高杉晋作ら品川御殿山イギリス公使館を焼く○一二月二一日、横井小楠、江戸で刺客に襲われる

日、高岡泊り。三日、宮崎泊り。薩州藩岩下方美の船への同行を求めたが、翌日謝絶さる。四日、高鍋泊り。五日、細島泊り。六日、土々呂より乗船したが滞留つづく。一三日、佐賀関泊り。一四日、小舟を借上げ、大坂へ向かう。二〇日、須磨着○四月二一日、大坂着、田中河内介・橋口壮助らと会談○四月二二日、有馬新七以下諸藩士と決起を議し、第一隊の総督となる○四月二三日、伏見寺田屋に至る。同日、薩州藩鎮撫使来って「寺田屋の変」となり、京都薩藩邸に拘置される○四月二四日、藩主頼咸に上書し、決起尊王につとむべきをすすめる○四月二九日、大坂薩藩邸に移され、同夜さらに大坂久留米藩邸（森久屋）に移され、以後拘置七〇日に及ぶ○五月二五日、楠公祭○六月一三日、家老有馬監物に上書して久留米藩の奮起をうながす○六月一八日、一行の門人古賀簡二病死○七月七日、頼咸に上書し上京して王事につくすことを説く○七月九日、久留米へ護送出発○七

三　一八六三　五一

月一七日、帰着、輪番塾に拘置され、一行の者はそれぞれ親族宅に禁錮となる○八月一七日、加賀、禁錮を許される（一二月一一日まで自宅謹慎）○一一月二一日、朝廷、頼咸に対し和泉以下の赦免を沙汰

一月二四日、津和野藩主亀井玆監、京都久留米藩邸に対し和泉らの赦免をさとす○二月四日、和泉ら解囚○二月五日、頼咸に召され、国事を問われる○二月一六日、上京を命ぜらる○二月二二日、頼咸に薩筑連合策を説く○三月一二日、頼咸の命により不破左門と薩州藩におもむく（同月二八日帰国）○四月五日、頼咸に面会して藩の方針を尊攘に一決すべきを切言「嘉永大獄」以来幽囚中の水野丹後・木村三郎を赦免して藩要路へ登用し、また家老有馬監物を斥けることを建言する○四月六日、親兵頭取に任ぜられ、門人ら二一名親兵に抜擢される○四月一三日、〃和泉捕り〃となり拘禁される。一族・門人ら二八名連座。佐幕派、和泉らの処刑を願い出る

二月六日、長州藩、長井雅楽に自殺を命ず○三月四日、将軍家茂着京○三月一一日、孝明天皇、賀茂社行幸○三月一八日、一〇万石以上の大名に親兵貢献を勅す○四月一一日、孝明天皇、石清水八幡宮へ行幸、攘夷祈願○四月二〇日、家茂、五月一〇日を攘夷期限とすることを奏聞○五月九日、幕府、生麦事件の賠償金支払い○五月一〇日、長州藩、下関で外国船砲撃○五月二六日、水野丹後・木村三郎ら赦免となる○五月二九日、老中格小笠原長行、幕兵一〇〇〇名をひきい大坂着○六月六日、有馬監物、藩命により上

○四月二〇日、訊問開始、二二日及び二六日訊問、この間〝退国〟を願い出る○五月一〇日、中山忠光、久留米にきたり解囚に尽力（同月一六日去る）○五月一七日、朝廷、長州藩・津和野藩の尽力で一族・門人らとともに解囚され、その多くは親兵として上京することとなる○五月二二日、上京の途につく○五月二五日、楠公祭○五月二六日、馬関において長州藩のオランダ船砲撃をみる○五月三〇日、山口において毛利敬親に謁見し、攘夷親征を朝廷に建策することをすすめる○六月一日、山口発、八日着京○六月一一日、宮部鼎蔵・桂小五郎らに攘夷親征・収折の策を示す○六月一三日、朝幕断絶論を進言○六月一七日、桂らと議し討幕親征の方針を決める。鷹司輔熙・三条実美らもこれに賛同する○六月二一日、近く京都へ呼寄せる旨を小棹に伝える○六月二六日、学習院出仕を命ぜらる○七月九日、禁中の仮建に召される○七月一一日、有馬監物に久留米藩主上京の朝命を伝う○

京、淵上郁太郎・真木主馬ら随行○六月九日、家茂帰府の途につく○六月二五日、朝廷、幕府に対し攘夷期限審問の勅書発令○六月二六日、久留米藩、長州藩の攘夷応援のため大里に砲台築造を命ぜられる○七月二日、薩英戦争○八月一七日、天誅組の変起こる。平野国臣ら鎮撫に向かう（二七日壊滅）○一〇月二日、九月二八日三田尻来着の平野国臣、七卿の一人沢宣嘉を誘い但馬へ走る○一〇月一二日、生野の変おこる（一四日壊滅）○一一月一八日、将軍家茂着京○一二月二九日、幕府、鎖港談判のため外国奉行池田長発らを欧州へ派遣○一二月三〇日、徳川慶喜・松平慶永・松平容保・山内豊信・伊達宗城、朝議参与となる七月一二日、島津久光の朝廷召命を三条に説く。在京志士これに反対し、行なわれず○七月一四日、学習院出仕辞任を願い出で、一〇日間出仕せず○七月二三日、佐久間象山の朝廷召命をすすめる○七月二四日、孝明天皇『五事建策』を叡覧。朝廷、銀一五枚を賜う○七月二六日、中川宮に会い説くところあり○七月、文久通宝(当百文銭)鋳造を有馬監物へ献策○八月三日、因州・米沢両藩主、備前・阿波両藩世子に攘夷親征を説く○八月九日、中川宮より西海鎮撫使辞退の意を告げらる○八月一三日、大和行幸の詔勅発布。同日久留米藩水野丹後・木村三郎着京○八月一八日、「八・一八政変」となり、大和行幸中止の勅発せられ、三条実美ら謹慎を命ぜられ、長州藩の堺町御門守衛を解かれる○八月一九日、政変によって長州藩兵と三条ら七卿を守り長州へ下る。菊四郎・淵上謙三・吉武助左衛門ら随従○八月二二日、夜七卿一行兵庫より乗○八月二七日、徳山着、三田尻招賢閣に入る○

船八月二八日、七卿の使者となり山口へおもむく○九月一日、正親町公董の使者として山口へおもむく○九月三日、毛利敬親に挙兵上京を建策○九月四日、木村三郎ら三田尻にきたり京都の動静を、夜外記ら天誅組の敗報をもたらす○九月八日、木村三郎・吉武助左衛門ら三田尻発、久留米帰国○九月一三日、小野加賀、三田尻にきたり、同夜、外記・菊四郎らと会合○九月一五日、毛利敬親、三田尻にきたり七卿と会見。和泉、敬親に挙兵上京の必要をのべる○九月二〇日、山口よりきたって世子定広の上京を諾したことをつたえた高杉晋作とはかり『三事草案』を草する○九月二二日、長州藩に使し、すみやかに出兵せんことを迫る。また津和野藩におもむき、藩主玆監に奮起をうながす○一〇月一日、久留米藩の使小郡にきたり幕命によって和泉を久留米へ交附せんことを求める○一〇月一〇〜一一日、有志の大会議によって水戸・薩州両藩を説くことになり『贈西郷吉之助書』を使者に

年号	西暦	年齢	事績	参考事項
			託す○一〇月二二日、実力による京都奪還策を論じた『出師三策』を六卿に上呈○一〇月二五日、久留米藩、木村三郎ら尊王党二五名を禁錮○一〇月二九日、会議人数の筆頭者と定められる○この年、孫みや（菊四郎次女）生まれる	
元治 一	一八六四	三三	一月三日、三田尻参集の諸藩志士に「三田尻招賢閣掲示」をもって心得を示す○一月二一日、津和野藩に使し、二三日まで滞留○三月一日、三条実美に随従して山口へおもむき、毛利敬親父子に会う○三月一一日、六卿・有志と会議し、四月上旬上京進発を決める○四月二五日、錦小路頼徳没(三〇歳)、このため上京進発を六月に延期○五月二五日、楠公祭○五月二七日、久坂玄瑞・来島又兵衛らの建策により長州藩家老国司信濃の京都派遣、同福原越後の江戸派遣、世子定広の上京決定○六月一一日、敬親に召されて山口へおもむき軍議を総裁して上京することを託され、銀二〇枚の餞別を受ける○六月一二日、久坂・来島と軍議、この日、池田屋事件	三月五日、久留米藩、公武一和の方針を布告○三月二七日、水戸藩藤田小四郎ら筑波山挙兵○四月、久留米藩、開成方を新設し、殖産興業政策をとりいれる○五月一六日、将軍家茂帰府出発○六月五日、新撰組、尊攘派志士を襲う（池田屋事件）○七月一一日、佐久間象山暗殺さる(五四歳)○七月二〇日、平野国臣（三七歳）ら京都六角の獄中に斬られる○八月二日、第一次長州征伐発令○八月五日、四国（イギリス・フランス・アメリカ・オランダ)艦隊下関攻撃○九月一日、参勤交代制度復旧○九月二二日、幕府、下関事件に対する賠償金支払いを四国公

の報告いたる○六月一六日、菊四郎を伴い三条実美に訣別。この日三田尻出発、外記・菊四郎ら随従○六月二一日、一行（清側義軍）大坂着○六月二三日、全員を集め軍令をのべ約束を整え、歎願書を読み聞かす○六月二四日、清側義軍、山崎に至り、離宮八幡宮社内および天王山・宝寺などに屯営、淀藩に託して朝廷・幕府に歎願書を上り、ついで御三家以下一二藩留守居にこれを回附する。同日、福原越後の軍、伏見に至る○六月二七日、来島又兵衛の軍、嵯峨天龍寺に屯営○七月八日、朝廷への歎願書、老中稲葉正邦宛陳情書を淀藩に上呈○七月九日、国司信濃の軍、天龍寺に屯営○七月一三日、毛利定広、五卿を擁し山口発○七月一四日、益田右衛門介の軍、男山八幡宮に屯営○七月一八日、伏見・山崎・嵯峨屯集の幹部、男山八幡宮において軍議、来島又兵衛進発を主張し、和泉これに賛成する。同日、一橋慶喜、勅許を得て長州藩京都留守居に対し、上京軍の撤退を命ず○七月

使に約束○一一月一一日、長州藩、益田ら三家老に自刃を命ず○一二月一七日、武田耕雲斎・藤田小四郎ら加賀藩に降伏（翌年二月四日処刑）○一二月二七日、征長総督徳川慶勝（慶恕）、諸藩に撤兵を命ず

			一九日、幕府、在京諸藩に長州藩追討を令し、禁門の変となる。和泉・福原・来島軍ともにやぶれ、和泉、天王山にしりぞく、益田ら長州藩兵は長州にひきあげ、外記・菊四郎もこれにしたがう〇七月二〇日、天王山に拠る〇七月二一日、同志一六名とともに自殺
明治 一	一八六八		夏、毛利敬親、一七人の碑石建立〇九月、主馬、頼咸の命により一七名の遺体を改葬し墓表を建てる
二	一八六九		一月二四日、久留米藩、使番格追贈
一七	一八八四		四月、東京日本橋水天宮側に紫灘神社創建
二四	一八九一		四月八日、正四位追贈
大正 二	一九一三		五月二〇日、『真木和泉守遺文』刊行
四	一九一五		五月六日、久留米水天宮境内に銅像建立
昭和二一	一九四六		七月二一日、久留米水天宮境内に真木神社創建
三四	一九五九		六月三日、辞世の短冊、三条家より水天宮に奉納
三九	一九六四		七月二一日、没後百年祭々典
四三	一九六八		五月、山梔窩、福岡県文化財「史跡」指定〇一一月二三日、久留米水天宮境内に銅像再建

主要参考文献

一　研究一般

○単行本

権藤震二著『真木和泉』（偉人志叢一七）一冊　裳華房　明治三〇年

佐々木信一著『真木和泉守』（一冊）　（自費出版）　昭和　七年

宇高浩著『真木和泉守』（一冊）　筑後史談会　菊竹金文堂　昭和　九年

金沢平造著『真木和泉守』（一冊）　三邦出版社　昭和一六年

小川常人著『真木和泉守』（敬神思想普及資料一七『精忠の祠官』）一冊　神祇院　昭和一九年

王丸勇著『真木和泉守と久留米藩医学』一冊　（自費出版）　昭和三九年

小川常人著『真木和泉守の研究』（一冊）　神道史学会　昭和四五年

○論　文

勝田孫弥「俊傑真木泉州」（『蘇峰先生古稀祝賀知友新稿』）　昭和　六年

玉川治三「真木和泉守」（『尊攘論』） 昭和一八年
藤井貞文「真木保臣の最期—百年祭に当りて—」（『国学院雑誌』六五—六） 昭和三九年
平泉澄「真木和泉守の理想」
谷省吾「真木和泉守の神道」
三木正太郎「真木和泉守の漢学」
久保田収「真木和泉守の史観と楠公」
荒川久寿男「真木和泉守と水府の学」
永江新三「真木和泉守と薩摩藩」
藤井貞文「真木和泉守と長州藩」
阪本健一「津和野藩主従と真木和泉守」
森谷秀亮「真木和泉守と明治維新」
（以上、『神道史研究』一二—二・三・四、真木和泉守研究特輯） 昭和三九年
山口宗之「真木和泉守における討幕思想の形成—幕末志士関係書目の研究—」（『久留米工業高等専門学校研究報告』七） 昭和四二年
山口宗之「真木和泉守における討幕思想の再吟味」（竹内理三編『九州史研究』） 昭和四三年
山口宗之「『真木和泉守遺文』未収の家族宛書翰について」（『日本歴史』二五〇） 昭和四四年

山口宗之「真木和泉守伝研究の一節―未公開の母・妻・娘宛書翰の紹介を通して―」（『史淵』一〇三） 昭和四六年

山口宗之「真木和泉守の家族について」（『日本歴史』二八〇） 昭和四六年

（なお、小川常人氏に多くの論文があるが、同氏著『真木和泉守の研究』（前掲）に収録されているので割愛する）

二 史料

真木保臣先生顕彰会編『真木和泉守遺文』一冊（伯爵有馬家修史所） 大正二年

久留米同郷会編『久留米同郷会誌』第壱・第弐・第参三冊 大正二・三年

（昭和四七年、鶴久二郎編『久留米藩史料選』として合冊復刻）

三 参考

○単行本

戸田幹編纂 船曳鉄門校正『久留米小史』一～二二（一〇冊） 宮原直太郎（観文社） 明治二七・二八年

坂本箕山著『有馬義源公』一冊 東京郵便通信社 明治四一年

久留米市役所『久留米市誌』下、一冊 久留米市 昭和七年

筑後史談会編『西海忠士小伝』一冊　筑後史談会　昭和一三年

○論　文

竹岡勝也「国学の理念と攘夷論への展開」（『史淵』三三）　昭和二〇年

波多野晥三「幕末の有馬藩覚書―藩主頼咸の動向について―㈠」

波多野晥三「幕末の有馬藩覚書―村上量弘の死―」

（以上、『福岡学芸大学久留米分校教育研究所研究紀要』一一・一三）　昭和三六・三八年

道永洋子「幕末・明治初期における久留米藩農兵問題に関する一考察㈠㈡㈢」（『九州史学』四七・四九・五〇）　昭和四六・四七年

○史　料

筑後史談会編『米府年表』一冊　筑後史談会　昭和　七年

鶴久二郎　古賀幸雄編『久留米藩幕末・維新史料集』上・下二冊（自費出版）　昭和四二年

山口宗之「真木和泉守関係未刊史料研究―『荘山翁維新前勤王事蹟談話筆記』―」（『久留米工業高等専門学校研究報告』九）　昭和四三年

山口宗之「真木和泉守関係未刊史料研究―吉武助左衛門『薩摩日記』―」（『久留米工業高等専門学校研究報告』一一）　昭和四四年

鶴久二郎　古賀幸雄編『明治二年殉難十志士余録』一冊（自費出版）　昭和四五年

著者略歴

昭和三年生れ
昭和二十六年九州大学文学部国史学科卒業
九州大学助手、助教授、教授等を経て
現在　九州大学名誉教授、久留米工業大学教授
　　文学博士

主要著書
橋本左内　吉田松陰(世界哲学家叢書)　西郷隆盛(シリーズ陽明学)　改訂増補幕末政治思想史研究　ペリー来航前後日本思想大系55(共著)　幕末維新陽明学者書簡集(共著)

人物叢書　新装版

真木和泉

昭和四十八年十一月　八日　第一版第一刷発行
平成　元　年　三　月　一　日　新装版第一刷発行
平成　六　年　三　月二十日　新装版第二刷発行

著　者　山口宗之(やまぐちむねゆき)
編集者　日本歴史学会
　　　　代表者　児玉幸多
発行者　吉川圭三

発行所　株式会社　吉川弘文館
東京都文京区本郷七丁目二番八号
郵便番号一一三
電話〇三―三八一三―九一五一〈代表〉
振替口座東京〇―二四四
印刷＝平文社　製本＝ナショナル製本

『人物叢書』(新装版)刊行のことば

人物叢書は、個人が埋没された歴史書が盛行した時代に、「歴史を動かすものは人間である。個人の伝記が明らかにされないで、歴史の叙述は完全であり得ない」という信念のもとに、専門学者に執筆を依頼し、日本歴史学会が編集し、吉川弘文館が刊行した一大伝記集である。

幸いに読書界の支持を得て、百冊刊行の折には菊池寛賞を授けられる栄誉に浴した。

しかし発行以来すでに四半世紀を経過し、長期品切れ本が増加し、読書界の要望にそい得ない状態にもなったので、この際既刊本の体裁を一新して再編成し、定期的に配本できるような方策をとることにした。既刊本は一八四冊であるが、まだ未刊である重要人物の伝記についても鋭意刊行を進める方針であり、その体裁も新形式をとることとした。

こうして刊行当初の精神に思いを致し、人物叢書を蘇らせようとするのが、今回の企図である。大方のご支援を得ることができれば幸せである。

昭和六十年五月

日本歴史学会

代表者 坂本太郎

〈オンデマンド版〉
真木和泉

人物叢書　新装版

2021年（令和3）10月1日　発行

著　者　山口宗之（やまぐちむねゆき）
編集者　日本歴史学会
代表者　藤田　覚
発行者　吉川道郎
発行所　株式会社　吉川弘文館
〒113-0033　東京都文京区本郷7丁目2番8号
TEL　03-3813-9151〈代表〉
URL　http://www.yoshikawa-k.co.jp/
印刷・製本　大日本印刷株式会社

山口宗之（1928～2012）

ISBN978-4-642-75149-0